软件产业集聚经济效应
及管理模式研究

——论道软件园

苏惠香　著

科学出版社

北京

内 容 简 介

本书选择软件产业集聚对区域经济的影响效应为研究对象,根据中国各地软件园区发展的大量实际数据,对软件产业集聚对区域经济发展的综合效应、软件园区运营管理模式与评价指标体系等内容进行了较系统的研究。以上问题的研究对于正确认识我国软件产业对区域经济增长的影响过程和规律;国际服务外包发包方正确选择承接地;国家全面制订软件产业区域发展规划;保证我国软件产业持续、健康发展具有重要的理论指导意义和现实应用价值。

本书可作为政府部门管理和评价各软件园区,以及从事软件产业集聚和软件园区运营管理的工作、教学与科研人员的理论参考和实践指导。

图书在版编目 (CIP) 数据

软件产业集聚经济效应及管理模式研究:论道软件园/苏惠香著.
—北京:科学出版社,2011
ISBN 978-7-03-031488-8

Ⅰ.①软… Ⅱ.①苏… Ⅲ.①软件产业 -产业经济学 -研究 -中国
Ⅳ.①F426.67

中国版本图书馆 CIP 数据核字(2011)第 107280 号

责任编辑:马　跃/责任校对:何艳萍
责任印制:张克忠 / 封面设计:蓝正设计

科 学 出 版 社 出版
北京东黄城根北街 16 号
邮政编码: 100717
http://www.sciencep.com

新 蕾 印 刷 厂 印刷
科学出版社发行　各地新华书店经销

*

2011 年 5 月第 一 版　　　开本:720×1000 1/16
2011 年 5 月第一次印刷　　印张:12 1/4
印数:1—1 600　　　　　　字数:260 000
定价:42.00 元
(如有印装质量问题,我社负责调换)

前　言

随着全球产业在不同国家转移趋势日益明显，跨国公司为了降低成本将非核心业务流程进行服务外包，而发展中国家普遍存在着低成本优势、不断优化的投资环境，以及产业转移带来的规模经济效应和专业化效应，越来越多的国家和地区正在努力提升自身在国际软件服务外包产业链中的位置。面对这一历史机遇，中国加大了推动软件服务外包发展的力度，并且根据自身的特点，选择软件产业链中相应环节，在资源上加大投入，在政策上倾斜支持，纷纷建立软件园区，营造一个把各种比较优势充分集中起来的软件发展环境，极大地增强了招商引资竞争力，促进了地区经济的发展。

本书以软件产业集聚对区域经济的影响效应为研究对象，采用实证分析方法系统研究软件产业集聚对区域经济发展的综合效应、软件园区运营管理模式与评价指标体系等，该项研究是根据中国各地软件园区发展的大量实际数据进行的实证研究，是当今软件园区发展中亟待研究的问题。这一问题的研究对于正确认识我国软件产业对区域经济增长和就业的影响过程和规律；国际服务外包发包方正确选择承接地；国家全面制订软件产业区域发展规划；保证我国软件产业持续、健康发展都具有重要的理论指导意义和现实应用价值。

本书研究的主要内容包括以下两个部分。

第一部分：软件产业集聚对区域经济发展的综合效应研究。

本部分主要从软件产业集聚的区域经济影响效应及管理模式进行研究，并且是以大连软件和信息服务业的产业集聚综合效应为例进行研究。

首先，分析了大连软件和信息服务业对经济增长的影响效应，并分别从大连软件和信息服务业对名义 GDP 的贡献以及大连软件和信息服务业对名义 GDP 增长的贡献两方面进行分析，并得出研究结论：①软件产业对经济增长具有滞后作用，也就是说相对于当前投资，未来的信息技术投资将加大，学习效应也将变得巨大，然而收益却是潜在的长期收益。②区域经济增长中充分体现出软件产业技术创新"集聚"的效应，尤其是，大连经济在 2005 年面对工业全面调整的严峻形势而没有出现严重的经济衰退，如果没有软件产业的突出贡献，这一时期大连 GDP 的增长率将至少下降 1.58 个百分点，这意味着大连软件产业的高速成长是大连经济持续增长的一个重要推动力。③软件产业对区域经济增长的贡献具有阶段性。将大连软件产业的发展时期分为 1998～2002 年、2003～2007 年两个阶段，通过分析测算得出，这两个阶段分别是大连软件产业的起步阶段和初级发展阶段，可以预计，2008～2012 年将是大连软件产业快速发展的时期，大连的软件产业对 GDP 的贡献率将逐步增大。实际上，软件产业对经济增长的影响表现在两个方面：一方面是软件产业对经济增长产生直接的影响；另一方面是软件技术扩散对经济增长产生的间接影响。这主要表现为软件产业与其他产业之间存在着很强的关联性。在此基础上，本书采用灰色关联度对大连软件和信息服务业的产业关联效应进行分析，并对大连软件和信息服务业与大连第一产业、第二产业和第三产业进行了灰色关联度分析，并得出结论：大连的软件和信息服务业与第三产业的关联度最大，其次是第二产业，关联度最小的是第一产业，这说明大连软件产业对第三产业的增长有较强的拉动作用。

其次，从软件和信息服务业技术使用者获得的效益、软件和信息服务业技术开发者的流动性价值和间接外部价值三个方面对软件和信息服务业的外部经济效应进行详细分析，提出了软件和信息服务业发展的经济政策。

最后，对软件和信息服务业对劳动就业的影响效应和软件产业发展前景进行评价，并对大连软件和信息服务业的优势进行分析。

这一研究对我国软件产业政策的制定、投资的决策以及产业管理具有重要的理论和实践意义。

第二部分：软件园区运营管理模式与评价指标体系研究。

软件园区既是企业的聚集地，也是科技市场化、产业化的基地。软件园区全新的软件运营管理机制和营销策略是目前软件园区企业得以腾飞的力量所在，也是集科研与生产于一体的企业的快速发展的助推器。中国各软件园区发展如何，各有什么特点，竞争力如何，如何评价软件园区发展状况，如何确定其评价指标，才能合理和正确评价其发展水平和产业竞争能力，承接国际软件和服务外包产业转移的能力如何就显得格外重要。本部分主要是在这一前提下对我国 12 个软件城市的软件园区：北京中关村软件园、上海浦东软件园、西安软件园、大连软件园、深圳软件园、成都天府软件园、济南齐鲁软件园、杭州高新软件园、天津软件园、南京软件园、武汉光谷软件园、苏州软件园为研究调查对象。对这12 个城市的软件园区的产业规模能力，软件出口能力，软件从业人员规模，软件企业的数量，基础设施，政策环境和商业环境，人力水平，创新能力，产业特点、客户类型和分布，知识产权保护措施等多个方面作了深入的调查分析，并进行评价。

本书在广泛资料收集、调研的基础上对我国 12 个软件园区集聚经济效应进行研究，分析软件园区发展模式研究的一般理论，研究影响软件园区运营管理的各要素，在寻找共性、量表设计、样本选取和数据采集的基础上建立软件园区评价指标体系，研究软件园区评价指标的构建原则及评价方法，确定各评价指标的权重，并对我国 12 个典型软件园区进行评价排序，分析各软件园区的共性与个性，确定各软件园区的定位，并提出软件园区成功运营模式的对策建议。这一研究对科学地判断我国各软件服务外包基地城市在产业竞争力方面的差距，正确把握形成差距的因素和原因，指导软件服务外包承接地优化资源配置，为国际跨国公司在选择服务外包承接地时提供参考和依据，同时可以为国家宏观指导各软件园区发展提供决策支持依据。

本书的创新之处主要体现在：

第一，以大连软件和信息服务业的产业集聚综合效应为例对软件产业集聚的区域经济影响效应及管理模式进行研究。本书利用 1998～2007 年数据，从数量上研究了大连软件和信息服务业对经济增长的影响效应，计算出 1998～2007 年大连软件和信息服务业对名义 GDP 的贡献以及对名义 GDP 增长的贡献，通过计算发现，大连的软件产业也有滞后作用，也就是说相对于当前投资，未来的潜在的收益更大。同时发现，大连的经济增长充分体现出软件产业技术创新"集聚"效应，以及软件产业对经济增长的贡献具有阶段性特点。

第二，采用灰色关联度对大连软件和信息服务业的产业关联效应进行分析，计算出大连软件和信息服务业与大连第一产业、第二产业和第三产业的灰色关联度，通过研究发现：大连的软件和信息服务业与第三产业的关联度最大，第一产业关联度最小，说明软件产业对第三产业有较强的拉动作用。

第三，研究软件园区评价指标的构建原则及评价方法，确定各评价指标的权重，并运用 2007 年数据对我国 12 个典型软件园区进行评价排序，分析各软件园区的共性与个性，确定各软件园区的定位，并提出软件园区成功运营模式的对策建议。

苏惠香

2011 年 3 月

目　录

第一章　软件及信息服务业集聚经济效应及发展前景分析

产业集聚作为当前世界经济中一种颇具特色的经济组织形式，通常是指集群内的企业通过相互的合作与交流，发挥规模经济效益和范围经济效益，并且产生强大的溢出经济效应，进而带动某一地区经济乃至整个国家经济的快速发展。韦伯（Alfred Weber）最早提出了聚集经济的概念。韦伯从工业区位理论的角度阐释了产业集群现象，他认为产业集聚分为两个阶段：第一阶段是产业集聚的低级阶段，通常是指仅通过企业自身的扩大而产生的集聚优势；第二阶段是产业集聚的高级阶段，通常指各个企业通过相互联系的组织而形成的地方工业化。按照韦伯的理论，大连的软件产业目前正处在产业集聚的高级阶段，正在对大连的其他产业产生外部效应，并且带动大连第三产业的发展，从而推动大连经济的整体发展。软件产业是网络经济时代最典型的代表性行业，软件园区的建设是促进我国软件产业发展的一个重要的举措。大连发展软件业，把大连建设成为软件和服务外包产业的领军城市是大连的一个重要发展战略，而软件园区的建设将是大连实现其发展战略的重要保障。

产业集聚由于区域经济活动的空间集聚导致创新成本的降低，从而刺激了地区经济增长。反之，经济增长进一步推动了空间的集聚，由于向心力使新企业倾向于选址于该区域，也就是说，企业偏好市场规模较大的地区，而市场规模的扩大与地区企业数量相关，进一步验证了著名的缪尔达尔的循环累积因果论，从而建立起经济增长和经济活动的空间集聚相互自我强化的模型。软件产业集群的经济增长规律与传统产业集群不同。软件产业附加值高，其社会效益远远高于自身的价值，并且产业渗透力和结合力强，其他产业受到软件产业的整合，能够获得功能提高、价值放大的效果。因此软件产业集群不仅能够带动本地区的发展，而且可以带动更广泛区域的经济和其他产业的发展。软件园区是软件产业集群发展的重要载体，实现了软件企业的资源整合，优势互补。软件园区的建设有利于园区内软件企业利用其良好的发展环境以及软件企业集中上下游产业链容易衔接的优势，吸引更多的优势企业、项目、人才、资金、市场等要素向软件产业基地聚集，有利于加速培育和形成大型骨干企业与软件拳头产品，有利于聚集和培育高水平的各类软件人才，容易形成产学研一体化的软件产业创新体系，最终实现区域软件产业的聚集效应和规模效应，使软件产业在不同程度上起到了推动当地其他产业发展的作用，对带动地区经济的跨越式发展具有一定的积极作用。作为中国北方最开放的城市之一，大连的软件园建设有其自身的优势，但也面临诸多挑战，软件园的运营模式、创新机制、融资机制、人才战略和政府支持等将是影响软件产业发展成败的关键。下面将对大连软件及信息服务业集聚经济效应及发展前景进行分析。

近几年来，随着信息化的深入、产业结构的调整、政府的引导和推动，大连软件产业得到了迅速发展，销售收入年均增长 50% 以上。2007 年，大连软件产业销售收入为 215 亿元，出口 7.5 亿美元，从业人员达 6 万人，东软、华信、IBM、HP 等重点企业销售收入、人员规模均出现大幅度增长。大连软件园继续稳步发展，全年实现销售收入 100 亿元以上，出口 4.8 亿美元，入园企业达 400 余家，大连软件园作为我国建立较早、发展较快且规模较大的科技园，历经 10 年，吸引了 GE 等近 30 家全球 500 强企业进驻，园区的外资比例已经达到 40% 以上，随着 Avaya、Oracle、NCR 等世界级公司的入驻，大连已经站在了国际软件产业发展的舞台上。大连软件园从创业之初的默默无闻，到今天的蜚声海外，10 年的积蓄使大连软件园以惊人的速度发展，到 2007 年大连软件园的软件及信息服务业的产值达到 100 亿元，占大连市全市软件及信息服务业总产值的一半左右，可见软件园在大连的引领作用。腾飞软件园一期工程投入使用，东软国际软件园一期工程即将竣工，天地软件园已经奠基，龙头软件园、甘井子大东沟服务外包基地进入规划设计阶段。目前，品牌、工程化、专有技术、业务模式正在成为大连软件企业提升竞争力的发力点。产业园区在硬件完善的基础上有了实质性的进展，产业群聚及地方特色逐渐显现。产业规模不断扩大的过程中涌现出一批各具特色的软件企业，它们或依靠规模制胜、或紧盯新兴市场、或寻求模式创新、或依托自身优势、或追求极限经营、或注重产品更新、或拓展多元业务、或提高服务水平，无论是哪种经营策略或战略布局，大连软件企业的竞争力都在不断提升。也许大连的软件企业尚无法同国际巨头相抗衡，但在各类竞争力的比较过程中，大连集合各种软件企业、行业、园区、产业竞争力的经验，正在提升大连软件产业的国际竞争力。

可见，以大连软件园为依托的软件产业带给大连的最大财富不仅仅是近百亿的生产总值，更重要的是培养和聚集了一大批高品质、高素质的人才，他们在城市的这个产业中流动，带动了整个城市知识氛围的改变，创造了无限的发展空间，可以说，大连软件已经成为引领大连产业成长、优化产业结构、优化人口结构、拉动就业、提升大连知名度、带动全市产业升级、促进老工业基地振兴的中坚力量。因此研究软件园区软件产业集聚对区域经济发展的影响，对经济增长的贡献，对就业的影响就显得格外重要。另外，对软件园区软件产业集群发展模式的选择和设计，对指导未来我国及地区软件产业集群的发展，更好地发挥软件园区产业聚合效应具有重要意义。

第一节　软件与信息服务业对区域经济增长的贡献

一、软件与信息服务业对区域名义 GDP 的贡献

随着经济的发展，区域经济增长和经济结构变化的一个突出特征是，软件与信息服务产业的高速增长和软件与信息服务产业产出规模的迅速扩大，同时，软件与信息服务产业对区域名义 GDP 和区域名义 GDP 增长的贡献也呈现出急速增长的趋势。下面以大连为例研究软件与信息服务产业对区域名义 GDP 和区域名义 GDP 增长的贡献，大连软件与信息服务产业对名义 GDP 的直接贡献，如表 1-1 所示。

表 1-1　软件与信息服务业对区域名义 GDP 的贡献

年份	大连软件与信息服务业 销售收入/亿元	大连名义 GDP/亿元	大连软件与信息服务业 对名义 GDP 的贡献/%
1998	2	926. 27	0. 151 144
1999	5.48	1003	0. 382 453
2000	9.8	1110.77	0. 617 59
2001	15	1235.64	0. 849 762
2002	23	1406.1	1. 145 011
2003	45	1632.6	1. 929 438
2004	70	1961.8	2. 497 706
2005	100	2150	3. 255 814
2006	145	2569.67	3. 949 924
2007	215	3131	4. 806 771

注：软件与信息服务产业增加值＝软件与信息服务业销售收入×0.7。

资料来源：《大连统计年鉴》（1999～2008 年）；大连信息产业局.

从表 1-1 可以看出：从 1998 年到 2007 年，大连软件与信息服务产业增加值占名义 GDP 的份额从 0.15％上升到 4.81％，增长了 4.66 个百分点，软件产业的名义产出则从 2 亿元扩大到 215 亿元，增长了约 106.5 倍，年平均增长率达到 71.8％。从表 1-1 和图 1-1 可以看出，从 1998 年到 2001 年，大连软件产业占名义 GDP 的份额一直徘徊在 0.15％～0.85％，从 2002 年起才开始大步发展，也就是说，软件产业对经济增长的贡献 4 年后才开始显现，说明软件产业的发展也存在滞后性，滞后期为 4 年。2002 年大连软件产业占名义 GDP 的份额为 1.15％。从 2002 年到 2007 年，大连软件产业占名义 GDP 的份额从 1.15％直线上升到 4.81％，增长了 3.66 个百分点，大连软件产业的名义产出则从 23 亿元扩大到 215 亿元，增长了约 8.3 倍，年平均增长率达到 56.8％。而同一时期，名义 GDP

由 1406 亿元增加到 3131 亿元，增长了 1.2 倍，年平均增长率只有 16.8％，前者比后者高出近 4 倍，表明大连软件产业比国民经济中的其他产业发展要快得多。

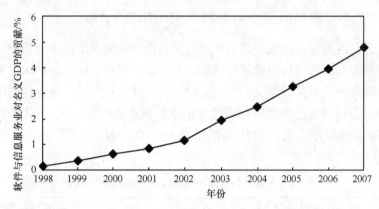

图 1-1　大连软件与信息服务产业对名义 GDP 的贡献

二、软件和信息服务业对区域名义 GDP 增长的贡献

相对于软件与信息服务产业对名义 GDP 的贡献份额而言，软件与信息服务业增加值对名义 GDP 增长的贡献份额更能真实地反映其增长快慢和波动情况，更能反映出其较快的上升势头。因此，对软件与信息服务产业对名义 GDP 增长的贡献的研究将比上面的研究更有价值。下面以大连为例研究软件与信息服务产业对区域名义 GDP 增长的贡献，根据表 1-1 计算出大连软件与信息服务产业对名义 GDP 增长的贡献，具体见表 1-2。

表 1-2　软件与信息服务业对区域名义 GDP 增长的贡献

年份	大连软件与信息服务业对 名义 GDP 增长的贡献／％	大连 GDP 增长／％	大连软件与信息服务业拉动／％
1999	3.174 769	11.2	0.355 574
2000	2.805 976	11.8	0.331 105
2001	2.915 032	11.3	0.329 399
2002	3.285 228	14.1	0.463 217
2003	6.799 117	15.2	1.033 466
2004	5.315 917	16.2	0.861 179
2005	11.158 34	14.2	1.584 485
2006	7.505 897	16.4	1.230 967
2007	8.729 268	17.5	1.527 622

注：产业贡献率指各产业增加值增量与 GDP 增量之比；产业拉动指 GDP 增长率与各产业贡献率之乘积。

　　从表 1-2 可以看出，1999～2002 年，大连软件和信息服务产业对名义 GDP 增长的贡献份额一直徘徊在 2.80％～3.29％，从 2003 年开始，其对名义 GDP 增长的贡献就迅速上升，并大大超过同期它对名义 GDP 的贡献份额。大连软件和信息服务产业对名义 GDP 增长的贡献在 2002 年达到 3.29％，2003 年迅速上升到 6.8％，以后一直在高速增长，2006 年大连软件和信息服务产业对名义 GDP 增长的贡献份额为 7.5％，2007 年大连软件和信息服务产业对名义 GDP 增长的贡献份额为 8.73％，大连软件和信息服务产业对名义 GDP 增长的贡献已经连续两年超过大连第一产业对经济增长的贡献（2006 年为 5.58％，2007 年为 6.98％）。可见，大连软件和信息服务产业的支柱产业作用凸现。从大连软件和信息服务产业对名义 GDP 增长的贡献的研究也可以看出，软件和信息服务产业对经济增长的贡献 4 年后才开始显现，说明软件和信息服务产业的发展也有滞后性，滞后期为 4 年。将表 1-1 和表 1-2 比较，可以画出软件和信息服务产业对名义 GDP 的贡献与对名义 GDP 增长的贡献比较图（图 1-2）。

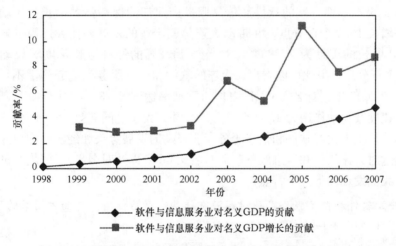

图 1-2　软件产业对名义 GDP 的贡献与对名义 GDP 增长的贡献比较图

　　从图 1-2 可以清晰看出，从 1999 年开始的 10 年间，软件和信息服务产业对名义 GDP 增长的贡献远远大于同期它对名义 GDP 的贡献份额，2007 年大连软件和信息服务产业对名义 GDP 增长的贡献份额居然达到 8.73％，说明大连软件和信息服务产业即将成为大连的主导产业。同时也反映出软件和信息服务产业虽然在整个经济中只是一个相对较小的部门，但是其产出增长对整体经济增长的拉动作用却异乎寻常的高。这一事实也表明，软件和信息服务产业正在成为大连经济的一个重要的新增长点，整个宏观经济也越来越依赖于软件和信息服务产业的高速成长。

三、研究结论

虽然大连从 1998 年就开始大量投资计算机等信息设备，建立大连软件园，开始发展软件和信息服务产业，并且逐年加大投入，但通过前面的计算和从图 1-2 可以看出，在 2002 年之前，软件和信息服务产业对名义 GDP 贡献、对名义 GDP 增长的贡献都未有明显的变化，只是非常缓慢地增长，未看出软件和信息服务产业对经济的明显拉动作用，一直徘徊在 0.3～0.4 个百分点。可是从 2003 年开始，也就是我国财政资金大量投向软件和信息服务产业 4 年之后，其对经济的拉动作用开始显现，2003 年软件和信息服务产业对名义 GDP 增长的贡献率就迅速上升为 6.8%，在大连当年 15.2% 的经济增长速度中贡献 1.03 个百分点，并一直以高速发展，到 2005 年其对名义 GDP 增长的贡献率为 11.2%，对当年 14.2% 的经济增长速度其拉动作用为 1.58 个百分点，占整个经济的 11.2%，尤其是在 2005 年大连工业产值明显减少的情况下，第二产业对名义 GDP 增长的贡献仅为 5.69%，而大连的软件和信息服务产业却能保持强劲增长，拉动大连当年经济增长 1.58 个百分点，并带动大连第三产业的发展，使大连第三产业对名义 GDP 增长的贡献为 77.26%，对当年 14.2% 的经济增长速度其拉动作用为 10.97 个百分点，由此可以看出，大连的软件和信息服务产业起到了不可估量的作用。到 2007 年它对名义 GDP 增长的贡献率达到 8.73%，对当年 17.5% 的经济增长速度其拉动作用为 1.53 个百分点，并大大超过同期第一产业对 GDP 的贡献份额，显示出大连软件和信息服务产业强劲的发展势头和经济导向以及支柱作用。通过对大连软件和信息服务产业对名义 GDP 以及对名义 GDP 增长的贡献的研究，我们发现以下几个特点。

（一）软件和信息服务产业对经济贡献具有滞后作用，与西方国家的研究相似，只是时间稍长一点

关于时滞的存在，不是一种凭空假设，它是有一定的理论基础的。对于信息技术的时间滞后问题西方国家早有研究，如布林乔福森用计量经济学研究方法发现，信息技术最强烈的组织冲击需要 2～4 年，也就是说信息技术的时滞是 2～4 年；洛夫曼在 1994 年的研究中否定了计算机无生产率之说，他发现，信息技术开始投资时，尽管生产率仍然很低，但当研究中引入较小的时滞后，信息技术的投资经济效应已经开始有所提高，逐步显现。信息技术产生时滞的原因主要是信息技术非同寻常的复杂性和创新性，企业和个人若要熟练地应用和掌握，可能需要一定的时间积累经验，也就是说相对于当前的信息技术投资，未来的信息技术投资收益趋向于更多，引进信息技术，学习效应将变得巨大，而收益却是潜在的长期的收益。软件技术投资成本和收益之间存在着显著的滞后期，因此，虽然软件投资短期表现较差，但长期来看，对软件技术的投资最终会带来更大的回报。

通过个人和组织的广泛学习，软件技术的巨大潜力将会逐步被开发出来。

（二）看清了软件技术创新"集聚"的特点

从大连软件和信息服务产业对名义 GDP 增长的贡献来看，在 2003 年前，其对 GDP 增长的贡献只是略高于同期对 GDP 的直接贡献，但在 2003 年后，其对 GDP 增长的贡献迅速上升，这表明软件和信息服务产业对整体经济增长的拉动作用在迅速增强。更为重要的是，软件和信息服务产业产出对经济增长贡献的迅速上升，使发生在大连的整个宏观经济进入调整期和工业增长的减速期，大连软件和信息服务产业并未受到整个经济下滑趋势的影响，而是继续保持超常的增长速度，这充分体现出软件和信息服务产业技术创新"集聚"的特点，也就是说，如果没有软件和信息服务产业的突出贡献，这一时期大连 GDP 的增长率将至少下降 1.58 个百分点，这意味着大连的经济增长将失去一个重要的推动力，大连当年的经济增长也不会持续增长。虽然软件和信息服务产业的超常增长与扩张性的宏观政策存在某种关系，但不可否认的是，这种增长主要是软件技术的迅速进步和信息产品与服务需求超常增长推动的结果，从而说明软件和信息服务产业对大连经济的高速增长有着不可低估的影响，特别是大连经济在 2005 年面对工业全面调整的严峻形势而没有出现严重的经济衰退，大连软件和信息服务产业的高速成长是一个重要的决定性因素，具体见表 1-3。

表 1-3　大连三次产业和软件与信息服务业对名义 GDP 增长的贡献

年份	第一产业对名义 GDP 增长的贡献/%	第二产业对名义 GDP 增长的贡献/%	第三产业对名义 GDP 增长的贡献/%	软件与信息服务业对名义 GDP 增长的贡献/%	GDP 增长/%	软件拉动/%
1999	2.710 804	54.567 97	42.590 9	3.174 769	11.2	0.355 574
2000	1.651 666	51.173 8	47.267 33	2.805 976	11.8	0.331 105
2001	4.813 006	45.719 55	49.467 45	2.915 032	11.3	0.329 399
2002	4.171 067	50.956 24	44.872 7	3.285 228	14.1	0.463 217
2003	7.549 669	53.598 23	38.852 1	6.799 117	15.2	1.033 466
2004	5.315 917	60.996 35	33.687 73	5.315 917	16.2	0.861 179
2005	17.056 32	5.685 441	77.258 24	11.158 34	14.2	1.584 485
2006	5.582 958	56.003 53	38.413 52	7.505 897	16.4	1.230 967
2007	6.978 07	54.775 27	38.282 29	8.729 268	17.5	1.527 622

注：产业贡献率指各产业增加值增量与 GDP 增量之比；产业拉动指 GDP 增长率与各产业贡献率的乘积。

资料来源：《大连统计年鉴》（1999～2008 年）；大连信息产业局.

（三）软件与信息服务产业对经济增长的贡献具有阶段性

将大连软件与信息服务产业的发展时期分为两个阶段，即 1998～2002 年、2003～2007 年。通过对前面的分析测算后得出这两个阶段的软件与信息服务产业对名义 GDP 增长的平均贡献分别为 3.0% 和 7.9%。这两个阶段分别是大连软件与信息服务产业的起步和初级发展阶段，可以预计，2008～2012 年将是大连软件与信息服务产业大力发展和快速发展的时期，大连的软件与信息服务产业对 GDP 的贡献率将逐步增大。

（四）软件与信息服务产业对同期 GDP 增长率的贡献更能反映客观实际

相对于名义 GDP 而言，软件与信息服务产业对同期 GDP 增长率的贡献更能真实地反映软件与信息服务产业对实际经济活动的影响。因此，我们今后的研究就更应该关注软件与信息服务产业对 GDP 增长的贡献，尤其是对名义产出与名义产出增长之间有巨大差距的时期，以免导致对软件与信息服务产业实际作用的长期低估和忽视。

第二节　软件和信息服务业的灰色关联度分析

软件与信息服务产业对经济增长的影响表现在两个方面。一方面是软件与信息服务产业对经济增长产生直接的影响，即软件与信息服务产业作为经济活动的组成部分，其产值规模和就业规模的不断扩大，直接促进了经济增长。这一部分是软件技术创新形成对总产出的影响，即软件与信息服务产业本身对经济增长的影响。另一方面是软件技术扩散对经济增长产生的间接影响。

软件和信息服务产业与其他产业之间存在很强的关联性。第一，软件与信息服务产业与其他产业存在前向关联性。软件与信息服务产业的发展要依赖于其他产业对软件与信息服务产业产品、技术的需求，其他产业部门对软件与信息服务产业最终产品的需求越大，软件与信息服务产业的发展就越能有效地促进其他产业的扩张，从而推动整个经济的增长。第二，软件与信息服务产业与其他产业存在后向关联性。软件与信息服务产业的发展也依赖于其他产业的最终产品，软件与信息服务产业对其他产业部门最终产品的需求越强烈，就越能有效地促进其他产业的发展。例如，科学文化教育事业、交通运输业、酒店餐饮业、金融业和房地产业，它们与软件与信息服务产业内部行业有着较强的前向关联性和后向关联性。

科学文化教育事业为软件业输送人才，科学文化教育事业的发展带动软件和信息服务业的发展，反过来，软件和信息服务业的发展也带动了就业，促进了科学文化教育事业的发展。金融业能带动软件业、信息设备制造业、信息基础设施、房地产业的发展，房地产业可以带动建材业等产业的发展，产业的发展使居民收入水平提高反过来又增加软件业、信息设备制造业、金融业和房地产业的需求增长等。总之，一方面，软件与信息服务产业对社会各行各业的需求日趋增大，尤其是对第三产业的需求日益增加，使其对社会发展产生较大的推动作用；

另一方面，社会各行各业对软件产品、信息基础设施、信息设备的需求日趋增大，带动着软件等行业的发展，从而软件与信息服务产业通过对经济产生直接和间接影响，使产业结构得到调整、优化，带动其他行业发展，最终提高整个经济增长率水平。总之，软件技术通过技术创新和扩散作用来带动整个国民经济各行业的发展，而经济发展水平又是软件与信息服务产业发展的基本要素之一，它决定着软件与信息服务产业发展的规模和水平，经济发展水平越高，软件与信息服务产业发展所需的技术、资金、人才、基础设施、设备等条件就越好，就更能够极大地促进软件与信息服务产业的发展，从而带动整体经济发展。下面我们就利用邓聚龙教授的灰色关联度理论研究大连软件与信息服务产业的产业关联性。

一、灰色关联度定义及应用范围

灰色关联度是由我国著名学者邓聚龙教授创立的灰色系统理论的一个重要组成部分。所谓灰色关联度是指从反映系统行为特征的数据序列和与其相关的因素数据序列入手，通过灰色关联度来考察主行为因子和相关行为因子的关系紧密相关程度的。灰色系统理论是我国学者邓聚龙教授创立的一门新兴交叉学科，目前，灰色系统理论广泛应用在社会科学和自然科学中，它在区域经济优势分析、产业结构调整、宏观经济态势预测等方面都取得了较好的应用效果。

灰色关联度分析主要是用在不完全的信息中，对所要分析研究的诸多因素通过一定步骤的数据处理，在随机的因素序列间找出它们彼此的关联性，并用量化表达灰色系统中诸因素之间的相互关联关系，通过发现主要矛盾找到要分析研究的诸多因素中的主要特性和主要影响因素，从而依据灰色关联度大小对灰色系统的多个影响因素进行排序。由于灰色理论对样本数量的大小没有特殊的要求，也不需要典型的数据分布规律，这就大大扩展了其发展空间。

二、灰色关联度分析的主要步骤

1. 选取反映系统行为特征的数据序列

首先要选取反映系统行为特征的数据序列，即参考序列，一般记为

$$X_0(t) = \{X_{01}, \quad X_{02}, \quad \cdots, X_{0n}\}$$

与参考数列作关联比较的比较数列为

$$\{X_1(t), X_2(t), \cdots, X_n(t)\} = \begin{cases} X_{11}, X_{12}, \cdots, X_{1n} \\ X_{21}, X_{22}, \cdots, X_{2n} \\ \vdots \quad \vdots \quad \quad \vdots \\ X_{m1}, X_{m2}, \cdots, X_{mn} \end{cases}$$

式中，n 为比较数列的数据个数，m 为参考数列的个数。

2. 原始数据初值化或均值化

将时间序列的原始数据作初值化或均值化变换处理，消除量纲，增强各因素之间的可比性。原始数据间的量纲和数量级各有不同，不便于进行比较，所以在进行灰色关联分析之前，通常需要对原始数据进行无量纲化处理，常用的方法有初值化、均值化等。其中，初值化是用数列的第 1 个数据去除同一数列的所有数据，得到的数列即为初值化数列；均值化是先分别求出各个原始数列的平均数，再用数列中的所有数据除以该数列的平均数，得到的数列就是均值化数列。

3. 求关联系数，并从中找出极大值与极小值

先求参考数列 $X_0(t)$ 与各比较数列 $X_i(t)$ 之间的差列：

$$\Delta_i(t) = |X_0(t) - X_i(t)|$$

再从差列 $\Delta_i(t)$ 中找出最小值和最大值：

$$\min|X_0(t) - X_i(t)|$$

$$\max|X_0(t) - X_i(t)|$$

最后从不同比较数列最小、最大值中再分别取最小、最大值：

$$\min\min|X_0(t) - X_i(t)|$$

$$\max\max|X_0(t) - X_i(t)|$$

4. 取分辨系数

$0 < \rho < 1$，本节中 ρ 取 0.5。

5. 求关联系数

$$\xi_i(t) = \frac{\min\min|X_0(t) - X_i(t)| + \rho\max\max|X_0(t) - X_i(t)|}{|X_0(t) - X_i(t)| + \rho\max\max|X_0(t) - X_i(t)|},$$
$$i = 1, 2, \cdots, m \tag{1-1}$$

6. 求关联度并排出关联

$$\gamma_i = \frac{1}{n}\sum_{i=1}^{n}\xi_i(t), \ i = 1, 2, \cdots, m \tag{1-2}$$

关联系数包含 n 个时刻的值，数值太多，信息过于分散，不便于比较，因此，将各个时刻关联系求平均值便得到相应的关联度：$\gamma_i = \frac{1}{n}\sum_{i=1}^{n}\xi_i(t)$（$\gamma_i$ 即曲线 $X_i(t)$ 对参考曲线 $X_0(t)$ 的关联度）。通过对关联系数表及关联度矩阵（$\gamma_1, \gamma_2, \gamma_3, \cdots, \gamma_n$）的分析，我们可以比较各指标 $X_i(t)$ 与 $X_0(t)$ 关联程度的大小，对其进行排序，从而找出最有影响力的因素和最薄弱的环节（邓聚龙，2002）。

三、大连软件和信息服务业与三次产业的灰色关联性分析

(一) 数据来源

本方法主要是研究大连市软件业与大连三次产业，及其相关行业之间的关联性。产业划分和数据均采用大连市统计局发表的《大连市统计年鉴》的产业划分和数据。利用《大连市统计年鉴》（1999～2008 年），收集了大连市软件和信息服务业增加值 $X_0(t)$ 和第一产业增加值 $X_1(t)$，第二产业增加值 $X_2(t)$，第三产业增加值 $X_3(t)$ 的有关数据，具体见表 1-4。

表 1-4　大连市各年软件和信息服务业与三次产业的增加值　　（单位：亿元）

年份	第一产业 $X_1(t)$	第二产业 $X_2(t)$	第三产业 $X_3(t)$	软件和信息服务业 $X_0(t)$
1998	101.52	420.13	404.62	1.4
1999	103.33	462.47	437.28	3.84
2000	105.38	517.15	488.24	6.86
2001	111.39	574.24	550.01	10.5
2002	118.5	661.14	626.46	16.1
2003	135.54	782.53	714.52	31.5
2004	153.1	983.3	825.36	49
2005	183.33	996.06	972.84	70
2006	208.6	1229.04	1132.03	101.5
2007	247.8	1536.5	1346.9	150.5

资料来源：《大连统计年鉴》（1999～2008 年）.

(二) 数据处理

以大连市软件和信息服务业增加值为参考序列 $X_0(t)$，以第一产业增加值 $X_1(t)$、第二增加值 $X_2(t)$、第三产业增加值 $X_3(t)$ 为比较序列。

1. 数据标准化

将时间序列的原始数据进行均值化处理，消除量纲的影响，使数据标准化，具体计算见表 1-5。

表 1-5　标准化数据

年份	第一产业 $X_1{}'(t)$	第二产业 $X_2{}'(t)$	第三产业 $X_3{}'(t)$	软件和信息服务业 $X_0{}'(t)$
1998	0.691 322	0.514 704	0.539 619	0.031 732
1999	0.703 648	0.566 575	0.583 175	0.087 035
2000	0.717 608	0.633 563	0.651 138	0.155 485

续表

年份	第一产业 $X_1'(t)$	第二产业 $X_2'(t)$	第三产业 $X_3'(t)$	软件和信息服务业 $X_0'(t)$
2001	0.758 534	0.703 505	0.733 517	0.237 987
2002	0.806 951	0.809 966	0.835 474	0.364 914
2003	0.922 989	0.958 682	0.952 914	0.713 962
2004	1.042 568	1.204 647	1.100 735	1.110 607
2005	1.248 425	1.220 279	1.297 421	1.586 582
2006	1.420 507	1.505 704	1.509 724	2.300 544
2007	1.687 448	1.882 375	1.796 283	3.411 151

2. 比较序列标准差值

参考序列 $X_0(t)$ 与比较序列 $X_1(t)$、$X_2(t)$、$X_3(t)$ 的差的绝对值。第一产业 $X_1'(t)$，第二产业 $X_2'(t)$ 和第三产业 $X_3'(t)$ 与软件和信息服务业 $X_0'(t)$ 的差的绝对值分别为 $\Delta_1(t)$、$\Delta_2(t)$ 和 $\Delta_3(t)$，具体见表1-6。

表 1-6　　比较序列标准差值

年份	$\Delta_1(t)$	$\Delta_2(t)$	$\Delta_3(t)$
1998	0.659 591	0.482 972	0.507 887
1999	0.616 613	0.479 539	0.496 14
2000	0.562 123	0.478 078	0.495 653
2001	0.520 547	0.465 517	0.495 53
2002	0.442 037	0.445 053	0.470 56
2003	0.209 027	0.244 72	0.238 952
2004	0.068 04	0.094 039	0.009 872
2005	0.338 157	0.366 303	0.289 161
2006	0.880 037	0.794 84	0.790 82
2007	1.723 704	1.528 776	1.614 868

3. 求最大值、最小值

从绝对差列中得 Δmin＝0.009 872；Δmax＝1.723 704。

4. 求关联系数与关联度

取分辨系数 $\rho = 0.5$，利用灰色关联系数公式（1-1）和关联度公式（1-2），分别求得第一、第二和第三产业对应的软件和信息服务业的关联系数分别为 $\xi_1(t)$、$\xi_2(t)$、$\xi_3(t)$、对应的关联度分别为 γ_1、γ_2、γ_3，具体见表1-7和表1-8。

表 1-7　关联系数

年份	$\xi_1(t)$	$\xi_2(t)$	$\xi_3(t)$
1998	0.572 959	0.648 207	0.636 416
1999	0.589 614	0.649 866	0.641 921
2000	0.612 177	0.650 574	0.642 152
2001	0.630 588	0.656 731	0.642 21
2002	0.668 557	0.667 014	0.654 245
2003	0.814 027	0.787 77	0.791 897
2004	0.937 447	0.911 949	1
2005	0.726 431	0.709 783	0.757 354
2006	0.500 447	0.526 184	0.527 463
2007	0.337 151	0.364 642	0.351 967

表 1-8　关联度

	γ_1	γ_2	γ_3
关联度	0.638 94	0.657 272	0.664 563

（三）结论分析

利用 1998～2007 年大连软件和信息服务业和大连三次产业的数据，对大连软件和信息服务业与大连第一产业、第二产业和第三产业进行了灰色关联度分析。从表 1-8 中看出，1998～2007 年大连市软件和信息服务业与第一、第二和第三产业的灰色关联度分别为 0.638 94、0.657 272 和 0.664 563。由此发现，大连的软件和信息服务业与第三产业的关联度最大，这说明软件与信息服务产业对第三产业的增长有着较强的拉动作用。这一点可以从大连三次产业和软件与信息服务产业对名义 GDP 增长的贡献明显看出。2005 年的大连工业是进行全面调整的时期，第二产业对大连名义 GDP 增长的贡献仅为 5.7%，而大连的软件和信息服务业对大连名义 GDP 增长的贡献却表现出强劲的增长，由 2004 年的 5.3% 上升到 11.2%，对大连当年 14.2% 的经济增长拉动 1.58 个百分点，并由此带动大连的第三产业迅速增长，由 2004 年的 33.7% 上升到 77.3%，对大连当年 14.2% 的经济增长拉动 10.97 个百分点。因此，可以说在 2005 年大连能保持 14.2% 的经济增长，其软件与信息服务产业起到了重要的作用，至少提高了 2 个百分点。

大连软件与信息服务业与第三产业关联度最大的主要原因有以下几点。首先，软件与信息服务产业是一个具有高渗透性、高附加性、高投资、高效益的绿色产业，是大连市政府重点扶持的核心产业。同时，软件与信息服务产业是第三产业重要的组成部分，其所占比重正在逐年增加，且连续九年都保持 50% 以上的速度增长。其次，软件行业已不再局限于计算机行业之内，其已经渗透和分布在现代服务业的各行业之中。软件与信息服务产业为教育、房地产业、交通运输业、仓储及邮电通信业、餐饮住宿业、金融业等各产业部门全面实现信息化、数字化发挥着不可或缺的基础和推动作用，也是现代服务业升级改造的重要支撑。与此同时，各种软件产品，如实用工具软件、教育与娱乐软件、财务与管理软件及办公与文字处理软件的广泛运用，有效地提高了现代服务业各产业部门的工作效率。再次，大连高新软件园区的建设发展，直接或间接地带动了当地科技服务业、物流业、房地产业、金融业乃至商业、旅游业等第三产业的快速发展。譬如，英特尔芯片项目落户大连后，不仅促使一大批世界知名配套企业闻风而动，而且也使一批世界知名金融、物流企业纷至沓来。大连空港国际物流中心项目的签署、全球最大基金管理公司富达投资集团在大连建立金融机构、花旗银行在大连开设分支机构以及英特尔全球合作伙伴到大连建厂，还有多家国外服务业连锁公司准备在大连建设具有欧美风格的咖啡馆、酒吧等，这些均验证了大连软件与信息服务产业强有力的带动性和影响力。最后，大连市软件与信息服务产业是在第三产业高度发展和计算机应用技术高度发达的基础上逐步发展起来的，雄厚的经济基础，发达、完善的服务业是发展软件与信息服务产业必不可少的条件。而且软件与信息服务产业在人才吸引与培养、信息基础设施、软件需求、融资渠道等方面也需要第三产业提供强有力的支持。总的来说，软件与信息服务产业以其生产效率高、技术水平高的特点有效地提高了第三产业的整体效率，增大了高新技术产业的比重，从而有效地优化了城市第三产业的内部结构，使第三产业能更加高效、快速、优质地发展，而第三产业的发展也为软件与信息服务产业的持续发展提供了强有力的保证和广阔的市场前景。

大连的软件业与其第二产业也存在较为紧密的、相互协调的联系，主要原因在于：自从振兴东北老工业基地的政策实施以来，东北大地的每个角落都因信息化建设的全速推进而生机无限，为了不错失这一历史机遇，大连市也进一步深入贯彻"数字大连"建设的战略方针。通过信息化建设，加快对传统老工业的改造，而软件与信息服务产业在这方面具有广泛的应用价值。当前软件与信息服务产业对传统制造业改造成效较为显著。具体来说，根据企业生产流程及经营管理的不同需求，软件产品将提供不同的服务及应用。例如，计算机辅助设计（CAD）、计算机辅助制造（CAM）、计算机集成制造系统（CIMS）技术、计算机管理信息系统（MIS）、计算机辅助测试和检测、计算机辅助柔性制造技术和自动物料储运系统、制造资源计划（MRP-2）、企业资源计划（ERP）和业务流程重组（BPR）等技术的普及和广泛应用，使得计算机实现制造业的现代设计、制造、生产、质量、品质管理、流通、财务等关键技术的突破。软件与信息服务产业不仅提高劳动生产率，而且能全面改造制造业管理模式和生产组织模式。与此同时，大连嵌入式软件显示出广阔的应用前景，预示着软件技术与大连传统制造业相结合出现了新的发展方向。对于大连市传统装备制造业而言，嵌入式软件的直接运用对于改造东北老工业基地，提升产品技术含量，增加产品附加值，改善产品结构具有非常重要的作用，从根本上提高大连企业和产品的核心竞争力。软件与信息服务产业的发展是大连走发展低污染、低能耗、高效益的新型工业化道路的重要因素。

与第二、第三产业相比，第一产业与软件与信息服务产业的关联度最小，说明大连软件业对第一产业的总体带动性不强。

大连软件与信息服务产业发展的实践表明，集聚化是大连软件与信息服务产业成功发展的一种模式，大连软件与信息服务产业在产业集聚的基础上，逐渐形成了自己的产业特色，实现软件与信息服务产业的集群。软件与信息服务产业通过产业关联效应和扩散效应，正逐步提升大连产业结构的水平。软件与信息服务产业通过关联效应和扩散效应，带动交通运输、餐饮业、酒店业、房地产业、教育、旅游和金融保险等其他产业的发展，使产业结构的发展朝第一、第二、第三产业的优势地位顺向递进的方向演进；朝劳动密集型产业、技术密集型产业、资本密集型产业分别占优势地位的方向演进，使大连城市的产业结构朝更加合理化的方向发展，最终推动大连经济的整体发展。

第三节　软件和信息服务业的投入产出关联分析

经济活动中，各个产业之间存在着广泛、密切和复杂的经济联系，这种相互联系在产业经济学中被称为产业关联。在投入产出学中，通常用直接消耗系数来表示产业之间的这种相互关联关系；用感应度系数来表示一个产业受其他产业的影响程度；用影响力系数来表示一个产业对其他产业的影响作用。

近十几年来，我国软件和信息服务业得到了快速的发展，产业规模不断扩大，就业人数不断增加，产业服务功能不断增强，软件与信息服务产业对经济增长的贡献不断增大，人民的生活水平和生活质量得到显著的提高。软件和信息服务业与其他产业的关联关系如何，可以通过前向关联关系和后项关联关系来研究。后向关联是指一个产业对那些向其供应产品或服务的产业或部门的影响。前向关联是指一个产业对那些将该产业的产品或服务作为投入品或生产资料的产业的影响（宋增文，2007）。下面我们通过投入产出的方法来分析各产业的结构特性与产业关联。

一、直接消耗系数和完全消耗系数

1. 直接消耗系数

直接消耗系数度量了某产业部门对其他产业部门的直接消耗关系，也称投入系数，记为 a_{ij}（$i,j=1,2,\cdots,n$），是指在生产经营过程中第 j 产业部门的单位总产出直接消耗的第 i 产业部门货物或服务的价值量。其计算方法为：用第 j 产品（或产业）部门的总投入 X_j 去除该产品（或产业）部门生产经营中直接消耗的第 i 产品部门的货物或服务的价值量 x_{ij}，用公式表示为

$$a_{ij} = \frac{x_{ij}}{X_j}, i, j = 1, 2, \cdots, n$$

直接消耗系数越大，说明一个产业对另一个产业的直接需求越多，直接后向关联效应越明显（宋增文，2007）。

2. 完全消耗系数

完全消耗系数：一个产业或部门在生产过程中的直接消耗和全部的间接消耗之和构成了该产业的完全消耗，完全消耗系数的经济含义是，某产业单位产值的最终产品或服务对另一个产业产品或服务的完全消耗量。它通常记为 b_{ij}，是指第 j 产业部门每提供一个单位最终使用时，对第 i 产业部门产品或服务的直接消耗和间接消耗之和。以 I 记为单位矩阵，那么利用直接消耗系数矩阵 A 计算完全消耗系数矩阵 B 的公式为

$$B = (I - A)^{-1} - I$$

完全消耗系数越大，说明产业之间的后向完全关联越大，即一个产业的发展对另一个产业需求拉动作用越大（宋增文，2007）。

二、直接分配系数和完全分配系数

1. 直接分配系数

直接分配系数指从产出角度分析产业之间直接技术经济联系的指标，其含义是某产业或部门产品分配给另一个产业或部门作为中间产品直接使用的价值占该种产品总产品的比例。直接分配系数是指国民经济各部门提供的货物和服务（包括进口）在各种用途（指中间使用和各种最终使用）之间的分配使用比例，用公式表示为

$$h_{ij} = \frac{x_{ij}}{X_i}, i, j = 1, 2, \cdots, n$$

直接分配系数越大，说明其他产业对该产业的直接需求越大，该产业的直接供给推动作用越明显。

2. 完全分配系数

完全分配系数是一个从产出方向分析产业之间的直接和间接技术经济联系的指标，其经济含义是，某产业或部门每一个单位增加值通过直接或间接联系需要向另一个产业或部门提供的分配量。完全分配系数（用 w_{ij} 表示）是 i 部门单位总产出直接分配和全部间接分配（包括一次间接分配、二次间接分配，以及多次间接分配）给 j 部门的数量。它反映了 i 部门对 j 部门直接和通过其他部门间接

的全部贡献程度。它等于 i 部门对 j 部门的直接分配系数和全部间接分配系数之和。以 I 记为单位矩阵，那么利用直接分配系数矩阵 H 计算完全分配系数矩阵 W 的公式表示为

$$W = (I - H)^{-1} - I$$

完全分配系数越大，说明该产业对其他产业的推动作用越大，产业之间的前向完全关联程度越大（宋增文，2007）。

三、影响力系数和感应力系数

1. 影响力系数

影响力系数是反映国民经济某一部门增加一个单位最终使用时，对国民经济各部门所产生的需求波及程度。计算公式如下。

$$r_j = \frac{\sum\limits_{i=1}^{n} \bar{b}_{ij}}{\frac{1}{n} \sum\limits_{j=1}^{n} \sum\limits_{i=1}^{n} \bar{b}_{ij}} , j = 1, 2, \cdots, n$$

式中，$\bar{b}_{ij}$ 为 $(I - A)^{-1}$ 矩阵的元素。

当某一部门影响力系数大于（小于）1时，表示该部门的生产对其他部门所产生的波及影响程度高于（低于）社会平均影响水平（即各部门所产生的波及影响的平均值）。影响力系数越大，该部门对其他部门的拉动作用越大（卞祖武等，2000）。

2. 感应度系数

感应度系数是反映当国民经济各个部门均增加一个单位最终使用时，某一部门由此而受到的需求感应程度，也就是需要该部门为其他部门的生产而提供的产出量。其计算公式如下。

$$s_i = \frac{\sum\limits_{j=1}^{n} \bar{b}_{ij}}{\frac{1}{n} \sum\limits_{i=1}^{n} \sum\limits_{j=1}^{n} \bar{b}_{ij}} , i = 1, 2, \cdots, n$$

式中，$\bar{b}_{ij}$ 是 $(I - A)^{-1}$ 矩阵的元素。

当某一部门感应度系数大于（小于）1时，表示该部门的感应程度高于（低于）社会平均感应度水平（即各部门的感应程度的平均值）。感应度系数越大，说明该部门对国民经济的推动作用越大。感应度系数越大的部门就越具有基础产业和瓶颈产业的属性（卞祖武等，2000）。

四、我国软件和信息服务业与其他产业的关联分析

（一）数据来源与说明

软件和信息服务业与国民经济众多产业都相互影响、相互依存，软件和信息服务业的产业关联主要表现为：一是后向关联，即软件和信息服务业对那些向本产业提供生产要素的其他产业的影响；二是前向关联，即软件和信息服务业对那些使用本产业的产品或服务的产业的影响，也即使用软件和信息服务业产品和服务作为其生产要素的产业的影响。本节采用《2002 年中国投入产出表》122 个产业部门数据，从投入产出关系和产业关联角度来研究中国软件和信息服务业的产业链，其中部门分类基本是参照《国民经济行业分类》制定的。一般情况下，分析产业关联时，将关联度大于平均水平加一个标准差的产业定义为密切关联产业，大于平均水平的产业定义为较密切关联产业，小于平均水平而不为零的产业为有关联产业，为零的产业为无关联产业（宋增文，2007）。下面就所研究的计算机服务和软件业与其他产业的关联程度来进行分析。

（二）后向关联分析

软件和信息服务业的后向关联通常是指对那些向本产业提供生产要素的其他产业的影响，通常用直接消耗系数和完全消耗系数来分析，下面我们将研究体现我国计算机服务和软件业与其他产业的后向关联程度的直接消耗系数和完全消耗系数。

1. 直接消耗系数的计算

直接关联通常是指某产业在生产运行过程中与其他产业的直接联系程度，能够反映该产业因直接消耗而对其他相关产业产生的拉动和影响作用。我国计算机服务和软件业与相关产业的直接消耗系数以及计算的关联程度如下，具体见表 1-9。

表 1-9　计算机服务和软件业主要直接后向关联产业表

直接后向关联产业	计算机服务和软件业的直接消耗系数	关联度	直接后向关联程度
电子计算机整机制造业	0.142 842 014	3	密切关联
印刷业和记录媒介的复制业	0.060 500 421	3	密切关联
批发和零售贸易业	0.055 880 071	3	密切关联
造纸及纸制品业	0.043 473 058	3	密切关联
其他电子计算机设备制造业	0.043 192 643	3	密切关联
其他电气机械及器材制造业	0.040 930 135	3	密切关联
电子元器件制造业	0.035 845 052	3	密切关联
通信设备制造业	0.034 483 702	3	密切关联

续表

直接后向关联产业	计算机服务和软件业的直接消耗系数	关联度	直接后向关联程度
金属制品业	0.029 748 056	3	密切关联
房地产业	0.025 306 743	3	密切关联
其他通用设备制造业	0.024 267 601	3	密切关联
计算机服务和软件业	0.019 113 622	2	较密切关联
家用器具制造业	0.019 024 697	2	较密切关联
金融业	0.016 137 932	2	较密切关联
信息传输服务业	0.012 875 405	2	较密切关联
汽车零部件及配件制造业	0.010 073 502	2	较密切关联
科学研究事业	0.009 367 630	2	较密切关联
商务服务业	0.008 877 530	2	较密切关联
餐饮业	0.008 502 982	2	较密切关联
保险业	0.006 979 418	2	较密切关联
汽车制造业	0.006 776 918	2	较密切关联
平均值	0.006 030 200		
标准差	0.016 912 715		

资料来源：国家统计局国民经济核算司.2006.2002 年中国投入产出表. 北京：中国统计出版社.

从表 1-9 直接消耗系数的计算结果可以看出：在全国 122 个产业部门中有 11 个产业部门与计算机服务和软件业有密切的直接后向联系，10 个部门与计算机服务和软件业有较密切直接后向联系，76 个部门与计算机服务和软件业有直接后向联系，25 个部门与计算机服务和软件业无直接后向联系。计算机服务和软件业产出 1 万元产品和服务，需要直接投入电子计算机整机制造业 1428.4 元、印刷业和记录媒介的复制业 605 元、批发和零售贸易业 558.8 元、造纸及纸制品业 434.7 元、其他电子计算机设备制造业 431.9 元、其他电气机械及器材制造业 409.3 元、电子元器件制造业 358.5 元、通信设备制造业 344.8 元、金属制品业 297.5 元、房地产业 253.1 元、其他通用设备制造业 242.6 元、计算机服务和软件业 191.1 元、家用器具制造业 190.2 元、金融业 161.4 元、信息传输服务业 128.8 元、汽车零部件及配件制造业 100.7 元、科学研究事业 93.7 元、商务服务业 88.8 元、餐饮业 85 元，保险业 69.8 元、汽车制造业 67.8 元。说明我国计算机服务和软件业的发展需要较多的电子计算机整机制造业、其他电子计算机设备制造业、其他电气机械及器材制造业、造纸及纸制品业、通信设备制造业、房地产业的直接投入，同时也需要印刷业和记录媒介的复制业、金融业、信息传输服务业、科学研究事业、商务服务业、餐饮业、保险业等部门提供必要的相关服务，计算机服务和软件业对这些产业产生了直接拉动作用。

　　2. 完全消耗系数的计算

　　完全消耗系数是投入产出研究中的另一个基本系数，是一个从投入角度分析产业之间的直接和间接联系的指标。一个产业的完全消耗系数能够反映生产过程中的直接消耗和全部的间接消耗之和。我国计算机服务和软件业与相关产业的完全消耗系数以及计算的关联程度如下，具体见表 1-10。

表 1-10　我国计算机服务和软件业主要完全后向关联产业表

完全后向关联产业	计算机服务和软件业的完全消耗系数	关联度	完全后向关联程度
电子元器件制造业	0.202 620	3	密切关联
电子计算机整机制造业	0.164 420	3	密切关联
批发和零售贸易业	0.134 030	3	密切关联
造纸及纸制品业	0.101 280	3	密切关联
其他电子计算机设备制造业	0.097 033	3	密切关联
其他电气机械及器材制造业	0.078 141	3	密切关联
印刷业和记录媒介的复制业	0.075 674	3	密切关联
金属制品业	0.068 585	3	密切关联
其他通用设备制造业	0.055 501	3	密切关联
金融业	0.054 426	3	密切关联
电力、热力的生产和供应业	0.053 450	3	密切关联
通信设备制造业	0.053 100	3	密切关联
塑料制品业	0.050 820	3	密切关联
钢压延加工业	0.043 059	2	较密切关联
石油及核燃料加工业	0.038 522	2	较密切关联
商务服务业	0.036 376	2	较密切关联
房地产业	0.036 257	2	较密切关联
基础化学原料制造业	0.032 606	2	较密切关联
有色金属冶炼业	0.030 504	2	较密切关联
合成材料制造业	0.029 674	2	较密切关联
汽车零部件及配件制造业	0.029 302	2	较密切关联
石油和天然气开采业	0.029 034	2	较密切关联
信息传输服务业	0.028 572	2	较密切关联
计算机服务和软件业	0.027 277	2	较密切关联
水上运输业	0.026 767	2	较密切关联
道路运输业	0.026 593	2	较密切关联
家用器具制造业	0.026 249	2	较密切关联

完全后向关联产业	计算机服务和软件业的完全消耗系数	关联度	完全后向关联程度
玻璃及玻璃制品制造业	0.025 872	2	较密切关联
有色金属压延加工业	0.025 373	2	较密切关联
煤炭开采和洗选业	0.025 106	2	较密切关联
专用化学产品制造业	0.022 822	2	较密切关联
餐饮业	0.022 229	2	较密切关联
汽车制造业	0.019 256	2	较密切关联
平均值	0.017 730		
标准差	0.031 217		

資料来源：国家统计局国民经济核算司.2006.2002年中国投入产出表.北京：中国统计出版社.

从表1-10完全消耗系数的计算结果可以看出：在全国122个产业部门中有13个部门与计算机服务和软件业有密切完全后向联系，20个部门与计算机服务和软件业有较密切完全后向联系，87个部门与计算机服务和软件业有完全后向联系，2个部门与计算机服务和软件业无完全后向联系。计算机服务和软件业产出1万元最终产品和服务，需要完全的（即直接和间接的）投入电子元器件制造业2026.2元、电子计算机整机制造业1644.2元、批发和零售贸易业1340.3元、造纸及纸制品业1012.8元、其他电子计算机设备制造业970.3元、其他电气机械及器材制造业781.41元、印刷业和记录媒介的复制业756.7元、金属制品业685.8元、其他通用设备制造业555元、金融业544.3元、电力与热力的生产和供应业534.5元、通信设备制造业531元、塑料制品业508.2元、商务服务业363.8元、房地产业362.6元、信息传输服务业285.7元、计算机服务和软件业272.8元、餐饮业222.3元、汽车制造业192.3元。说明计算机服务和软件业的发展需要这些行业较多的投入，计算机服务和软件业的发展对电子元器件制造业、电子计算机整机制造业、其他电子计算机设备制造业、印刷业和记录媒介的复制业、通信设备制造业发展起到了较强的完全（即直接和间接的）拉动作用，同时对商务服务业、金融业、餐饮业、房地产业等产业的完全后向关联作用也较明显。

通过比较计算机服务和软件业后向直接关联的产业和后向完全关联的产业的研究结果，可以发现：①有些产业与计算机服务和软件业没有直接关联关系，但却有完全关联关系，如电力、热力的生产和供应业、塑料制品业、钢压延加工业、水上运输业、道路运输业、玻璃及玻璃制品制造业、有色金属冶炼业和煤炭开采和洗选业等，它们虽与计算机服务和软件业无直接关联但却与计算机服务和软件业直接关联的产业有关联，于是产生了产业间的间接联系。②相对于直接后向关联，计算机服务和软件业的完全关联产业数量多，关联强度大，说明了计算机服务和软件业有较强的间接拉动能力。③计算机服务和软件业直接投入品主要有电子计算机整机制造业、印刷业和记录媒介的复制业、其他电子计算机设备制造业、房地产业、金融业、餐饮业、住宿业的产品或服务，而完全投入还包括电力、热力的生产和供应业、批发和零售贸易业、石油和天然气开采业、水上运输业、道路运输业、煤炭开采和洗选业、专用化学产品制造业的产品或服务，说明计算机服务和软件业的发展需直接投入电子计算机整机制造业、其他电子计算机设备制造业、电子元器件制造业、其他电气机械及器材制造业等相关电子硬件设备的投入有关，而且与"衣、食、住、行"等相关的服务设施有关，并且与直接相关的产业相关的基础供应产业同样不可或缺。④计算机服务和软件业内部的投入产出联系密切，说明计算机服务和软件业企业之间具有较密切的消耗分配的产业联系。上述这些特点说明，计算机服务和软件业对其后向关联的产业的间接拉动作用不能忽视，这主要是由于计算机服务和软件业的产业关联大，对国民经济波及面广。因此，促进计算机服务和软件业与其后向关联的其他产业的协调发展是我国经济持久健康发展的重要保证。

（三）前向关联度

产业间前向关联度通常是通过直接分配系数和完全分配系数来研究各产业之间的关联度，下面我们将研究体现我国计算机服务和软件业与其他产业的前向关联程度的直接分配系数和完全分配系数。

1. 直接分配系数的计算

直接关联通常是指某产业在生产运行过程中与其他产业的直接联系程度，能够反映该产业因直接消耗而对其他相关产业产生的拉动和影响作用，直接分配系数是从该产业产出角度来分析产业之间直接经济联系的一个指标。我国计算机服务和软件业与相关产业的直接分配系数以及计算的关联程度如下，具体见表1-11。

表 1-11　我国计算机服务和软件业主要直接前向关联产业表

直接前向关联产业	计算机服务和软件业的直接分配系数	关联度	直接前向关联程度
建筑业	0.198 985 365	3	密切关联
批发和零售贸易业	0.143 704 544	3	密切关联
金融业	0.089 330 669	3	密切关联
保险业	0.039 667 277	3	密切关联
家用器具制造业	0.034 625 129	3	密切关联
公共管理和社会组织	0.020 805 383	2	较密切关联
信息传输服务业	0.020 461 684	2	较密切关联
计算机服务和软件业	0.019 113 622	2	较密切关联
教育事业	0.017 804 965	2	较密切关联

续表

直接前向关联产业	计算机服务和软件业的直接分配系数	关联度	直接前向关联程度
医药制造业	0.014 461 045	2	较密切关联
其他食品加工和食品制造业	0.009 592 846	2	较密切关联
电力、热力的生产和供应业	0.009 536 048	2	较密切关联
其他电气机械及器材制造业	0.009 196 74	2	较密切关联
居民服务和其他服务业	0.008 965 835	2	较密切关联
其他专用设备制造业	0.008 794 868	2	较密切关联
纺织服装、鞋、帽制造业	0.008 512 551	2	较密切关联
日用化学产品制造业	0.008 510 883	2	较密切关联
其他通用设备制造业	0.007 855 233	2	较密切关联
金属制品业	0.007 733 335	2	较密切关联

资料来源：国家统计局国民经济核算司.2006.2002年中国投入产出表.北京：中国统计出版社.

从表1-11直接分配系数的计算结果可以看出：在全国122个产业部门中有5个产业与计算机服务和软件业有密切直接前向联系，有14个部门与计算机服务和软件业有较紧密直接前向联系。计算机服务和软件业产出1万元产品和服务，其中作为中间品投入到建筑业1989.9元，批发和零售贸易业1437.0元，金融业888.5元，保险业396.7元，家用器具制造业346.3元，公共管理和社会组织208.1元，信息传输服务业204.6元，计算机服务和软件业191.1元，教育事业178元，医药制造业144.6元，其他食品加工和食品制造业95.9元，电力与热力的生产和供应业95.4元，居民服务和其他服务业89.7元，其他专用设备制造业87.9元，纺织服装、鞋、帽制造业85.1元，日用化学产品制造业85.1元，其他通用设备制造业78.6元，金属制品业77.3元。说明这些产业部门的发展需要计算机服务和软件业的产品和服务作为生产投入品，计算机服务和软件业对这些产业产生不同程度的推动作用。

2. 完全分配系数的计算

完全分配系数是投入产出研究中的另一个基本系数，是一个从产出角度分析产业之间的直接和间接联系的指标。一个产业的完全分配系数能够反映每一个单位增加值需要向另一个产业直接或间接提供的分配量。我国计算机服务和软件业与相关产业的完全分配系数以及计算的关联程度如下，具体见表1-12。

表1-12　我国计算机服务和软件业主要完全前向关联产业表

完全前向关联产业	计算机服务和软件业的完全分配系数	关联度	完全前向关联程度
建筑业	0.310 508 395	3	密切关联
批发和零售贸易业	0.204 562 036	3	密切关联

续表

完全前向关联产业	计算机服务和软件业的完全分配系数	关联度	完全前向关联程度
金融业	0.107 411 973	3	密切关联
公共管理和社会组织	0.050 270 791	3	密切关联
家用器具制造业	0.046 791 738	2	较密切关联
保险业	0.045 921 462	2	较密切关联
教育事业	0.033 474 388	2	较密切关联
电力、热力的生产和供应业	0.031 856 014	2	较密切关联
其他通用设备制造业	0.030 581 744	2	较密切关联
信息传输服务业	0.029 151 608	2	较密切关联
金属制品业	0.029 095 436	2	较密切关联
计算机服务和软件业	0.027 277 443	2	较密切关联
商务服务业	0.026 452 371	2	较密切关联
居民服务和其他服务业	0.026 058 117	2	较密切关联
医药制造业	0.025 686 914	2	较密切关联
其他电气机械及器材制造业	0.025 327 972	2	较密切关联
其他专用设备制造业	0.025 168 540	2	较密切关联
钢压延加工业	0.025 026 415	2	较密切关联
纺织服装、鞋、帽制造业	0.023 767 490	2	较密切关联
农业	0.023 335 289	2	较密切关联
房地产业	0.022 657 830	2	较密切关联
塑料制品业	0.022 482 647	2	较密切关联
其他食品加工和食品制造业	0.021 470 861	2	较密切关联
水上运输业	0.019 824 526	2	较密切关联
汽车制造业	0.019 590 915	2	较密切关联
棉、化纤纺织及印染精加工业	0.019 457 331	2	较密切关联
卫生事业	0.018 984 623	2	较密切关联
电子计算机整机制造业	0.018 711 385	2	较密切关联
餐饮业	0.018 632 247	2	较密切关联
道路运输业	0.017 625 010	2	较密切关联
通信设备制造业	0.017 476 425	2	较密切关联
畜牧业	0.016 422 643	2	较密切关联
石油及核燃料加工业	0.016 157 326	2	较密切关联

资料来源：国家统计局国民经济核算司 . 2006. 2002 年中国投入产出表 . 北京：中国统计出版社 .

从表1-12完全分配系数的计算结果可以看出：在全国122个产业部门中有4个部门与计算机服务和软件业有密切完全前向联系，有29个部门与计算机服务和软件业有较密切完全前向联系。计算机服务和软件业1万元产出中将直接或间接地投入建筑业3105.1元、批发和零售贸易业2045.6元、金融业1074.1元、公共管理和社会组织502.7元、家用器具制造业467.9元、保险业459.2元、教育事业334.7元、电力与热力的生产和供应业318.6元、其他通用设备制造业305.8元、信息传输服务业291.5元、金属制品业291.0元；重新投入计算机服务和软件业272.8元，商务服务业264.5元，居民服务和其他服务业260.6元，医药制造业256.9元，其他电气机械及器材制造业253.3元，其他专用设备制造业251.7元，钢压延加工业250.3元，纺织服装、鞋、帽制造业237.7元，农业233.3元，房地产业226.6元，塑料制品业224.8元，其他食品加工和食品制造业214.7元，水上运输业198.2元，汽车制造业195.9元，棉与化纤纺织及印染精加工业194.6元，卫生事业189.8元，电子计算机整机制造业187.1元，餐饮业186.3元，道路运输业176.3元，通信设备制造业174.8元，畜牧业164.2元，石油及核燃料加工业161.6元。计算机服务和软件业提供的产品和服务被直接和间接投入到这些行业中，对这些行业产生了直接和间接的推动作用，这种推动作用由直接需求和产业网络中间接需求产生。对计算机服务和软件业与其前向关联产业的直接关联关系和完全关联关系的分析表明：①尽管计算机服务和软件业与很多产业并无直接关系，间接作用非常普遍，钢压延加工业、农业、卫生事业、水上运输业、汽车制造业、道路运输业、畜牧业、石油及核燃料加工业、棉与化纤纺织及印染精加工业、餐饮业等多个产业与计算机服务和软件业虽无直接前向关联，但都有完全前向关联，可见其他产业对计算机服务和软件业的间接需求作用。②建筑业、批发和零售贸易业、金融业与公共管理和社会组织对计算机服务和软件业需求强劲，说明计算机服务和软件业向这些单位投入了大量的产品或服务。③计算机服务和软件业自身的投入产出联系相对紧密，万元产出中有272.8元又直接重新投入计算机服务和软件业中，这与后向联系结果一致。

（四）计算机服务和软件业的感应度系数和影响力系数

感应度反映某产业受其他产业影响的程度。感应度的相对水平用感应度系数来表示，它反映国民经济各部门均增加一个单位最终产品时，某部门由此而受到的需求感应程度，即需要该部门为其他部门生产而提供的产出量。它是衡量某产业前向联系广度和深度的指标，也称为前向关联系数。感应度系数大于1或小于1，说明该产业部门的感应程度高于或低于全社会平均感应水平（王丽等，2007）。

通过计算得出2002年计算机服务与软件业的感应度系数是0.752 421 498，表明国民经济各产业部门均增加一个单位的最终产品，会带动计算机服务与软件业增加 0.752 421 498 个单位的总产出。但计算机服务与软件业的感应度系数是 0.752 421 498，小于 1，说明计算机服务与软件业对国民经济变动的感应程度低于平均水平，即说明计算机服务与软件业对经济发展制约作用较小，其他产业的波动对计算机服务与软件业的影响不大。

影响力能够反映某产业的最终产品变动对整个国民经济总产出变动的影响能力。影响力的相对水平用影响力系数来表示，它反映国民经济某部门每增加一个单位最终产品时，对各部门所产生的生产需求拉动的相对水平及程度（王丽等，2007）。通过计算得出 2002 年计算机服务与软件业的影响力系数是 1.195 716 702，表明计算机服务与软件业每增加一个单位的最终产品，会推动国民经济增加 1.195 716 702个单位的总产出。计算机服务与软件业的影响力系数大于 1，大于社会平均影响力水平，说明计算机服务与软件业对整个国民经济的发展有较大的影响，进而可以说明计算机服务与软件业在国民经济各产业中处于龙头地位，大力发展软件和信息服务产业是推动国民经济发展的重要战略之一。

第四节　软件和信息服务业的外部经济效应

在当今知识经济时代，软件和信息服务产业的发展对于一国或地区经济和社会发展发挥着显著的促进作用，这不仅表现为软件技术转化为产业的优势，而且软件和信息服务产业具有高增长性和高附加值等特征，对经济增长贡献巨大，更重要的是软件技术转化为现实生产力的过程中会产生很强的外部经济性，带动其他产业及国民经济中相关部门的发展，从而产生巨大的乘数效应。实践表明，软件和信息服务产业的技术创新是可持续发展的当代形式，发展软件和信息服务业，进行软件和信息服务业技术创新是促进经济可持续发展的必然要求。

一、外部性的含义及特征

外部性问题最早是由著名福利经济学家庇古发现并提出的，此后，外部性问题成为当代经济学的一个重要研究领域。经济学中，所谓外部性，是指一个经济主体的活动对其他经济主体的外部影响，这种影响并不是在有关各方以价格为基础的交换中发生的，因此其影响是外在的。道格拉斯·诺斯认为："个人收益或成本与社会收益或成本之间的差异，意味着有第三方或者更多方在没有他们许可的情况下获得或承担一些收益或者成本，这就是外部性。"根据外部性的影响，可以分为正的外部性和负的外部性。正的外部性是指一个经济主体的经济活动导致其他经济主体获得额外的经济利益，也称外部收益；负的外部经济性是指一个经济主体的经济活动导致其他经济主体蒙受的额外经济损失，也称外部成本。从外部性的概念可以看出，外部性的存在导致资源配置中边际私人成本与边际社会成本之间，以及边际私人收益与边际社会收益之间出现差异。因为经济主体在进行决策时，只考虑对自身利益产生直接影响的成本和收益，而对与自身利益没有直接关系的成本和收益却视而不见。从社会的角度来看，这种差异会导致资源配置的失误（孙鹏程等，2006），因此，无论是正外部性还是负外部性的存在，都不利于市场产生最优的结果。

二、软件和信息服务业具有正的外部经济性

1. 软件和信息服务业技术使用者获得的效益

软件技术研发是知识和技术的创新行为，其目的不在于创新行为的本身，而是将创新成果转化为现实生产力，把形成技术密集和知识密集的产品投放于市场，期望获得更大经济利益。其外部经济性产生的主要原因是知识的共享和外溢以及技术的扩散和溢出。

软件技术创新是以知识为基础的，知识要素与资本要素和劳动要素不同，具有公共物品特性和外溢性。一方面，知识创新的成果最终必须以一定的新工艺和新产品为载体，而当新工艺和新产品进入市场后，市场中会有诸多搭便车者，通过干中学和学中干，对新知识加以利用或再进行模仿创新，这样原本属于私人的知识就逐步转变为公共知识；另一方面，知识本身具有非排他性和非竞争性，从而无法阻止他人使用知识这一要素。

软件技术创新者把软件技术成果转化为现实的生产力，形成软件技术产品投入市场时，就不可避免地被其他市场主体观察到，从而可以免费学习、消化、吸收软件技术，并对软件技术产品进行模仿创新，产生技术的溢出效应。软件技术进一步传播、推广以至广泛应用，形成技术的扩散，这种非自愿的技术扩散和传播导致对软件技术的无边界地使用。从而使未投入软件研发的企业获得了额外收益，而投入软件研发的企业不但获得了自己的收益，还产生了社会效益，以及软件技术的正外部经济性。

2. 软件和信息服务业技术开发者的流动性价值

高流动性、高质量的人力资本，对于软件与信息服务产业的发展至关重要，是关系到能否在当今高科技时代继续保持强劲增长的一件大事。一般来讲，对于一个产业的发展，有三个基本条件：资金、市场和人才。软件和信息服务产业在政府的大力支持以及国内经济高速增长的有力支撑下，资金和市场对于中国软件业来说并不是最关键的，人力资源已经成为各国软件和信息服务业发展中最为重要的生产要素。人力资源流动是一个世界性的社会现象。人力资源在企业间频繁流动是客观存在的，这已经成为不争的事实。随着经济全球化进程的加快，企业、地区乃至各国间的人才流动也在加剧。这种人力资源流动对经济发展至关重要，同时也促进了地区经济的整体发展和增长。据统计，软件企业的人才流动非

常大，人才保有率仅为 17%，对于一个企业来说，人力资本的投入不仅为本企业所使用，同时也为社会培养了一批高素质的优秀软件人才，取得了一定的社会收益。也就是说，软件企业的人力资本投资除了自身获得收益，同时也为社会培养了人才，创造了社会效益。这也是软件和信息服务业具有正的外部经济性的一个具体体现。

3. 间接外部价值

间接外部价值指未使用软件和信息服务业技术（产品）者获得的效益。这是所有社会成员均能获得的效益（如环境的优美、清新的空气、较高素质的人力资源、引进的最新技术），也是软件和信息服务业技术负载的最高经济价值。

追求利润最大化是企业或个人从事经济活动的目的，个人利益最大化驱动其尽可能利用社会成本来获取个人收益，而极力回避用个体成本来增加社会效益。传统技术都存在一定的负外部性，其应用的结果会带来生态环境一定程度的恶化。软件和信息服务业与传统产业相比，能维护或改善生态系统，提高劳动力的素质以及生产效率，软件和信息服务产业技术本身的特点决定了软件和信息服务产业发展投入大，创新成本高，无论是软件和信息服务产业的生产者还是消费者的私人收益都远小于社会获得的综合效益。但是社会成员并不会因此而向软件和信息服务产业的生产者或消费者支付一定的报酬，这时软件和信息服务产业所带来的社会收益大于企业或个人的私人收益，导致软件和信息服务产业的正外部性。

三、软件和信息服务业的正外部经济性分析

在市场机制条件下，生产者是否生产或消费者是否使用软件和信息服务产品是根据个人利益最大化原则决定的。图 1-3 为软件和信息服务产业外部经济性与市场均衡图，假定软件和信息服务产业生产者或消费者的私人收益为 MR，其私人成本为 MC，而软件和信息服务产业所产生的社会收益为 MSR。软件和信息服务产业具有正的外部性，因此软件和信息服务产业所带来的边际社会收益 MSR大于软件和信息服务产业生产者或消费者的边际私人收益 MR，两者差额为边际外在收益 MER。我们根据经济学企业收益最大化原则可知，软件和信息服务产业的均衡量 Q_1 由其边际收益曲线 MR 与其边际成本曲线 MC 的交点决定；但是从整个社会的角度来看，社会最优的软件和信息服务产业的均衡量应该是由社会收益 MSR 曲线与私人成本 MC 曲线的交点所对应的 Q^*。因此，在市场机制条件下，软件和信息服务产业的均衡量 Q_1 小于社会最优的均衡量 Q^*，其差额为 $Q^* - Q_1$（孙鹏程等，2006）。软件和信息服务产业外部经济性，软件和信息服务产业发展的私人收益远小于社会获得的综合收益，而外部收益不在私人决策的收益之内，造成私人边际收益小于社会边际收益，因此软件和信息服务产业在自身

创造价值的同时，还为社会创造更大的价值。

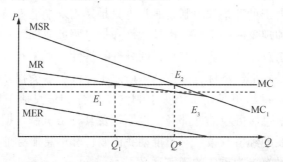

图 1-3　软件和信息服务产业的外部经济性与市场均衡

四、软件和信息服务业外部经济性的补偿途径

软件和信息服务产业的外部经济性可以给社会创造更大的价值。但也容易挫伤企业的积极性，当然外部性的存在还可导致"市场失灵"。显然，在存在外部收益的情况下，软件和信息服务产业的发展水平不能达到社会所要求的最优水平，没有实现帕累托最优状态。市场失灵是指在有些情况下，仅仅依靠价格调节并不能实现资源配置最优。市场失灵产生于公共物品、外部性以及垄断（孙鹏程等，2006）。软件和信息服务产业的发展也存在"市场失灵"。因此，外部性的存在会导致软件和信息服务业的市场配置不能达到社会的最优水平，实现社会最优配置的途径就是消除外部性。

根据经济学的理论，解决外部性的基本思路是：让外部性内部化，即通过制度安排将经济主体的经济活动所形成的社会收益或社会成本，转为私人收益或私人成本。有效的处理策略有：税收和补贴、合并企业、科斯定理（孙鹏程等，2006）。在以上几种解决方案中，合并企业是为了纠正企业对其他企业的外部性的，目前较有效的途径是政府可考虑采取措施对软件和信息服务业的生产者进行补贴，使软件和信息服务业的生产者的私人边际成本由 MC 降为 MC_1，使软件和信息服务业的外部性在经济上实现内部化，即通过外部收益内部化来提高软件和信息服务业的生产者的积极性，由此会促进软件和信息服务业的发展。如果 MC_1 与边际私人收益曲线 MR 的交点为 E_3，而 E_3 所对应的均衡点恰好是 MC 曲线与 MSR 的交点 E_2 所对应的软件技术的均衡点 Q^*，在这种状况下，就达到了社会所要求的最优的水平，整个社会将达到帕累托最优状态（孙鹏程等，2006）。

虽然软件和信息服务产业在提高生产效率或优化产品效果等方面正发挥着重要作用。软件和信息服务产业的技术创新是经济可持续发展的当代形式，发展软件和信息服务业，进行软件和信息服务业技术创新是促进经济可持续发展的必然要求。但是目前我国企业的软件和信息服务业技术创新能力和技术创新采用率较低，创新技术的发展基本处于无意识的自发状态或被迫状态，即使是采用创新技术的少数企业，由于种种条件限制，通常也只是采用末端处理技术，并且使用效率很低。造成这种现象的一个原因也是软件和信息服务业创新技术存在外部经济性。尽管软件和信息服务产业具有很强的外部经济性，对于经济和社会发展具有深远的意义，但是外部经济性也会使技术研发主体的利益受损，弱化了其技术创新动机，导致技术供给不足，从源头上制约了软件和信息服务产业的发展。因此，根据软件和信息服务业的外部经济性原理及其补偿机制，据此制定推动软件和信息服务业发展的经济政策，对于推动我国软件和信息服务业的发展，实现经济可持续发展，具有极为重要的现实意义。

五、软件和信息服务业发展的技术支持政策

1. 利用财政政策加强对软件和信息服务业技术研发的扶持

中国的软件和信息服务业起步较晚，国家经济基础较弱，导致目前中国软件和信息服务业还存在一些薄弱环节，产业发展相对滞后，限制了软件和信息服务业技术的转化率和应用推广。政府应制定一系列经济激励政策，充分调动软件和信息服务业技术开发的积极性，研发更多的软件技术。对于软件和信息服务业中技术开发的企业，可享受减免税收优惠政策及贴息贷款等倾斜政策，鼓励他们积极开发研制创新技术，并加大资金及科研投入，促使软件和信息服务业的生产成本不断下降，从而降低软件和信息服务业的生产者的私人边际成本，即图 1-3 中的 MC 曲线向下移动至 MC_1，另外政府通过建立软件和信息服务业技术标准及认证制度，不断引导企业积极研发达到标准甚至超过标准的技术，通过市场竞争机制降低软件和信息服务业技术发展成本。

2. 使用税收和补贴政策促进软件和信息服务业创新技术的推广使用

为保证我国软件和信息服务业长久持续的发展，让更多从事技术创新的软件企业长期走技术发展之路，政府可以通过对软件和信息服务业技术创新的企业和对于创新技术进行应用的企业，可在税收上实行优惠的政策，使其外部性在经济上得以补偿，使其边际私人收益增加到边际社会收益的水平，补贴的关键在于政府能够得到足够的信息，使补贴恰好与相关的外部性一致（孙鹏程等，2006）。另外，可以运用市场激励和非市场激励两种手段。市场激励手段指依照科斯定理，将创新作为市场的标的予以实施；非市场激励手段指政府运用价格、税收、收费、信贷、补助金、抵押金、保险等经济杠杆，迫使企业将产生的外部费用纳入其经济决策之中（孙鹏程等，2006）。

3. 运用行政法律手段加强产权管理

完善的管理体制对产权保护的成功进行至关重要。同样，产权技术的发展也

有赖于软件和信息服务业的管理和督促。我国的软件和信息服务业管理还有待完善，利用经济手段进行软件和信息服务业管理的深度和广度不够，还没有切实可行的操作手段使软件和信息服务业成本真正纳入经济活动中。行政命令与经济激励相结合的管理模式还没有完全建立。必须由国家制定相应法规，同时，实行专利倾斜。软件和信息服务产业技术创新成果是一种容易"免费搭车"的共享性产品，为此政府需要建立相应专利保护制度，保护行为主体创新成果，激发其创新动力（孙鹏程等，2006）。

六、结语

21 世纪，中国不可避免地遭遇到软件和信息服务业发展的巨大挑战。发展软件和信息服务业无疑是实现可持续发展，缓解环境压力的技术保证。中国软件和信息服务业技术正逐步兴起，对未来环境的影响显而易见，但软件和信息服务业技术的发展具有很强的外部经济性，仅仅依靠自发的市场机制是难以推动软件和信息服务业发展的，软件和信息服务业的外部性理论，是制定软件和信息服务业技术发展的经济政策、行政法规的理论依据和法制基础，只有运用经济学理论合理制定经济政策，并充分结合法律、行政及财政税收手段，才能有效促进软件和信息服务业的发展。

第五节　软件和信息服务业对劳动就业的影响效应

软件和信息服务业不仅创造了大量的经济效应，带动经济增长，而且还创造了大量的就业机会，提供了计算机科学家、计算机工程师、系统分析员和计算机编程人员等信息技术职业，软件和信息服务产业对就业的影响既包括软件和信息服务企业的就业效应又包括软件对其他产业的渗透所带来的就业效应。软件技术应用和扩散的不断加速正在创造大量的与信息技术职业相关的工作岗位，这些岗位广泛地分布于经济活动的各个领域，其中既包括传统的制造业和服务业部门，也包括政府、学校、医院、研究机构等非营利机构。在传统的制造业部门，软件技术的应用已经覆盖企业的产、供、销和内部管理等各个方面，导致一线生产工人比例的减少以及与办公室有关的白领工作岗位的比例增加。在增加的新工作岗位中，相当部分与信息技术职业有关，主要是计算机与通信设备的管理和维护人员、系统与网络的开发维护人员、数据录入和处理人员、从事计算机辅助技术的工程师等。在传统的服务业部门，也出现了与传统制造业的相似变化，即软件技术的应用也在创造与软件技术职业有关的工作岗位。当然不同的产业部门和不同类型的企业在创造新岗位的能力方面有很大差异。一般来讲，软件技术应用程度和投入较高的部门，其创造新就业岗位的能力越强。除了传统的产业部门外，软件技术在政府部门和各种非营利机构的广泛应用也创造了大量的与信息技术有关的新的工作岗位。总的来讲,软件技术的广泛应用正在创造大量的新工作岗位,并带来了软件技术职业从业规模的迅速扩大(苏惠香,2008)。那么,大连软件的就业效应如何?下面就利用1998~2007年大连软件和信息服务产业的发展数据对大连就业的影响进行实证分析。

从表1-13可以看出,从1998~2007年,大连软件与信息服务产业的就业人数有大幅增长,从1998年的0.3万人增加到2007年的6.0万人,增加了5.7万人,总体增长19倍。并且从表中可以清晰地看出:大连市软件与信息服务产业就业人数的增长速度明显快于大连市平均就业增长水平。从1998年到2007年,大连软件与信息服务产业就业平均增长率为40.3%,而大连市总就业的平均增长率为0.7%,大连软件与信息服务产业就业平均增长率高于大连市平均就业增长39.6个百分点。并且从2000年开始,软件与信息服务产业的总体就业增长量持续超过平均就业增长水平。到2007年,软件与信息服务产业的就业增长率为50%,从业人员达到6万人。从就业者的收入看,软件与信息服务产业中劳动者的平均收入也远高于其他产业的平均收入。从大连软件与信息服务产业对大连整个就业的贡献来看,它对就业增长的贡献是呈上升趋势的,在1998~2001年,软件与信息服务产业对整个就业的贡献很小,到2003年大连的软件与信息服务产业对就业的增长表现出一定的贡献。在2003年软件对就业的贡献率为1.7个百分点,在2006年为4.5%,到2007年,软件与信息服务产业对就业贡献率达到5.5%,并且这种上升趋势会随着软件技术的普及,软件与信息服务产业将由资本密集型变为劳动密集型,会带动大连更多的劳动就业。在此基础上根据1998~2007年的数据计算分析可以得出,大连软件和信息服务业出口的就业弹性为正的0.362 418,软件和信息服务业收入(非出口部分)的就业弹性为正的0.0628,说明软件和信息服务业收入(非出口)每增加1亿元,可带动劳动就业628人,如果按大连市现在的软件和信息服务业增长速度,预计到2012年软件和信息服务业的出口将达到30亿美元,软件和信息服务业的销售收入将突破800亿元,则可带动20多万人就业,连带周边第三产业的发展,则可带动更多的人就业,到那时,大连的产业结构、人口结构将被优化。因此,大力发展软件外包,增加就业,符合大连建设资源节约型、环境友好型城市的需要。为此大连既要大力发展软件与信息服务产业,带动经济增长的快速发展,同时又要增加大量人力资本投资,加强人力资源储备,以保证未来经济高速发展的需要,从而使其两者相互作用,充分发挥软件与信息服务产业的支柱作用,从而带动经济高速发展,大幅度增加就业,带动大连整体经济的发展。

表 1-13　大连市 1998～2007 年软件和信息服务业对就业的贡献

项目	1998 年	1999 年	2000 年	2001 年	2002 年	2003 年	2004 年	2005 年	2006 年	2007 年
总就业人数/万人	104.8	98.4	93	89.8	84.6	87.2	89.6	87.8	89.8	109
总就业增长率%		−6.1	−5.5	−3.4	−5.8	3.1	2.8	−2.0	2.3	21.4
软件与信息服务产业就业人数/万人	0.3	0.5	0.8	1	1.2	1.5	2	3	4	6
软件与信息服务产业就业增长率/%		66.7	60	25	20	25	33.3	50	33.3	50
软件与信息服务产业对就业的贡献/%	0.3	0.5	0.9	1.1	1.4	1.7	2.2	3.4	4.5	5.5

资料来源:《大连统计年鉴》(1999～2008 年);大连信息产业局.

在现代生产中,劳动力的使用量是根据劳动力的边际生产力来确定的。在工资不变的条件下,边际生产力越高,劳动力的使用量就越大,所以劳动力的增长和边际生产力的增长是一致的。软件技术创新是通过提高劳动生产率来提高产量的。那么,当这种创新所引起劳动力边际生产力的增长率小于创新密集程度,那它就是偏于资本使用型(或劳动力节约型),如果引起劳动力边际生产力的增长大于创新密集程度,那它就是偏于劳动力使用型(或资本节约型)。发达国家的软件技术是在经济发展过程中逐步得到提高的,并且和自身要素稀缺程度相适应,它也是经历了 20 世纪 70 年代、80 年代信息技术生产无效率,劳动力被替代的索洛悖论时期,而后又经历了 20 世纪 90 年代的经济高速增长和低失业率的新经济时代。一般在信息化初期,国家一般重视比较优势而采用劳动力倾向性的技术进步对其进行弥补。当劳动力转移到第三产业时,第二产业中工资上升,为节约成本,技术进步又倾向于资本使用型,开始资本深化,当人力资本投资开始起作用时,一般资本的作用减小,资本—劳动比减小,扩大就业,从而达到经济高速增长和低失业率的双重效应。这时软件技术的创新与扩散在经济上是可行的,并且不但在微观上可行而且在宏观上也可取(苏惠香,2010)。

第六节　软件与信息服务产业发展前景评价

一、全球软件行业的发展前景

目前,全球软件外包行业发展迅速,未来发展势头良好。全球软件与信息服务产业的 1/3 是通过软件外包完成的,世界软件与信息服务产业的发展为我国提供了广阔的前景和机遇。据 IDC 分析统计,近几年全球软件外包市场平均每年以 29.2% 的速度增长,预测 2009 年全球软件外包市场的规模将达到 800 亿美元,年复合增长率（CAGR）为 19.5％。2008～2010 年将是世界软件与信息服务外包市场不断扩大的重要时期，《2007 年软件外包行业报告》中指出："中国软件外包的黄金十年刚刚开始，2010 年前 CAGR 都将保持 40％～50％"。

　　在世界软件外包产业格局中，一个明显的特点是发包市场和接包市场比较集中，发包市场主要集中于美国、欧洲、日本等，其中，美国作为世界最大的软件与信息服务产业大国，其软件发包规模占世界市场的 50％左右，欧洲占 15％左右，日本占 10％左右，具体见图 1-4 所示。

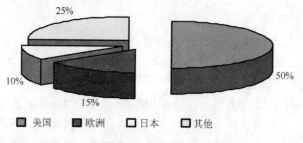

图 1-4　世界软件外包产业接包市场格局

　　接包市场主要集中于印度、爱尔兰、中国、俄罗斯等，其中，在北美的软件外包市场，印度软件公司一统天下。而爱尔兰则集中于欧洲的软件外包市场，因其在欧洲市场拥有强大的影响力而被称为"欧洲软件之都"。中国凭借对日外包所特有的地理文化优势，使中国在日本软件外包市场中占有一定优势，对日软件外包服务带动了中国软件外包服务产业迅速发展，北京和辽宁是对日软件外包服务的主要地区。根据 IDC 公司预计，中国软件外包产业在 2009 年之前将保持年增长 50％的高速度发展，预测 2009 年日本 IT 外包市场规模将达 222 亿美元。目前整个中国软件外包产业还不到日本一个国家发包的 5％，而日本只占世界外包发包方市场的 10％，说明中国的软件外包市场发展空间相当巨大。

二、我国软件外包行业现状

　　目前，我国软件外包市场集中度不高，虽发展较为迅猛，尤其近几年从事软件外包行业的企业数量不断增加，但大多数企业规模较小，且业务尚处于外包业务曲线的下端。据中国软件行业协会统计，外包收入超过 1000 万美元的软件企业不到 10 家。外包厂商主要以日本企业作为主要客户，其中以大连华信计算机技术有限公司、东软集团有限公司、中讯软件集团股份有限公司、上海海隆软件股份有限公司、上海启明软件股份有限公司、上海中和软件有限公司、大连海辉软件有限公司、中软国际有限公司、中创软件工程股份有限公司和北京文思创新软件技术有限公司为代表的主流外包服务商凭借自身的优势在各自领域保持着良好的发展势头。

中国软件和服务离岸外包市场规模在 2003～2007 年增长率超过 50%，我们预计 2008～2012 年都将保持高增长。即使再经过 5 年高速增长，中国市场占全球的比重仍然不到 8%，发展空间仍然十分巨大，需要长期关注这一市场，大市场成就大企业，中国的软件外包产业前景广阔。

三、大连软件和信息服务业发展规模预测与分析

大连软件外包业务发展空间广阔，大连软件外包业务的成长速度高达 50%，如果按照现在的发展速度计算，预计到 2010 年，大连软件和信息服务业销售收入将达到 400 亿元；出口增长到 15 亿美元；从业人员也发展到 10 万人。大连软件和信息服务业对名义 GDP 的贡献率由 2007 年的 4.8%，上升到 2010 年的 6.8%，大连软件和信息服务业对名义 GDP 增长的贡献将上升到 12.3%，到那时，大连的软件与信息服务产业将成为大连的支柱产业。

显然，无论从国际还是国内来看，大连发展服务外包的潜力巨大。大连目前除了继续发展对日软件外包之外，应积极培养对欧美的软件外包竞争优势，因为全球软件外包业务主要来自欧美，其中欧美占全球软件发包市场的 65%，而日本仅占 10%。虽然美国次贷危机的影响仍然存在，但欧洲市场的成长性非常好，从发包市场来看，没有大的波动。从国内接包市场来看，前三名是华北、东北、华东，分别占据 34.7%、22.0%、16.0%的市场份额，华北和东北增长很快，华东地区虽然上海的市场规模增速一般，但江苏市场增长很快，浙江市场也表现较好。排名第四位和第五位的是华南和西南。其中西南地区增速最高，尤其是四川省，软件离岸外包产业增长良好。由于这几年越来越多的国内公司进入日本外包领域，价格已经被压得越来越低。同样做一个项目，美国项目的价格至少比日本项目高 30%。另外，从软件外包的外包内容来看，日本客户一般倾向于自己作分析，整体设计甚至详细设计，我国软件外包企业大多只是承担一些加工性的、技术含量不高的工作；而美国客户更倾向于把比较大的软件开发项目和项目中比较烦琐的模块整体外包，这对软件服务商的管理水平和流程能力提出了更高的要求，从而有利于软件外包服务商获取更多的国际化的经验。可见在利润、数量和质量等方面，日本的软件外包发包市场均难以与欧美相媲美，因此为进一步扩大大连的软件外包服务规模，就必须加快开拓欧美的外包市场。

软件与信息服务产业是高度国际化的产业，国际化已成为大连软件与信息服务产业生存与发展的现实选择和内在需求，以软件外包作为突破口是实现大连软件与信息服务产业国际化发展的机遇。通过大力发展软件外包，积极引导和鼓励企业整合资源、联合协作、优势互补，努力打造大连软件品牌，树立良好的国际形象，将增强大连软件企业、软件产品与信息服务的国际知名度，提升大连企业开拓国际市场的水平。

四、大连软件和信息服务业的优势分析

1. 政治优势

我国政局稳定，经济持续稳定发展。软件和信息服务外包是一项长单业务，周期通常长达一二十年，目前中国政府的应急能力，可靠诚信的国家形象正是中国软件外包的又一大优势，在这一点上，对于一个发包企业更具吸引力，因为他们更希望合作的平台能搭建在一个和平稳定的国家中。

2. 经济优势

我们在宏观层面上拥有持续性的优势。虽然中国目前的软件和信息服务行业总产值还太小，在软件开发管理等方面也存在诸多不足，但是我们拥有世界上最大的市场和增长最快的国民经济，2007 年中国经济增长 11.4%，大连经济增长17.5%，说明大连的经济增长高于全国平均水平，是中国经济发展较快的地区。这为大连软件与信息服务产业的发展提供了强有力的支持，也为国外企业提供了更多选择的空间。

3. 环境优势

大连依山傍海的东北亚中心地理位置是其独有的优势；大连从 20 世纪 80 年代开始的大力加强城市环境建设，精心打造的城市品牌是大连城市建设的又一优势；大连交通便捷，海陆空交通便利，已形成具有较强运输能力的现代化立体交通运输网络。

4. 政府平台优势

自 20 世纪 90 年代以来，大连历届市政府对软件和信息服务产业均给予了高度重视和支持，为大连软件和信息服务产业发展创造了良好的政策环境。大连除了认真落实国家制定的一系列支持软件和信息服务产业发展的优惠政策之外，还结合自身情况先后出台了《大连海关支持软件出口的若干措施》、《大连市人民政府关于扶持高新技术产业发展的若干规定》、《大连市人民政府关于进一步扶持高新技术产业发展的若干规定》、《加快发展软件产业的实施意见》等一系列政策。没有哪一个城市像大连市政府这样重视扶持国内软件和信息服务企业发展外包业务。随着计算机技术的 IT 开发外包（ITO）和业务流程外包（BPO）在全球兴起，大连市适时提出了"中日软件产业合作战略门户"和"大连，中国 IT 外包中心"的发展目标，并付之行动，大连市政府对旅顺南路软件产业带的成功打造，以及适时推出的人才发展战略，如《中共大连市委大连市人民政府关于加强人才工作的意见》、《大连市人才发展基金管理暂行办法》、《大连市引进优秀人才若干规定》、《关于吸引软件高级人才的若干规定》等政策的推出，有效地解决了产业发展的人才问题。

5. 软件园独具一格的"官助民办"体制创新运营模式

所谓"官助民办"主要指政府在产业发展规划，包括政策协调、政策支持等宏观方面起决定性的作用。如一些吸引软件人才的政策，对媒体、舆论的导向等，也即政府在软件园发展的各个阶段适时发挥政府职能的作用；在微观方面，投资行为由企业来做，企业是按照市场化的规则，面向市场来进行运作，比较符合市场机制的要求，由企业来进行具体的投资和运作的效率比较高，而且能够朝着一个既定的目标发展，能够实现软件园区持续稳定的发展。

大连的"官助民办"的管理体制开国内园区管理模式的先河，这种创新的管理体制最大限度地调动政府和企业两方面的积极性，发挥了政府和企业各自优势，实现了优势互补，政企双赢。大连软件园的承办者有经营的压力和市场化的需要，因此要求具备极强的服务意识。软件园可以按企业需求提供整体解决方案，为入园企业提供专业化服务和深层次服务。作为专业的商务空间解决方案提供商，大连软件园从质量管理、基础设施建设、物业定制服务及建立"一站式企业服务大厅"等方面构建全面的服务体系，并且现已产生软件集聚效应。可以说，正是因为以市场化的方式运作软件园，他才成为企业与政府之间的桥梁。这样既促进了企业与政府之间的有效沟通，也让园区的运行效率实现最大化。

正是因为大连市政府独特的"官助民办"的软件园模式，保证了软件园区服务的效率、保证了相关政策的执行，使得大连成为国内外业界瞩目并认可的、中国最适合发展软件及信息服务业的城市之一。

目前，大连软件园已经成为国内软件出口额最大、外资企业比例最高的园区之一，初步形成以国际化为特色、外包业务为主导的产业特色，构建起包括软件开发、教育培训、创业服务在内的综合产业环境，呈现快速、健康发展态势。

6. 人才培养优势

在大连软件和信息服务产业链中，人才已经成为产业发展的基础和原动力。为适应软件和信息服务产业的持续发展，大连建立东软信息学院、大连理工大学软件学院、大连交通大学软件学院和大连外国语学院软件学院，大连市 22 所高等院校纷纷开设 IT 相关专业，专业总数超过 100 个。社会力量办学的 IT 人才培训机构有 200 多家，应需而生的"订单式"、"外语＋计算机"、"机械＋计算机"等培养方式带动了培训的实用化，形成了软件与信息服务产业发展与人才培养互动的新的人才培养方式。

美国的 IBM、HP、微软，日本的 TAC、麻生教育和印度的耐好路等知名企业纷纷在大连开展了软件、动漫、日语等职业 IT 人才教育培训课程，这些专业化教育机构的进入，也为大连软件人才教育培训市场注入了强有力的品牌优势。到 2007 年年底，大连软件从业人员数量已达到 6 万人，逐步建立了较为完整、渐成规模的 IT 人才教育培训体系。大连在建设中国 IT 外包中心的同时，也正在成为中国的 IT 人才教育培训基地。而从中国软件劳动力平均成本上看，平均低于印度 30％～50％。

为了解决产业发展的人才问题，大连市政府特别设立了"大连市软件与信息服务产业高级人才发展专项资金"，已向全市 2670 名中高级人才，发放了总额 1500 万元的奖励资金。与大连的其他产业相比，软件和信息服务产业对人才的吸引力更强。

7. 产业结构优势

中国正是以本土制造业的强劲之势和制造业带动中国经济的整体繁荣所产生的巨大服务需求，吸引外资进入。若没有制造业的充分发展，服务需求的增长就会少了"引擎"，外资服务企业就会缺少依托的根基，无根性的外资在逐利本性的驱使下就有转投他处的可能。因此，制造业的充分发展能为承接服务外包奠定良好的基础。大连是东北老工业基地，具有制造业优势，一直以来，北京被视为研发中心，其 2006 年第一产业、第二产业、第三产业对 GDP 的贡献率分别是 1.3％、28.7％、70％，而大连为 8.12％、47.83％、44.05％。北京第三产业比较发达，大连制造业所占比例较大。因此，在大连发展软件企业，可以借助制造业优势，大力发展嵌入式软件市场，使软件企业国内、国外两条腿走路，既有创新又有生产。

8. 市场优势

应该说，大连发展面向日本的软件出口战略是比较成功的，对日软件的出口不但对大连软件与信息服务产业的发展提供了广阔的市场，促进了软件与信息服务产业的发展壮大，还扩大了城市出口创汇，有力地推动了城市经济的增长。另外，从全国的角度来考虑，1998～2007 年，中国软件和信息服务业销售收入平均增长速度为 30％左右，而大连软件和信息服务业的增长速度为 50％以上，远远高于全国平均水平，且是在全国软件与信息服务产业增长速度趋于平缓下降的趋势下仍保持了较快的增长速度。从软件和信息服务业对 GDP 的贡献率来看，2007 年，大连软件和信息服务业对 GDP 的贡献率为 4.81％，高于全国平均水平 2％左右。以上说明大连软件与信息服务产业的发展速度在全国是处于较高水平的，从软件和信息服务业出口与销售收入之比来看，大连软件和信息服务业出口占销售收入之比最大，为 24％，而全国同期这一比例为 8％左右，这说明大连软件与信息服务产业是一个以出口为导向的产业，大连争做软件及服务外包的领军城市是有其现实基础的。

2002 年以后，IBM、HP、DELL、NEC、GE、Sony、TOSHIBA、SAP 等 30 多家 500 强企业，将支持本公司产品开发的软件研发中心或全球业务运营支持中心设立在大连。目前，全球领先的前 10 大 ITO 和 BPO 服务提供商中，一半已在大连开展外包业务。这些企业的加入，增强了大连软件和信息服务业参与国际市场的比重，为把大连建设成为中国 IT 外包中心城市奠定了坚实的基础。

　　除此之外，推动大连软件外包市场扩大的动力还包括：相关产业的拉动优势、市场管制的放松、对知识产权更严密的保护、技术教育领域的大规模投资、信息科技核心标准和基础设施的持续发展以及中国总体经济的持续繁荣等。然而，尽管前景看好，但中国仍需提高外包服务从业人员的英语熟练程度和项目管理技巧，并积累在全球市场的经验。随着中国利用其占有优势的能力的加强，加上中国能熟练使用英语的高水平人才数量不断增加，大连争做软件及服务外包的领军城市是有其现实基础的。

第二章　我国软件园区集聚经济效应

随着经济全球化和全球产业结构的调整，产业在全球不同国家转移的趋势更加明显，尤其是随着信息技术的快速发展，Internet 技术和电子通信技术的广泛使用，使得世界范围内的资源共享成为可能，员工可以以电子邮件的方式在世界各地进行沟通，从而使得全球远距离提供服务变得更加快捷。人们可以更为便捷地完成信息技术外包和业务流程外包中所需要的标准化和数字化业务。激烈的全球化竞争使得跨国公司对降低成本的要求日益增强，而发展中国家普遍具有低成本优势以及日益优化的投资环境，再加上细化的全球产业分工带来的专业化效应和规模经济效应，促使越来越多的跨国公司有动力将自己的非核心业务流程进行外包，跨入服务外包的行列。

软件和服务外包具有信息技术承载度高、资源消耗低、附加值大等特点。软件和服务外包是软件和信息服务业的重要组成部分，软件和服务外包的快速发展给服务外包承接地的软件和信息服务业带来从管理理念、管理模式到管理技术的创新，对提高软件和信息服务外包承接地的管理水平、技术水平和技术创新水平，促进其软件和信息服务业的发展和推动区域产业结构调整均有重要作用，也可以促进发展中国家由工业经济向服务经济升级，提高服务业占 GDP 的比重，推动国家及地区的经济增长方式由粗放型经济向集约型经济转移。从而使得外包承接地国家也更多地融入全球经济当中，这将进一步使世界各国资源的共享、使用和流动更加活跃。

软件和服务外包带来的机会是全球性的，面对软件和服务外包的经济性和社会价值，软件和服务外包的承接地向亚洲、拉丁美洲和东欧发生转移的趋势明显，并且越来越多的国家和地区为把握这一历史机遇，开始采取积极措施，大力发展软件和服务外包产业，积极参与并努力提升自身在国际软件和服务外包产业链中的位置，印度、中国、智利、波兰、罗马尼亚、加拿大、匈牙利等对软件和服务外包非常重视，将其提升到产业战略高度，并且将国家出口政策向服务外包市场倾斜、向软件与信息服务产业结构的优化和软件出口结构的调整方向倾斜。目前，这些国家在全球软件和服务外包市场竞争格局中的份额有很大提高，软件和服务外包交易额快速增长，国家软件和服务外包产业出现快速发展的局面，已成为全球软件和服务外包重要的交付枢纽。

面对这一历史机遇，我国各省市加大了推动服务外包发展的工作力度，并且根据自身的特点，选择软件与信息服务产业链中的相应环节，在资源上加大投入，在政策上倾斜支持，也逐步走上独具特色的软件城市发展之路。为加快我国承接离岸服务外包业务，提高我国服务外包企业国际竞争力，大力推动我国服务外包产业发展，2001 年 6 月，国家发展计划委员会和信息产业部正式认定北京、上海、西安、大连、成都、济南、杭州、广州、长沙、南京、珠海等 11 个国家级软件产业基地。2004 年 1 月，国家发展和改革委员会、商务部和信息产业部共同认定北京、上海、大连、深圳、天津、西安等 6 个国家级软件出口基地。2006 年 10 月 23 日商务部、信息产业部、科学技术部在北京联合举办"中国服务外包基地城市"授牌仪式。成都、西安、上海、深圳和大连成为中国首批"中国服务外包基地城市"。2007 年 1 月天津市和北京、南京、杭州、武汉、济南等 6 个城市被认定为第二批"中国服务外包基地城市"。2007 年 12 月合肥、长沙、广州 3 个城市被认定为"中国服务外包基地城市"，苏州、无锡、南昌、大庆 4 个园区被设立为"中国服务外包示范区"。至此，经国家认定的软件外包基地城市已达到 11 个，示范基地达到了 4 个（中国国际软件和信息服务交易会主委会，2008）。这些国家软件产业基地和软件出口基地均已具备一定的基础和规模，有骨干软件企业和软件产品，有较高的软件产值和出口额，人才相对集中，有科研、高校和应用单位的支持。

从软件园区的地域分布可以看出，我国软件产业的发展有较强的区域性特点，软件企业相对集中在经济文化比较发达、软件人才充足的区域，从而形成了以北京、上海等为首的软件产业第一梯队城市，以大连、杭州、成都、西安、深圳等为代表的软件产业第二梯队城市。国家在宏观政策、规划设计、人才培训、招商引资、综合协调等方面给予支持，并设立专项扶持基金，用于公共信息平台建设、基地内人力资源培养、基础设施建设和投资环境建设等方面，已初见成效。

在国家政策的大力支持下，我国软件园区集聚经济效应开始显现，软件产业呈现持续、快速增长态势，增幅始终高于电子信息产业平均水平，产业规模继续扩大，软件出口平稳增长，产业结构与布局不断调整，将成为拉动我国经济增长的重要力量，并在促进信息化发展中发挥了积极作用。2007 年，我国规模以上软件产业累计完成收入 5834.3 亿元，占全球软件产业的份额从 1.2% 提升到 8.7%，同比增长 21.5%，产业规模是 5 年前的 5.27 倍，平均每年增长 39.4%；拥有软件企业 14 388 个，是 5 年前的 3.06 倍，平均每年增长 25.1%；从业人员 152.9 万人，是 5 年前的 2.6 倍，平均每年增长 21.1%。近几年，我国软件国际化步伐加快，软件外包出口占软件产业总额比例逐步提升，2007 年我国软件出口与服务外包首次突破 100 亿美元，达到 102.4 亿美元，同比增长 69%。

经过近 10 年的发展，我国各地软件园聚集了近 90% 的软件和服务外包企业，产业发展年均增速 35%，培育了一批具有自主知识产权、自主品牌、高增值服务能力的骨干企业,汇聚了众多国际知名企业,吸纳了大量高端人才和专业资源,促进了创新集群的形成和发展,为地方信息产业的发展建立了雄厚基础。经过多年的发展和积累,我国软件企业的综合实力明显增强,一批有实力、有特色的企业脱颖而出。到 2007 年年底,收入超过 10 亿元的企业有 40 家,5 亿～10 亿元的企业有 56 家,1 亿～5 亿元的企业有 425 家。软件出口与服务企业已发展到上千家,其中 CMM/CMMI5 级评估的企业有 41 家,通过 CMM/CMMI4 级评估的企业有 24 家,通过 CMM/CMMI3 级以上评估的企业有 300 多家。

随着软件产业的快速发展,产业规模、产品结构、研发水平和人员构成都得到了进一步调整,市场不断向大企业集中,产品不断向服务型转化,技术不断向国际前沿推进,人员不断向知识性、技术性、高学历聚集。软件园区和产业基地的聚集效应开始显现,11 个国家软件产业基地和 6 个国家软件出口基地,2006 年共实现软件销售收入 2000 亿元,占全国软件销售收入的 42%;出口创汇 25 亿美元,占全国软件出口总额的 42%;聚集软件企业 7000 多家;从业人员 50 万人,占全国软件从业人员的 40%。2007 年软件产业的区域集中度进一步提高,11 个国家软件产业基地共实现软件销售收入 4259 亿元,占全国软件销售收入的73%;6 个国家软件出口基地,2007 年出口创汇 72 亿美元,占全国软件出口总额的 71%;聚集软件企业有 11 200 多家,占全国总数的 91%;从业人员 89 万人,占全国软件从业人员的 81%。说明我国软件基地城市软件园区的产业集聚效应显著,软件产业区域集中度较强。

目前我国软件产业的发展环境正在不断优化,在国家认定的 11 个国家软件产业基地和 6 个软件出口基地已经初步形成较为完善的公共技术支撑服务体系,在沿海和内陆中心城市培育了一批各具特色的软件产业集群。当前全球信息化和经济全球化进程不断加快,继制造业之后,全球的服务业正在加速转移,软件和信息服务外包日益活跃,中国有条件成为全球重要的软件和信息服务外包基地。下面我们将以我国 12 个软件城市的软件园区(北京中关村软件园、上海浦东软件园、西安软件园、大连软件园、深圳软件园、成都天府软件园、济南齐鲁软件园、杭州高新软件园、天津软件园、南京软件园、武汉光谷软件园、苏州软件园)为研究调查对象,对其产业规模能力,软件出口能力,软件从业人员规模,软件企业的数量,基础设施,政策环境和商业环境,人力水平,创新能力,产业特点、客户类型和分布,知识产权保护措施等多个方面作深入的调查分析。

第一节　我国各软件园区产业规模能力

表 2-1 列出了中国 12 个典型软件城市各软件园区软件与信息服务业的销售

收入规模，从中可以看出，2007 年软件产业的区域集中度进一步提高，全国软件销售收入超过 200 亿元的 7 个城市多数来自东部沿海地区，分别是北京、深圳、上海、南京、成都、杭州和大连，7 个城市合计软件销售收入超过 4000 亿元，占全国软件销售收入比重达 75％以上，其中北京、上海和深圳三个城市占软件销售收入的 52％以上，说明我国软件产业的主要达产能力集中在东部沿海地区。而且这 12 个典型软件城市的软件销售收入为 4938.1 亿元，占全国软件销售收入比重达 85％，说明我国软件产业的集聚能力很强。

表 2-1　我国各软件园区软件产业规模

软件城市	2007 年软件与信息服务业收入/亿元
北京	1263.0
深圳	1000.0
上海	801.8
南京	362.0
成都	310.0
杭州	300.0
大连	215.0
济南	160.0
天津	152.0
西安	152.0
武汉	125.0
苏州	97.3

资料来源：部分数据来源于《2008 中国软件自主创新报告》，部分数据来源于网络.

第二节　我国各软件园区软件出口能力

2007 年中国的软件出口达到了 102.4 亿美元，占软件与信息服务业的销售收入的 12％，表明中国目前的软件和信息服务业是以国内市场业务为主，国内占 80％。表 2-2 列出了中国软件城市各软件园区软件出口额与出口占软件销售收入的比重，从中可以发现，12 个软件城市中软件出口额在 5 亿美元以上的只有 5 个，分别为深圳、上海、天津、大连和南京，出口额占软件销售收入的比重分别为 28％、10.4％、37.8％、23.4％和 9.9％，说明深圳软件园、天津软件园、大连软件园是以出口为导向的软件园区。其余 11 个城市的软件和服务外包出口占软件销售收入的比率在 10％以下。在软件出口和软件收入占软件总收入比率较高的城市，除深圳外，其他城市的软件总收入在软件城市中排名均较低。总体上，在软件收入水平较高的软件城市中，软件出口在软件总收入中的比例较低，这一方面反映出在这些城市中软件收入主要还是依靠内需，另一方面也反映出我国软件城市发展软件出口和服务外包还有很大的潜力。

现阶段，面对金融危机，中国的软件城市的软件产业还是以内需为主，中国经济的快速发展，巨大的内需为中国软件城市的发展带来了巨大的机会，这是印度所不具备的条件，所以中国的软件产业应该首先"立足于内需"。此外，中国拥有世界上最大的人才供给，一线软件城市具有良好的人才和技术基础，二线城市具有很好的成本优势，中国的软件城市也要抓住世界服务业转移的趋势，大力发展服务外包业。"立足于内需市场，积极扩大服务外包市场"是中国软件城市未来的选择，根据软件城市的特点，建立既有高端，又有低端的软件产业价值链，营造良好的软件产业生态，是中国软件城市未来的发展之路。

从表 2-2 还可以看出，这 12 个典型软件城市的软件出口占全国软件出口比重达 81%，说明我国软件产业的出口能力主要集中在这 12 个典型软件城市。

表 2-2　我国各软件园区软件出口额

软件城市	软件出口额/亿美元	软件收入/亿人民币	软件出口占软件收入的比例/%
深圳	40.0	1000.0	28.0
上海	11.9	801.8	10.4
天津	8.2	152.0	37.8
大连	7.2	215.0	23.4
南京	5.1	362.0	9.9
北京	4.6	1263.0	2.5
成都	1.6	310.0	3.6
武汉	1.2	125.0	6.7
杭州	1.0	300.0	2.3
苏州	1.0	97.3	7.2
西安	0.8	138.8	4.0
济南	0.5	160.0	2.2

资料来源：部分数据来源于《2008 中国软件自主创新报告》，部分数据来源于网络.

第三节　我国各软件园区软件从业人员规模

2007 年中国软件产业从业人员为 110 多万人，其中在国家认定的 11 个国家软件产业基地和 6 个软件出口基地从业人员为 89 万人，占全国软件从业人员的 81%，说明我国软件基地城市软件园区的软件产业规模相对较大，聚集的软件人才较多，人员集聚效应显著，比较适宜发展软件产业。

从表 2-3 还可以看出，这 12 个典型软件城市的软件从业人数为 97.9 万人，占全国软件从业人数比重达 89%，说明我国软件产业的从业人员主要集中在这 12 个典型软件城市。

表 2-3　我国各国软件园区软件从业人员

软件城市	软件行业从业人员数/万人
北京	22.8
上海	20.4
深圳	10.0
成都	10.0
南京	7.0
大连	6.0
济南	6.0
杭州	4.3
西安	4.2
武汉	3.0
天津	3.0
苏州	1.2

资料来源：部分数据来源于《2008 中国软件产业发展研究报告》，部分数据来源于网络.

第四节　我国各软件园区软件企业的数量

2007 年中国的软件企业总数为 12 300 多家，其中在国家认定的 11 个国家软件产业基地和 6 个软件出口基地，聚集软件企业 11 200 多家，占全国总数的 91%。这一方面说明我国软件基地城市软件园区的产业集聚效应显著，软件产业区域集中度较强，但从另一方面也说明我国软件园区的企业规模普遍较小，数量较多。

从表 2-4 还可以看出，这 12 个典型软件城市的软件企业数量为 10 578 家，占全国软件企业总数的 86%，说明我国软件产业的软件企业主要集中在这 12 个典型软件城市。

表 2-4　我国各软件园区软件企业数量排名

软件城市	软件企业数/个
北京	4 335
上海	1 372
深圳	859
西安	750
杭州	630
南京	569
武汉	530
成都	503
大连	320
天津	274
苏州	225
济南	211

资料来源：部分数据来源于《2008 中国软件产业发展研究报告》，部分数据来源于网络.

　　从前面对我国软件产业的总体状况分析发现，我国软件基地城市软件园区的产业集聚效应显著，软件产业区域集中度较强。因此，本书将以北京中关村软件园、上海浦东软件园、西安软件园、大连软件园、深圳软件园、成都天府软件园、济南齐鲁软件园、杭州高新软件园、天津软件园、南京软件园、武汉光谷软件园、苏州软件园为研究调查对象，对其以地理、资源、交通、能源、通信为依托的园区支撑环境要素，以科技人才为主体的园区人力资源要素，智力密集程度，以产学研结合为实质的园区组织结构内在动力要素，软件园区的发展需要适宜的文化环境及健全的法律、法规制度体系，以高技术产业化为目标的园区创新网络要素，国际竞争力，为软件产业发展提供服务支撑的软件园区中介服务体系，软件园区的信贷、融资策略，政府在构建软件园区中的职能和作用，政策环境和商业环境，创新能力，产业特点、客户类型和分布，知识产权保护措施等多个方面作深入的调查分析，并进行进一步的研究与评价。

第三章 软件园区发展模式研究的一般理论

软件园区是高新区的一种，很多软件园区实际上隶属于高新区，软件园区的发展与管理模式与高新区有很多相似之处，较有代表性的研究理论主要有技术创新理论、增长极理论、苗床理论、网络组织理论和三元参与理论。

第一节 技术创新理论

最早从技术角度研究产业和经济发展的是美籍奥地利经济学家约瑟夫·熊彼特，他在 1912 年出版的《经济发展理论》一书中，明确将创新视为现代经济增长的核心，并且把创新定义为企业家把一种从来没有的关于生产要素和生产条件的"新组合"引进生产体系中，以实现对生产要素的新的组合。创新必然会产生扩散，从而引起产业空间分布的重大变化。作为建立在技术创新基础上的软件园区，具有技术创新理论概括的一般规律。

随着改革开放的进一步深入，地区经济中市场化体系不断完善，产业结构日趋合理，特别是在普及发展科技园区建设中探索和积累了很多经验，在我国一些城市，构筑软件园区的条件日趋成熟，从而使地区经济得到较快发展。在沿海和沿江开放较早的区域中，有些城市已进入后工业化进程，知识经济初见端倪，这在客观上对新技术、新产业形成需求和市场拉动力。一些发展较快并具有一定规模的软件园区，已形成与大学、研究院所和高新技术人才的紧密联系。科技创新、创业以及成果转化的氛围正在这些园区中构筑和体现。投资者（包括国内上市公司、国际投资公司、民营资本所有者以及国外资本市场）已开始关注和参与选择一些园区内的创新成果和创业企业，风险资本已开始介入。科技小企业的创立、分配、交易、转让等一系列市场机制正在探索中形成，这种自由、宽松的条件将更有利于吸引科技人才进入园区创业。创新是知识经济发展的动力，也是软件园区的生命源泉。创新型软件园区将更加突出创新这一主题，尤其重视技术创新和机制创新，这将在市场政策、风险资金、政府服务等多方面为创新氛围的形成提供支撑。

软件园的运作是在市场机制的作用下，由众多不同的主体（企业、大学和研究机构、政府、中介机构）参与，相互作用和相互激励，对创新资源（人才、高技术成果、资金、政策等）进行重新组合，形成具有一定竞争力的高技术产业的一种复杂的、动态的过程，在这个过程中起决定性作用的是软件园区技术创新能力。软件园区技术创新能力是以园区中所有企业的技术创新能力为基础的，但它又不是企业技术创新能力的简单叠加。从经济地理学的角度来分析，软件园区是企业集群地域体，而这些集群企业能够以更高的效率从事技术创新活动，并形成相应的集群经济效应。这种集群经济效应不仅表现为单个企业技术创新成本的降低、技术创新周期的缩短和创新风险的减少，同时也表现为集群技术创新在总体上投入产出效益的提高。软件园区技术创新能力通常具有以下基本特征。

（1）网络协同效应。软件园区技术创新能力的大小不仅取决于所有园区内企业的技术创新能力，更取决于企业、政府、中介机构、大学和科研机构等在相互作用中所采取的组合运作方式。企业、政府、大学和科研机构、中介机构相互结合在一起，形成了一个创新网络。创新网络将各创新行为主体有机地联系起来，可以提高市场交易水平，降低创新交易成本，实现创新活动利润最大化，获得网络竞争优势，从而产生"整体大于局部之和"的协同效应。

（2）综合性、整合性的集成能力。构成技术创新能力的要素有所不同，甚至有较大的差距，但它是由若干能力要素组合而成的，这一基本特征不会发生根本性变化，即它是由若干要素相互作用而形成的一种综合性、整合性的集成能力。同时，技术创新能力是一种存量，现有技术创新能力是过去积累的结果，反映的是一种存量水平，技术创新能力的每一点提高，都是在增加现有的技术创新能力，同时又是提高技术创新能力的基础。

（3）市场竞争中的比较优势。软件园区是促进高技术商品化、产业化和国际化的创新区域，其技术创新能力的强弱主要表现为高技术产品和服务在国内外市场上的占有份额，即它是通过高技术产品在国内外市场上的销售而反映出来的竞争优势。因此，软件园区技术创新能力体现为高技术产品的竞争能力，反映的是高技术产品在国内外市场竞争格局中的比较优势（曹俊文等，2004）。

我国软件园区的发展除了管理变革、体制创新和对外开放等制度性因素之外，另外一个重要的因素是以科技进步为基础的技术创新能力的提高。从空间角度来看，技术创新能力包括三个层面：一是国家技术创新能力；二是区域技术创新能力；三是企业技术创新能力。软件园区技术创新能力属于区域技术创新能力的范畴。从本质上来看，软件园区技术创新能力是软件园区企业（或产业）在国内外市场竞争格局中所处的地位和优势。这种地位和优势，通常是由软件园区企业（或产业）提供有效产品或服务能力决定的。因此，我们可以把软件园区技术创新能力定义为：在软件园区范围内，以增强高新区经济增长的原动力为目标，充分发挥区内企业、高校、研究机构、金融机构、中介服务机构和政府等行为主体的创新积极性，高效配置创新资源，将创新构想转化为新产品和新服务的能力。自熊彼特（Schumpeter）提出技术创新概念以来，技术创新能力评价一直是国内外学术界一个引人瞩目的重要研究课题。综合国内外有关技术创新能力的评价指标，大体可以分为三类：一是技术创新的投入指标，如研究开发经费投入、研究开发人员投入等；二是技术创新的产出指标，如高新技术产品产出、高新技术产品出口额、劳动生产率等；三是反映技术创新能力性质、来源、时间、阶段费用和影响因素等技术创新活动过程的指标（范柏乃，2003）。

第二节　增长极理论

增长极理论是 20 世纪四五十年代西方经济学家关于一国经济平衡增长抑或不平衡增长大论战的产物。洛施（August Losch）在 1939 年最早提出关于区域经济活动具有向增长极集中的趋势的思想，但没有得到系统的阐述。增长极概念最初是由法国经济学家弗郎索瓦·佩鲁提出来的（秦国文等，2007），弗朗索瓦·佩鲁（F. Perrcux）在《经济空间：理论的应用》（1950 年）和《略论增长极的概念》（1955 年）等著述中，最早提出以"增长极"为标志并以"不平等动力学"或"支配学"为基础的不平衡增长理论。他认为，如果把发生支配效应的经济空间看做力场，那么，位于这个力场中的推进性的单元就可以描述为增长极。增长极是围绕推进性的主导工业部门而组织的有活力、高度联合的系列产业，它不仅能迅速增长，而且能通过乘数效应推动其他部门的增长。因此，增长并非出现在所有地方，而是以不同强度首先出现在一些增长点或增长极上，这些增长点或增长极通过不同的渠道向外扩散，最终对整个经济产生不同的影响。

增长极对地区经济增长产生的影响是巨大的，主要表现在以下几点。①极点中心的经济增长。由从事某项经济活动的若干企业或联系紧密的几项经济活动集中于同一区域而产生的，其实质是通过地理位置的靠近而获得综合经济效益，属于聚集效应。②规模经济的增长。它是由于经济活动范围的增大而获得内部集约式增长。③外部经济增长。这是增长极形成的重要原因，也是其重要结果。增长极的扩散、集聚效果是有关的生产和服务职能在地域上的集中而产生的经济效果和社会效果，主要通过规模经济、生产协作、生产联合、城市建设、资源合理利用等外部经济的节省实现。增长极的扩散效应，既表现在区域经济总量的增长上，也表现在区域经济部门结构的变化和区域经济空间结构的变化上，是通过区内的乘数作用和区际乘数效应来实现的。可以从区域和产业两个角度打造增长极。（安宇宏，2011）

一、增长极理论国内外研究文献综述

自佩鲁 20 世纪 50 年代提出增长极理论以来，该理论在以后的年代里又得到了完善和补充。缪尔达尔在《经济理论和不发达地区》（1957 年）和《亚洲戏剧：各国贫困问题考察》（1968 年）等著述中弥补了佩鲁理论的第一大缺陷：过

分强调增长极的正面效应而对负面效应不置一词。佩鲁的弟子、法国经济学家布代维尔（Boudeville）则在《区域经济规划问题》（1957 年）和《国土整治和增长极》（1972 年）等著述中弥补了其理论的第二大缺陷：将增长极建立在抽象的经济空间基础上。

增长极理论在 20 世纪 60 年代有了长足的发展，理论的政策化和实用化成了增长极理论在这一阶段的主要特征。其代表作有威廉姆森（Willamson）的《地区非均衡和国家发展进程》（1965 年），弗里德曼（Friedman）的《区域政策》（1966 年），胡佛（Hoover）的《区域经济导论》（1972 年），汉森（Hanson）主编的《区域开发中的增长极》（1972 年），利奥伊德（Lioyd）的《空间区位》（1977 年），英蒂盖特（Intigator）的《经济规模技术与应用》（1977 年），布朗（Brown）的《区域-国家经济模型》（1978 年）等。尤其是艾萨尔德（W. Isand）总结了诸多国家实施区域经济和增长极政策的经验，并根据亲自参与区域规划和开发工作的实践，相继撰写了《区域分析方法》（1960 年）和《区域科学导论》（1975 年）等著述，为国家干预区域经济提供了可具操作性的政策理论和方法，奠定了包括增长极理论在内的西方区域经济学的基础。

20 世纪 80 年代，增长极理论又得到了较大的发展。经过长达半个多世纪的理论演衍和有力的经验验证，日臻成熟。它尽管有某些缺陷和局限性，但仍为发展区域经济不可或缺的重要理论之一。增长极理论提出后，许多国家试图运用这一理论消除落后地区的贫困，促进各地区经济协调发展，其中取得较大成功的国家有巴西和马来西亚。还有一些国家虽然也将增长极理论作为制定地区发展战略的依据，希望借此实现经济增长，但效果却不理想。例如，法国、意大利、西班牙、加拿大等都曾遇到这一问题。1964 年，法国精选了 8 个大城市作为增长极，但是由于这些城市地理位置分布不均衡，大多数贫困地区仍被排斥在该政策之外，实际上并未达到减缓地区经济发展不平衡的目的。意大利、西班牙也曾参照增长极理论，组成几个大小不等的"工业发展区域"和"工业化核心"，却因为忽视农业和中小企业的作用、推进型企业与当地自有资源脱节、严重依赖外国资源、不能有效吸收当地劳动力等原因，未能促进当地经济增长。从各国的实践来看，运用增长极理论来指导本国的具体实践有成功的也有失败的，可见增长极理论并非一个简单照搬即行之有效的理论，再完备的理论都应该结合具体的情况加以运用，才能取得令人满意的结果。（秦国文等，2007）

国内的学者在对增长极理论的运用方面有许多成果主要有：运用增长极理论对我国东部和中西部区域经济的发展作了较详细的分析，指出必须注重不同时期重点发展地区和产业的变换，及其所产生的各种经济效益的扩散；对增长极的理论发展作了系统地阐述并结合经济发展实际，科学地制定了湖北区域经济发展战略，正确选择和培育出拉动经济跨越式发展的增长极；在考察了我国东西部经济发展差距的情况下，提出培育西部增长极发展的新策略；从城市商业银行的角度出发，论述了城市商业银行对城市增长极形成的支撑作用；从增长极实现条件的角度来研究该理论的实际运用情况。

二、增长极的实现条件诠释

佩鲁在他的著述中对增长极的形成条件作了具体概括：一是在一个地区内存在具有创新能力的企业群体和企业家群体，这实际上是熊彼特关于创新学说的观点，即创意与创新是经济发展的原动力而非简单的投资或消费拉动；二是必须具有规模经济效应，即发育成为增长极的地区需具备相当规模的资本、技术和人才存量，通过不断投资扩大经济规模，提高技术水平和经济效率，形成规模经济；三是要有适宜经济与人才创新发展的外部环境，既要有便捷的交通、良好的基础设施等"硬环境"，又要有政府高效率的运作，恰当的经济政策、保证市场公平竞争的法律制度以及人才引进与培养机制等"软环境"（安宇宏，2011）。

（一）具有创新能力的企业和企业家

佩鲁增长极理论框架的前提是创新，他认为经济发展的主要动因是技术进步或创新，而创新倾向于集中在一些特定的产业，如推进型产业中。在佩鲁大量的文章中，创新一直是起关键作用的因素，在 1961 年的一篇文章中佩鲁直接引用熊彼特的原话达 15 处之多，佩鲁有关创新和商业周期的观点直接来自于熊彼特 1941 年出版的《经济发展理论》一书。熊彼特认为创新是经济发展和社会进步的主要动力，而创新出现的可能性取决于适宜的社会气候，即社会环境是否有利于企业家发挥作用。因为熊彼特强调企业家的创新，对于垄断有不同的观点，他认为垄断是引诱企业家冒风险进行创新的诱饵。每一次成功的创新总会招来一群追随者，经济的发展需要连续不断创新。佩鲁进一步发展熊彼特的理论，指出推进型企业就是创新企业，增长极（或发展极）是创新的发源地，也是创新的扩散源。佩鲁和熊彼特都强调企业家和创新是社会经济发展的推动力，但是熊彼特认为短期垄断的出现是发展过程中的一种正常现象，而佩鲁则认为不是垄断而是极化才是发展过程中的正常现象。（安虎森，1997）

在早期的发展经济学著作中，物质资本被认为对经济发展有非常重要的作用，被发展经济学家放到了十分突出的位置。20 世纪 60 年代中期以后，许多发展经济学家转而强调人力资源对推进经济发展的战略意义。20 世纪 90 年代以来，"知识经济"概念的提出，进一步深化了人们对人力资源重要性的认识。

企业家是一个国家、区域经济发展最重要的、具有决定意义的人力资源。市场经济的根本问题是资源的优化配置，虽然在现代市场经济条件下，一切生产要素的配置比例本身已经被机器生产中的技术参数确定了，但这些比例只有被人们认识以后才能真正实现资源的优化配置。更何况现代企业生产除了资源配置外，还必须不断发掘新的资源。这些首先是企业家的职责,企业家正是在要素组合中创造新的生产力。

企业家对企业的价值具体表现在以下四个方面。①企业家在充分分析市场的前提下,进行投资选择,捕捉投资机会,调整生产要素的流向及流量。投资方向选择正确,机会把握得当是企业生产要素产生最大效率的重要前提。②企业家在生产决策中将物的因素与人的因素按照现代化大生产所要求的比例结合起来,做到物尽其用,人尽其才,发挥最大的效率。③企业家在开拓新市场、开发新产品、开辟新的投资领域、寻找新的资源等方面发挥战略家和指挥家的职能,为生产力的发展开辟广阔的前景。④企业家注重人力资本的开发和利用,运用符合人性特征要求的方法管理现代市场经济中的人,最大限度地发挥人的潜能,进而改变资源配置的比例和结构,全面提高企业的生产力水平。

佩鲁认为,经济增长是在不同部门、行业或地区,按不同的速度不平衡增长的。某些"推进型产业"(主导产业)或有创新能力的企业(企业家的创新是发展进程的主要动因)在一些地区或城市的集聚和优先发展,形成恰似"磁场极"的多功能的经济活动中心,亦即增长极。因此企业家及企业的创新是推动增长极形成的动因。早期的发展经济学家认为,生产要素投入的增长,特别是资本积累的增长是经济增长的主要源泉。因此,他们把资本积累或资本形成看做经济增长的决定因素,其经济发展理论具有明显的"唯资本论"倾向。

1956 年,美国经济学家索洛在不考虑技术进步的前提下,对哈罗德-多马模型进行了修正,提出新古典增长模型。该理论模型认为,在没有技术进步的条件下,给定储蓄率和人口增长率,经济体的人均资本积累和人均产出将趋近于长期均衡点,而一旦达到长期均衡点,更进一步的资本积累就会停止,因而人均收入增长也会停止,也即经济停止增长。若提高储蓄率,虽然能使长期均衡收入提高,并且在经济体迈向新的长期均衡点的运行过程中经济增长速度增加,然而一旦达到新的均衡点,增长又会停止下来,要想再提高经济增长速度,除非更进一步地提高储蓄率。但是,储蓄率是不可能无限制地提高的。因此,仅仅依靠资本投入而无技术进步,不可能维持长期的经济增长。单纯依靠增加生产要素投入的外延式扩大再生产,其迟早会因受资源稀缺的约束而停止下来,而且市场竞争也必将使这种增长方式在资源耗竭之前就早早地失去活力。

佩鲁之所以强调企业的创新对增长极形成的重要作用,是因为没有技术进步的世界是一个收益递减的世界。在既定的技术条件和知识水平下,人们能发现的投资机会总是有限的,或者说,可投资项目集合的边界,在既定的技术知识条件下是不会扩大的。投资总是从可投资项目集合中最有利的项目开始,随着时间的推移,有利的投资项目将不断减少,投资的收益也会相应下降,因而资本的边际收益也是递减的。当资本边际收益递减时,随着资本积累的增长,总产出会相对减少，从而导致资本的平均效率即资本的生产率递减。这就是说，如果没有技术进步，资本的规模收益将会递减。在规模收益递减时，在劳动、土地和技术知识等不变的绝对情况下，不断增加的投资最终会用完所有的投资机会，自此之后的投资将不会再增加经济产出的总量，因而经济增长将会停止。

在解释技术进步如何促进经济增长的问题上，新古典主义理论认为，技术进步使资本的边际收益曲线外移，而在没有技术进步的条件下，增加投资只能使资本的边际收益沿边际收益曲线下降。在技术进步的条件下，影响经济增长的主导因素不是资本数量，而是资本效率。当资本放大时，资本相对于劳动而增加，边际产量下降，边际收益递减，而技术创新使收益递减曲线向上、向外移动，提高了资本生产率，扼制了资本利润率下降的趋势。在市场经济条件下，经济增长是有周期的，这种周期性的物质技术基础正是技术创新。在每一个经济周期中，重要的技术创新一旦出现，必将引来模仿及商业化应用，从而掀起技术创新的浪潮，使边际利润扩大，经济走向繁荣。但当较多的企业实现模仿后，产量大幅度增加，引起价格下降，边际利润收缩，进而出现众多企业亏损或倒闭时，创新浪潮消失，经济从繁荣走向萧条。经济衰退又迫使企业寻求新技术，刺激着技术创新的浪潮再度兴起，从而推动新一轮的经济增长。因此，正是技术创新打破了经济均衡状态，不断推动经济增长。（秦国文等，2007）

（二）规模经济效益

在佩鲁的理论中，那些具有创新能力的企业形成的增长极不仅促进自身发展，产生极化趋向，而且以其吸引和扩散作用进一步推动其他地区的发展，从而形成经济区域和经济网络。佩鲁把这种吸引和扩散效应称为技术和创新的扩散，资本的集中和输出，规模经济效益和集聚经济效益（城市化趋势）。佩鲁这里强调的是增长极扩散作用所带来的集聚经济效益，而不是传统意义上的企业内部的规模经济。

增长极在发展过程中，通过扩散效应带动周边地区的发展，地理上的原因及创新和技术的扩散作用，会逐渐形成以城市某些产业为龙头的产业集群。产业集群、空间集聚优势可以从三个不同角度加以分析：首先从纯经济学角度，主要着力于外部规模经济和外部范围经济，认为不同企业分享公共基础设施并伴随垂直一体化与水平一体化利润，大大降低了生产成本，形成产业集群价格竞争的基础；其次从社会学角度，主要从降低交易费用角度，认为建立在共同产业文化背景下的人与人之间信任基础上的经济网络关系，可以维持老顾客，吸引新顾客和生产者前来；最后从技术经济学角度，研究集群如何促进知识和技术的创新和扩散，实现产业和产品创新等。在世界经济地图上产业集群区域都显现出异乎寻常的竞争力，其竞争优势来源于生产成本、基于质量基础的产品差异化、区域营销以及市场竞争优势等方面。运用集聚经济将那些在生产上或分配上有密切联系，或是在产业布局上有共同指向的产业，按一定比例布局在某个拥有特定优势的区域，形成一个地区生产系统。在系统中，每个企业都因与其他关联企业接近而改善自身发展的外部环境，并从中受益，结果系统的总体功能大于各个组成部分功能之和。

对于经济比较落后的地区，其主要的经济目标应该是：充分利用当地的各种资源，聚集有限的资金、人力和技术等优势，培养有竞争力的产品，同时在区域内加大宣传力度，重点建设销售渠道，加强产品的销售服务，形成局部的竞争优势，形成经济增长点。要提高区域的经济竞争力，还要把科技工业园（区）连接起来，逐步形成有竞争力的经济开发带，集中经济、技术、资金、人才等方面的优势，发展有竞争优势的产业。在经济全球化的过程中，区域优势的形成不但能带动经济的增长，而且能应对经济发达国家的市场竞争。经济发达国家为了争夺竞争优势，在市场开拓和新产品的开发等方面投入巨资。而我国的单一企业难以完成此重任，只有把企业聚集起来，形成特定的产业群体，才能对抗发达国家企业的竞争。

如果把佩鲁对产业（或区域）不平衡增长的论述用于区域不平衡增长，我们可以看到，经济发展是由增长极带动的，即按由一个地区引发另一个地区增长的方式进行的，关键在于区域经济发展的不平衡要适度，不在于区域是否要不平衡发展。必须注重不同时期重点发展的地区和产业的变换，及其所产生的各种经济效益的扩散。因此，区域的发展，必须在有效抑制差距扩大的同时，坚持区域经济一体化和分类指导的区域增长极发展政策。区域经济一体化是指在地域分工及其伴生的区际利益分配中，各区域为了共同的利益而趋势性地协调行动的过程和组织。显然，它的实质就是资源配置在不断增长的空间范围内的调整与重组。如果能够实现它们之间合理、有机的组合，会有效地促进区域经济和整个国民经济的发展。由于这一政策的实施受多种因素制约，执行起来难度很大，我们可以把它作为一种长远政策来逐步规范区域经济行为。分类指导的区域增长极发展政策是指，我国东部发达地区应继续推进以"城市增长极"为主的政策，中西部落后地区应推进"产业增长极"和"城市增长极"相结合的政策。产业增长极表现为点，城市增长极表现为面。（秦国文等，2007）

（三）投资环境和生产环境

投资环境是指投资者进行投资、生产、经营时所面临的条件和环境。投资环境作为一个国家或地区政治、经济、社会文化、自然地理等多种因素的综合反映，特别是对投资者期待利益所给予的影响和承诺，是由众多因素构成的有机整体。投资环境的分类标准是多种多样的。如果从环境要素特征的角度进行划分，可以分为具有物质形态的硬环境和没有物质形态的软环境。所谓硬环境，是指与投资活动直接相关的物质条件，是有形要素的总和。它包括地理条件、自然资源、基础设施，如交通运输、邮电通信、供水供电、环境保护、社会服务等生产经营中必须具备的种种条件。而投资的软环境，则包括政治、经济、法律、社会文化等无形的要素，如引资方的政策法律、管理体制、思想观念、服务水平、政府机构行政效率等。在投资活动的整个过程中，硬环境是投资得以进行的必要条件，是投资方必须具备的基本要素和条件，但是软环境也是不可或缺的方面。如果说投资的硬环境是吸引投资的基础，那么软环境则是能否留住外资，合理有效利用外资的基本保证。原因在于，资本运行的价值追求就是增值，就是利润的最大化，投资主体到异国他乡投资，其根本目的就是为了获得资本的升值和预期的经济利益。因此，投资者不仅关心引资方的自然资源、交通通信等基础性的硬环境，更关注引资方的政治稳定、政策法律、政府的办事效率等投资的软环境。

　　良好的投资环境作为增长极形成的一个必要条件，有赖于地方政府的努力。而良好的生产环境则不仅有赖于地方政府的规划，还与一定的地理和历史原因有关，产业集群是提供良好生产环境的很好的模式。作为中小型企业的一种有效组织形式，产业集群在很多方面具备了单个企业所不具备的优势，降低了企业的生产、交易的成本，为企业提供了一个好的生产环境。

　　由上面的分析可见，在运用增长极理论指导我们制定经济发展战略的过程中，简单的照搬照抄并非行之有效。对增长极实现条件内涵的分析表明，形成一批具有创新能力的企业为龙头的产业集群，对增长极形成和发展具有十分重要的作用。因此，在制定地方经济发展战略时，应找准适合本地发展的重点产业，已有的具有竞争优势的产业要加以扶持，做大做强，实现规模优势；在有规模优势的产业集群未形成时，应该根据当地的实际情况，考虑当地的地理环境、人力资源等要素禀赋发展本地具有比较优势的产业，打造自己的龙头产业。（秦国文等，2007）

　　总之，增长极理论的形成是有一定的时代背景和区位背景的。从这些背景上看，该理论主要与处在比较成熟阶段的经济现象相联系，对于落后地区或萧条地区的经济现象的解释还失之空泛。因此采取增长极战略，要有一定的区位条件，如区域经济发展已进入成长阶段或成熟阶段，区域内各种产业基础设施比较齐全或比较发达，区域产业链基本形成或产业之间具有一定的投入、产出联系，区域内城镇体系基本形成或正在形成。然而这些条件对落后地区来说正是缺少的。正因为这样，增长极战略不适合贫穷落后地区，更不能作为这些地区社会经济发展的地域组织模式。因此，增长极理论应用应该注意如下几个问题：

　　（1）佩鲁提出的经济空间是一个抽象的概念，即一种受力场，是存在于经济要素之间的关系，如任何区域各种产业之间的经济联系或产业的投入产出链，都可以形成佩鲁空间。这种空间是无形的、非实体的、不稳定的。因此，佩鲁空间不具有几何规定性，在此空间中无法进行量算和对比。佩鲁所说的平庸的地理空间主要指自然地理位置空间，因此是有形的、相对稳定的，具有几何规定性。其实，我们平时所说的空间，都是指经济地理复合空间。在这种复合空间中，经济空间依附于地理空间而存在，地理空间充当着物质依托，才使这种复合空间具有几何规定性，只有在这种空间中我们才可以考察各种经济要素之间的相互联系与运动。各种物质流、资本流、劳动力流、技术流、信息流等也只有在这种空间中才可以形成。如果没有资源要素的相互组合和运动，我们无法讨论增长极（发展极）的支配效应、联系效应以及分配效应。

（2）增长极理论是一种发展理论，同时也是没有经过严格的逻辑证明的理论，它不具有操作性，是制定区域经济政策和区域发展规划时的理论依据，不是区域社会经济发展的地域组织模式。

（3）增长极理论的形成是有一定的时代背景和区位背景的，它是主要针对经济发展步入成长阶段或成熟阶段的区域而言的。因此，应用增长极理论来指导区域经济发展，有一定的前提和适用范围。一般来讲，增长极理论适合于如下情况的区域，即区域产业之间基本上形成投入产出链，区域各种基础设施已基本具备，城镇体系也已基本形成或正在形成。

（4）增长极理论存在一定的前提和限制条件，因此该理论不适合贫困落后地区，不能用来指导贫困落后地区的经济开发，更不能作为这些地区社会经济发展的地域组织模式。

（5）各种理论的落脚问题是很重要的，不管是西方的还是东方的，各种发展理论的产生都有一定的时代背景和区位背景，各种理论在实践中的应用也有一定的限制条件和区位条件，不能盲目照搬硬套。（安虎森，1997）

软件园区从诞生之日起，就一直发挥着增长极的作用，它能以强大的力量把区内的产品、资金、技术、信息甚至观念向外进行辐射，从而形成软件园区空间上的扩散。

第三节　苗床理论

苗床理论（钟坚，2001）又称孵化器理论，它是关于在新生产部门发生和发展的最初阶段所需要的地理条件的假说。美国著名的孵化器专家罗斯顿·拉卡卡（Rustam Lalkaka）认为，企业孵化器的特点包括：精心挑选有潜力的新建或处于初始阶段的企业；为每个租户提供指定的空间，诸如通信与办公等方面的公共设施；负责训练、开发与协助新生企业的小规模管理队伍；提供接受诸如法律、金融方向专业服务的渠道；可承受的房租和服务收费等。也有的学者认为，企业孵化器将提供秘书人员、办公设备、会议空间洽谈室等公用设施，提供大学和企业的硬件设施和当地人才网络渠道，就研究成果在本地区工业和商业上应用的可行性进行调研，就税收、办理执照、市场开拓和商业发展等提供建议和服务。因而，在企业孵化器选址方面，应该注意是否密集地分布着已有企业，是否有服务机构如金融机构、咨询及信息服务机构以及高素质的人力资源，是否具有既能提供技术资源又能提供企业家资源的研究机构。影响孵化器功能发挥的基本要素有以下五点。

（一）技术要素

是否拥有核心技术是软件园及其孵化器功能能否充分发挥的前提条件。原创性理论和技术是吸引风险资金、人才、企业的最终诱饵和带动区域经济发展的核心。技术要素受以下几个子要素的影响。

（1）技术本身的性质。项目或孵化种子自身技术的原创性、成熟性和先进性。其中原创性，即有无核心技术；成熟性，即进入哪个阶段，属于产业链的什么环节；先进性，即是否属于高新技术领域。项目或孵化种子的可开发性，即自主性，有无自主知识产权；市场性，即市场潜力如何，竞争能力如何；可行性，即是否具备进一步开发的条件。

（2）高校技术资源。依托高校是软件园的特色，研究型大学具备作为培养和发展高新技术产业基地所必备的科技优势和人才优势，是很重要的高新技术创新源头，有利于加快高新技术成果的商品化和产业化。

（3）区域开发技术能力。开发性技术可以保证高技术产业不孤立发展，它不仅要依靠智力来开发，还要依靠高技术产业所需设备和材料的上游产业、服务部门相互关联而存在。一般认为，高技术产业的发展需要有基础性技术、关键性技术、先导性技术等开拓性产业支撑体系。因此，它不仅要求有一般的实验室和生产车间，而且要求具备装备精良、人员素质高的工业性实验条件，以及拥有吸纳高技术的大工业基础。高技术产业以智力等软件为依托，但最终要转移到硬件制造上。一般来讲，具有中试孵化功能的区域往往是大城市周围经济技术条件较好的产业发达地区。

（4）技术创新人员。人员是技术的载体，软件园作为高新技术成果的孵化基地，科技人才优势是必备条件。纵观国内成功的软件园，都具有显著的人才优势及在此基础上形成的科技优势。因此，只有拥有显著科技人才优势的国内重点理工科大学或综合性大学才具备创办软件园的资格。

（二）资金要素

资金要素是孵化器功能发挥的支撑条件，没有大量资本的支持，就不可能开发出高技术及其成果，更不可能使这些技术和成果产业化。调查表明，目前发达国家研发、中试、成果商品化三项经费的比例一般是 1∶10∶100，在中试和成果商品化环节需要投入比研发环节更多的资金。软件园的核心功能是孵化器功能，目的是促进高校科技成果转化为可物化的产品，具备更强的市场性和可应用性，这个环节需要大量的资本支持。技术的应用研发周期长，交叉学科的技术应用复杂性高，成本难以控制，因此，风险投资对软件园的发展至关重要，也是目前国内软件园资金问题的瓶颈。根据资金的来源渠道不同，可分为银行贷款、政府资助、学校投资、企业投资以及风险投资等要素。

（1）银行贷款，其对象主要是风险小的成熟企业，由于在孵化期内的成果尚不成熟，风险较高，因此，软件园内的企业争取贷款比较困难。

（2）政府资助。在科技成果的技术链中，政府主要投资于研发环节，目的是鼓励高技术的产生，而在中试环节，政府财政资金投入有限，且使用起来限制较多。政府给予财政支持通常有 3 种方式：直接投资、以补贴或奖励的形式实行间接资助、支持软件园内的研究与开发项目。除此之外，还通过政府采购、税收、房租优惠的方式给予资助。

（3）学校投资。学校本身资金有限，且学校资金主要是用于教育投资及基础研究投资，不可能对科研成果商品化阶段投入过多，学校资金投入通常不多，主要是技术入股。

（4）企业投资。在国外，大企业具备雄厚的资金基础和风险承受能力，企业家也具备很高的冒险精神，因此，中试阶段和商品化阶段，企业和风险投资家的投入占主要比重。然而，在我国，由于企业风险承受能力差，创新型企业未形成，企业投资主要是针对较成熟的可市场化的技术，对于尚待进一步应用研发的技术投入较少，多数企业的研发投入占销售收入的比例不足 1%。

（5）风险投资。风险投资主要以基金或合伙的形式，把银行、保险公司、养老基金、大公司、共同基金、个人和外国投资者分散的资金集中起来，形成风险投资基金，然后通过专业运作投资到急需资金的高技术企业并获得高额回报。软件园的建设必须走出单纯依托政府优惠政策和优惠待遇的误区，进入资本运作的境界，这样才能吸引企业和人才。

（三）管理模式

管理模式包括管理组织机构、流程及制度。中国软件园的管理模式具有中国特色，可以概括为：政府支持、依托大学、市场机制、企业运作。中国软件园既不是计划经济体制下的政府行为，也不是发达市场经济体制下市场机制自发作用的产物，而是社会主义市场经济初建期，官产学结合的产物。管理模式是孵化器的关键要素，我国软件园的管理模式主要有政府主导型、政府合作型和政府主导创办型三大类。

（1）政府主导型。政府主导型的软件园由政府发起建立，管理主体为政府，管理方式为行政管理，受政府计划控制。此类软件园政府参与最多，主要受政府部门控制，实质上是政府的附属机构。这种模式在发展中国家出现较多，适用于软件园发展初期，它的好处是使软件园的发展与整个地区的发展相协调，避免了无约束发展带来的环境污染、能源浪费，发展不均衡等问题；缺点是计划色彩较浓，组织机构的设置以行政职能为依据，管理流程亦按行政管理流程安排，难以应付市场的快速变化，同时缺乏激励和约束制度，管理效率低下。

（2）政府合作型。政府合作型模式又可称为高校主导型，这种模式的软件园主要是由高校发起建立，管理主体为高校，管理方式为行政管理，政府与高校合作，提供政策、资金等支持。该模式受政府影响较少，高校有较大的经营自主权。其优点是高校具备较高的热情，可以调动学校的学科优势、人才优势、信息优势，有利于高校科技成果的转化；缺点是采用行政管理模式，缺乏市场性，且由于高校缺乏企业运营的经验，用管理学校的方式管理软件园，人员编制、制度安排方面均存在很大弊端。

（3）政府主导创办型。政府主导创办型的软件园由政府与高校联合创办，政府与高校同为软件园的管理主体，采用行政推动与市场化运作相结合的管理方式。该模式的优点是采用行政管理体系和市场运作体系相结合的方式，既兼顾了我国软件园国家计划性的特点，避免了软件园的盲目发展，又兼顾了软件园运作的市场性。其组织机构的设置同样分为两个部分，行政管理体系主要负责软件园的整体规划和园区管理，市场运作体系负责园区内企业的管理及市场、投资、推广等相关事宜，两者互动，灵活有效。缺点是政府和高校、行政管理体系和市场运作体系之间的关系协调比较困难，两者的职责划分必须科学合理，不互相交融，否则容易出现多头管理，造成管理体系的混乱。

（四）服务体系

软件园以招商引资、成果转化、企业孵化为主业，提供各种高附加值的商务服务，这是软件园吸引企业的重要因素。园区服务的功能可归结为：搭台，即为企业的创业、创新提供全方位的支持服务；铺路，即为企业的商务拓展提供广泛的机遇和发展空间；架桥，即为企业与政府、大学、社会等资源建立多渠道的联系。软件园应具备各种金融服务、风险投资、法律服务、技术咨询、商业贸易和信息服务等方面的配套服务体系，具体可分为硬件服务和软件服务。硬件服务包括对入园项目提供基本办公和开发场所；提供公共办公设备；为园区员工提供临时周转用房；为园区内人员子女入学提供便利等。软件服务包括财务托管、资产评估、知识产权申报、人力资源服务等中介服务；为入孵项目提供管理、技术开发等支持；为入孵项目提供管理咨询服务，组建各种研讨会；为研发人员交流和了解国际科技发展趋势、国内经济情况、国家各项政策等提供机会。

（五）保障体系

软件园的发展与软件园所在地区的地理环境、人文环境、基础设施等密切相关，这些因素对软件园的发展起到支撑作用，是软件园的保障体系。良好的区位、基础设施、信息网络资源及政府支持是软件园孵化器功能发挥的保障。

（1）区位。软件园良好的区位优势表现为选址靠近研究型大学，凡是成功的软件园区无一不是依靠高水平研究型大学发展起来的。世界上最成功的软件园硅谷，就是由斯坦福大学创建的，硅谷60%～70%的企业是由斯坦福的教师和学生创办的，多选址于优越的地理环境。这一环境是综合的，包括四通八达的交通网络、相对较高的生活品质、良好的人文环境和自然环境等。高新技术产品的生命周期短，一旦开发成功就需要迅速投放和占领市场，优越的地理环境有利于实现经济效益、社会效益与环境效益的有机统一。

（2）基础设施。高技术产业不是孤立的产业，特别是在建立综合性的软件园时，要有较为完善的基础设施作保证。如交通运输方面，要求快捷、方便；通信方面，要求有大通量、网络化的通信媒体；能源方面，要求有洁净、可靠的能源供应。

（3）信息网络资源。高技术产业受尖端化、国际化倾向的影响很大，需要有一个网络化的信息系统来支撑。信息资源作为一种新的更重要的资源，最大特征在于共享性、再生性以及相互激励导致创新的产生。而网络化是信息资源得以更好地利用、开发的基本条件。软件园的建设和发展是多种人才组合共同创新的综合产物，而信息资源网络化正可以满足软件园发展高技术产业的这一要求。

（4）政府支持。在软件园的发展过程中，政府起到了强大的推进作用，主要表现在政策支持、财政支持、各种优惠条件、园区总体规划、积极向社会宣传和倡导等方面，实践证明，这是软件园发展的必要基础条件。

总之，软件园是个复杂的系统工程，尤其是孵化器功能的发挥牵涉很多因素。在以上五要素中，技术要素表现为软件园所依托高校拥有的学科优势、资源优势，这种资源优势决定了软件园的重点孵化领域；资金要素决定了软件园资金量和可持续发展问题；在服务体系和保障体系方面，目前国内软件园大同小异，宏观环境差距也不大；管理模式的异同决定了软件园孵化器功能发挥的效率及效果，因此是影响软件园孵化器功能发挥的关键要素。（马卉等，2006）

美国著名孵化器专家Ruatam Lalkaka还认为，鉴于新创办的中小企业往往存在企业发展计划脱离实际、资金短缺、创业者缺乏管理知识和经验、市场开拓能力有限等问题，其存活率普遍不高，而软件园区本身在实质上就是一个放大了的孵化器。软件园区只有深刻把握软件企业各个阶段的发展规律，根据软件企业各阶段的不同特点，提供优惠政策，建立完善的基础设施和支撑服务体系，建设优越的生产和生活环境、积极的区域文化创新氛围及公平的市场竞争环境，促进园区内企业的大量繁衍集聚，才能促进软件园区自身的发展。

第四节　网络组织理论

关于企业网络组织的内涵，目前尚没有形成统一的认识。国内外学者分别从不同的角度，对其作了诸多不同的界定：在价值链的各个点上作出贡献的若干个企业集体资源的结合；从经济、历史、认知、规范等多维角度对网络组织进行概括，认为网络组织是一种超越传统市场与企业两分法的复杂的社会经济组织形态，而且这一复杂的组织形态是一个动态的、按照一定路径不断演进的历史过程；网络组织是一个可识别的多重联系和多重结构的系统，在组织内部"结点"和具有高度自组织能力（或者说是有机组织）的网络组织，在"共享"和"协调"目标以及松散、灵活的组织文化理念的支持下共同处理组织事务，以维持组织的运转，实现组织的合作（为了处理各种类型的有效交易）；网络组织是组织之间的合作联系，这种联系的实质是企业之间的分工贸易，是组织行为而非个人行为；网络组织是一个由活性结点网络联结构成的有机的组织；网络组织是一种动态的、边界模糊的新型组织模式，网络组织是知识经济时代动态经济环境下，基于信息技术、企业自身战略发展需要的产物，网络组织以形成竞争优势、实现网络战略目标为宗旨，以获得竞争所需资源并充分发挥其作用为目的，网络组织成员之间，是竞争合作的、复杂的网络关系。

一、网络组织的基本特征

组织柔性化、组织扁平化、组织分立化、组织网络化和组织边界模糊化是21世纪组织变革的基本特征。网络组织除了具备上述基本特征以外，还具有不同于其他组织形式的个性特征。

从网络组织的形成分析。信息技术是网络组织形成与发展的基础，能够促进、实现大规模的交流并提高协调能力。信息技术在网络组织形成过程中提供的角色支持包括：信息流通路径的重组、信息不对称的减少以及组织成员角色和地位的变化等。由此可见，信息技术是网络组织形成与发展的重要基础，它在网络组织结构、制度、技术以及组织学习等方面提供了一定的技术和理念支持，保证网络组织有效运转。自组织性是网络组织形成的基本模式。一般系统论的多样性原则要求一个组织内部的调节机制必须和环境的复杂性相匹配，网络组织必须在与环境的相互作用中对环境变化作出反应。当组织与外部环境不相适应，而且具有自我变革、自我发展的动力时，企业就进入了高级自组织状态。网络组织是自适应、自调节能力自然演化的结果。

从网络组织运行机制分析。信任与协调是网络组织的基本运行机制。网络组织成员的相互信任降低了网络组织的运行风险，而协调是对组织间的相互依赖性的管理。协调包括资源的协调、网络组织成员的协调、企业间战略关系的协调等。协调机制的形成是通过成员间一系列的契约（包括章程、协议、法律合同等），建立共同的规则与约束机制。竞争合作是网络组织运行的基本准则，网络组织把不同经济主体的关系从竞争变成建立在共同目标基础上的合作关系。获利是目的，合作是实现目的的手段，以合作求竞争是网络组织实现利益目标的重要途径。企业核心能力是网络组织的纽带。企业加入特定的网络组织，不仅取决于企业对加入该网络组织有强烈的动机或者有某种需要（如适应环境变化），而且取决于企业能够为其他网络成员提供自己的核心竞争资源；而企业所能提供资源的重要程度也决定了它在网络组织中的地位，从而影响它对网络组织的控制能力和获得其他成员所拥有资源的质量。

从网络组织对企业效益的作用分析。自学习性是网络组织生存发展的重要源泉。扁平化的网络组织结构以及强大的信息交流系统，在一定程度上支持了组织的学习。网络成员在共同的目标指引下进行知识和技能的学习和传播，是网络组织的优势所在。资源共享促进网络组织竞争优势的形成。资源对于某一特定企业来说是有限的，但对于网络组织成员来说却是无限的。网络组织通过整合成员的互补资源，集中最具优势的资源为市场提供优质产品或服务，通过资源共享、优势互补、有效合作，分享市场机会和顾客，从而实现共赢。

从网络组织的结构分析。超越法人实体的多边联系是网络组织的基本形式。网络组织不一定是一个独立的法人实体，它既包括组织内部通过联合独立单元形成的具有独立法人实体的组织模式，也包括通过跨边界整合形成的跨组织动态网络，是超越了法人实体的超组织模式。复杂的组织结构是网络组织区别于其他组织形式的重要特征。网络组织中的结点、数量、特征以及结点间联系的数目、形式等，是网络组织复杂性的静态构造基础。网络组织中信息的流量、质量、分布以及流动方向的组合，也决定了网络组织结构的动态复杂性。动态开放式的组织群体结构保证网络组织始终具有活力和优势。网络组织边界具有可渗透性和模糊性，表现出很强的开放性、动态性，因而成为一种无形无界的开放系统。网络组织具有结构与功能上的相似性，具有拓扑结构自相似性的网络组织，存在功能相似性，体现为以专业知识、经验技能、专有信息为基础，以信息处理、整合、协作、创新能力为核心能力，以与其他结点合作、协作创新为目标，以主动发挥结点自身积极性与创造性为生存方式，以不求一致但相互融合的文化、理念、价值观为基础营造合作氛围。

二、网络组织的一般构成要素

关于网络组织的构成要素问题，国内外学者经过长期研究，已经取得一些成果，对企业进行具体的网络组织设计具有一定的指导意义。但大多数研究者或从信息网络的角度进行研究，或从组织行为学角度进行分析，难免有些片面。这些观点有，网络组织由网络结构、网络成员、结点特性构成；网络组织由网络目标、网络结点、经济连接、运行机制和网络协议构成；网络组织的构成要素有网络目标、网络结点、网络联结、网络机制、网络文化和信息平台等；网络组织的构成要素应从网络运行的环境、机制和条件，网络的形成、发展和演化等方面综合考虑。

从资源观的角度出发，网络组织的构成要素分为有形要素和无形要素，具体包括以下几点：

（1）网络结点。结点是构成网络组织的基本要件，是建立网络组织的前提。网络结点可以是独立的企业，也可以是其他社会组织（如学校、科研机构等）。网络结点按性质不同可以分为同质与异质结点，同质结点因功能相同或相近而具有替代性；异质结点功能上具有差异性。网络结点的作用体现在能够提供核心资源与关键技术，具有信息处理和决策功能；其作用又决定了它们在网络组织中的地位，可分为关键结点、重要结点和一般结点。

（2）信息技术平台。信息技术平台是网络组织有效运行的技术支撑和硬件保障，包括信息、通信技术和信息网络技术。信息技术平台为网络组织提供了一个随时响应市场需求、低成本实现网络伙伴之间的有效沟通、协调和共享的平台，极大地拓宽了网络组织范围。通过信息技术平台，可不受时间、地域限制，随时沟通、交流，加深了解、增进友谊、提高信任，将拥有核心能力的组织连接起来，整合形成"网络组织核心能力"，保证网络组织的发展进程。

（3）其他有形资源。除了网络结点和信息技术平台以外，网络组织内部还充满了有形资源的使用和流动，除了信息流外，大量的物流是网络组织实施生产运作或提供服务产品的重要基础。传统的基础设施、生产设备、原材料、外协件等是网络组织价值创造的物质载体。

（4）网络战略目标。网络战略目标是网络组织形成、运作、发展和进化的指南。只有在共同的战略目标指导下，网络组织才能整合实现战略目标所需的资源、协调组织成员的战略行为。网络战略目标来源于并高于网络成员的子目标，而且需要网络成员的精诚合作、协同运行才能实现。

（5）管理运行机制。管理运行机制是网络组织的调节器，机制到位就会对合作成员的行为产生有效的协调、约束与激励作用，从而使网络组织处于良好的运行状态。所以说，建立一套包括信任机制、协调机制、决策机制、约束机制、分配与激励机制等在内的网络管理运行机制，是网络组织有效运行的重要保证。

（6）网络组织文化。网络成员在竞合过程中形成的网络精神、价值观、行为规范，相互信任、合作的网络文化，以及共同遵守的制度、规定和惯例等，共同组成了网络组织文化与制度要素，为网络成员实现资源共享、优势互补、相互信任、协同发展提供了有力的保障，是网络组织不断进化的精神支柱和无形保障。

（7）其他无形资源。网络组织除了上述要素外，还包括一些在网络运行过程中发挥不可或缺的作用的无形资源。例如，网络组织拥有的共同的学习语言和良好的社会关系；网络组织整体拥有的商誉、信誉、商标、专利等无形资产；网络组织内部成员之间良好的合作关系网络，包括资本关系、产权关系、契约关系、联系强度等。这些无形资源在网络组织的运行中起到了润滑剂的作用。在变化是唯一不变之因素的当今社会经济环境下，网络组织是为适应激烈市场竞争而产生的一种新的组织模式。网络组织具有灵活而快速的反应能力，具有扁平的结构、一体化的职能，注重提高内部组织的有效性以及发展与外部组织的网络联结的特点和优势，代表了 21 世纪组织模式的发展方向。随着人类社会的进步，在不同的地域、不同的环境条件下，伴随不同的主体特色，必然形成多种多样的网络组织模式。(李平，2007)

网络组织理论是当代西方微观经济学从 20 世纪 80 年代中后期以来逐渐形成并迅速发展起来的一个新领域，是近年来经济学家在分析经济全球化现象和区域创新现象时经常使用的工具。该理论认为，网络组织是处理系统创新事宜所需要的一种新的制度安排，是一种在其成员间建立有强弱不等的各种各样的联系纽带的组织集合。而软件园区就是一种区域创新网络组织，软件园区的组建和发展过程就是一个网络组织发展和形成的过程。软件园区可以视为一个大系统，其中包括高技术辐射源、高技术企业及相关企业、管理调控和服务支撑等四大子系统。四大子系统通过各种各样的信息网络联结成一个相互作用的有机整体，而这四个子系统内部要素之间又是相互作用和相互联系的。网络组织理论认为，区域创新网络的形成是软件园区发展成熟的最本质特征，因而软件园区作为一种网络组织，必须致力于区域创新系统的培植。

第五节　三元参与理论

三元参与理论是在 1993 年 6 月的国际科技工业园协会第 9 届世界大会上提出来的。这一理论认为，科技工业园是科技、高等教育、经济和社会发展的必然产物，是在大学和科技界、工商企业界和政府三方相互结合下产生的，并且在三方的共同参与和积极推动下得到发展。科技产业是建立在高强度的研究开发活动基础上的，科技与经济全方位、深层次结合及一体化发展的产业，是技术、人才、资金等高度密集的新兴产业。只有当相关学科进行交叉、相关产业进行融合、相关机构进行合作，以及供产销相关的企业发挥协同效应时，科技产业才能得以真正发展。

三元参与理论从本质上阐明了科技工业园"内燃机"动力机理："三元"催化，缺一不可。我国科技工业园创建至今，大多采取了"特区型"、"封闭式"的政府管理体制。历史地看，这既是一种过渡型体制又是一种初创型体制。相对科技园这一新生事物的发展规律和客观要求而言，它是一种原始的、低级的制度安排，通过单一的政府强力推行，主要解决了科技园生存的硬环境问题，但远远没有解决科技产业发展的软环境问题，而这才是科技园发展的关键所在。相反，长期实施该体制还会形成新的利益冲突甚至桎梏。突破这种政府强力的单一格局，已经毫无疑问地成为我国科技园一次创业和二次创业的分水岭。这需要政府通过法律法规、经济杠杆、政策激励等一系列导向性制度安排，促使大学和科研院所改变"学生考文凭、员工评职称、政府拨资金"的办学科研模式，转向按市场需求进行应用型研究，培养应用型人才，取得应用型收益；刺激企业追求技术进步，增加科技投入，寻求与大学和科研院所的合作开发；促进政府转变行政职能，提高服务效率，加快技术立法。（吴神赋，2004）

当今世界各国普遍认识到国际竞争日趋激烈，而各国之间的竞争主要体现为以科技为先导、以经济为基础的综合国力的竞争，于是各国政府纷纷采取措施力图发展软件和信息服务产业，竞相抢占软件和信息服务产业的制高点。但是软件和信息服务产业是建立在高强度的研究开发活动基础之上的，科技与经济全方位、深层次结合、一体化发展的产业，是技术、人才、资金等高度密集的新兴产业，只有当相关学科进行交叉、相关产业进行融合、相关科教机构和人员进行合作，以及产业链上相关的企业发挥协同效应时，才能得以真正发展。

大学和科技界长期以来的主要任务就是探求知识、取得科研成果，与此同时培养人才，可以进行高强度的研究开发活动，但是软件园区的发展却面临着经费短缺和所培养的学生难以适应社会和经济发展的要求这两个越来越严重的问题。尽管政府对大学和科技界的支持一再加强，但却仍是杯水车薪，远远满足不了大学和科技界的科研经费要求，为此，大学和科技界不得不转向社会，面向经济寻求解决问题的出路。而工商企业界面临新技术革命的迅猛发展，虽逐步认识到了调整企业技术结构开发高技术产品的必要性，并且也大力开展技术创新，但是其自身科研实力相当有限，于是开始注意高技术之源：大学和科技界，以寻求合作。这样在三方强烈的合作愿望的刺激下，作为解决问题的最佳方式：软件园区应运而生。

软件园区为大学和科技界、工商企业界和政府三方结合提供了一种很好的形式。在这里，大学和科技界通过与企业的合作，实现了科研成果的商品化，获得了应有的经济利益，补充了办学和科研经费，同时培养出适应经济竞争和社会发展需要的人才；企业则从大学和科技界获得了技术创新所需要的技术和人才资源，同时通过自身的发展，增加了就业机会，发展了地方经济；政府则通过支持或直接参与组建软件园区，为大学和科技界同企业的合作创造了一个良好的环境，促进了创新要素的有效配置，获得区域经济发展、就业人数增加、综合国力增强的良好效果。

政府是园区内外环境创立者和园区组织机制启动者，大学和科技界是高技术和高素质人才之源，企业是科研资金提供者和新兴市场开拓者，三方在共同利益的基础上进行强有力的协作，开发高技术产业，促进地区经济发展，促进综合国力增强，这就是三元参与理论的基本点。一般来说，政府以政治形势稳定、经济和社会发展为目标，企业以追求利润、维持生存和持续发展为目标，大学和科技界主要以培养人才和取得科研成果为目标，三方的目标既有长期的一致性，也有中期的差异性和近期的矛盾性，把三方的目标变成统一的政策、协调的行动，是软件园区发展的关键。

　　三元参与理论要求大学改变过去按部就班培养人才的模式，采取在创业和开发中培养人才的新模式；要求科技界根据大众的需求导向进行科学研究，使不同类型的科学研究互相交叉，与市场接轨，为企业解困；要求企业界在大学和科技界中寻找新型的合作伙伴，共同开发、共同创业，并加强自身的研究能力；要求政府加强专业服务和政策导向。这样，大学和科技界、工商企业界和政府的行动就得以统一和协调，软件园区就得以蓬勃发展。（谢国忠等，2000）

第四章　影响软件园区运营管理的各要素

全球服务业的转移，使软件产业链基本形成了全球性的分工格局。这种分工格局通过全球性的竞争与整合，处于动态调整之中。我国可以利用国际软件分工带来的市场空间、国际资本向软件业转移等有利因素，为中国服务外包业的发展带来新的市场机遇。中国拥有世界上最大的人才供给，一线软件城市具有良好的人才和技术基础，二线城市具有很好的成本优势，中国要顺应世界服务业转移的趋势，大力发展服务外包业，并针对中国的实际情况，集中资源培育有核心竞争力的软件产业链。在当前经济形势下，立足于内需市场，发展服务外包是中国软件业未来的选择。根据各软件园区的特点，建立既有高端，又有低端的软件产业价值链，营造良好的软件产业生态，是中国软件业未来的发展之路。

我国软件产业虽然保持快速增长，但所占全球产业的份额还很小，软件产业在关键技术上受制于人，要实现我国软件产业的长足发展，必须立足于软件园区的发展，让园区内的软件企业产生集聚效应，让更多的软件企业良性发展，使其对经济发挥更大作用。软件园区的发展不仅能促进区域经济增长，加快社会发展，而且使区域具备持续创新能力，成为区域创新的源泉和区域经济发展的增长极，而增长极作用的发挥有赖于产业聚集机制的建立。

软件园区如何在政府制定的引导和鼓励软件产业聚集的政策指导下迅速发展，成长壮大；如何重点扶植软件园区中那些具备产业带动优势和有产业关联效应或配套协作职能的项目，制定产业聚集总体思路下的吸引外资的政策；如何尽量减少产业集群形成过程中因低层次企业盲目进入而导致的与在位厂商过度竞争所造成的拥挤效应；如何推动政府用优惠政策引导对产业聚集发展有重要影响的公共物品或准公共物品的投资，加强基础设施建设，特别是与产业发展配套的基础设施建设，从而使软件园区内建立起相互依存的产业体系。

另外，对于新建园区的产业布局要坚持以分工协作、本地结网形成产业聚集来安排项目；对于新进园区的企业的区位决策也应该明确以产业聚集为导向；对于软件园区已有的产业发展要重视相关产业的网络体系的建立，要努力形成大中小企业紧密配合、专业分工与协作完善的网络体系，并能针对软件园区内产业配套能力强弱的现状，可以以大中型高新技术企业或企业集团为龙头，通过产业环节的分解，衍生出一批具有分工与协作关系的关联企业。尤其是要积极为进入园区的跨国企业提供产品配套与相关服务，以增强这些企业的当地植根性，促使其在当地发展下去。

这种以产业环节分解为契机的模式既可以大量增加软件园区的新增企业数，也将强化企业的植根性和竞争优势。当然，各软件园区应该根据自己的区位优势和现在已有的产业特色与优势，通过产业聚集的发展，形成各具特色的软件产业聚集，而不应该不顾实际情况采取相同的发展战略，最终导致产业结构的趋同。软件园区的运营管理优劣，直接关系到能否缩短软件园区的起步周期，提高其成功率。因此，对软件园区运营管理模式的研究就显得格外重要。那么，软件园区运营的影响要素有那些呢？

软件园区覆盖了科技、智力、人才和信息资源最密集的区域，拥有一流的科技人才和科研成果，已经成为地方经济增长的支柱。软件园区的发展战略是：资本股份化、产业规模化、技术创新化、融资多元化、管理科学化、经营国际化。在这一思想的指导下，随着园区企业的数量的增多，规模不断发展壮大，软件园区在地方经济的发展中起到越来越重要的作用。因此，研究一个成功的软件园区的建立和运营管理的影响要素就显得至关重要。

软件园区与传统工业园区不同，软件产业所需硬件资源量很小，附加值高，相对传统工业而言，受原材料资源的约束较小，但需要有密集的智力、尖端的技术、发达的信息网络、便捷的交通以及舒适的工作和生活环境等要素的支持。国内外实践表明，影响软件园区发展的因素主要有以下十个方面，下面将分节对其进行介绍。

第一节　以地理、资源、交通、能源、通信为依托的园区支撑环境要素

软件园区以产学研紧密结合的组织方式，以成功开拓软件和服务外包市场为目标导向，以高新技术产品为成果，以调整地方产业结构、提升区域经济为目的，在较高的层次上实现技术和各种生产要素的重新组合及其社会化过程，并最终达到园区发展信息技术产业的预期目标。在这一过程中，园区内部各组织要素之间的相互作用以及园区内外部因素之间的相互影响，使软件园区的系统行为处于动态的发展之中。一般来说，影响软件园区发展的支撑环境因素主要包括地理环境、资源环境、基础设施环境、经济环境、文化环境、法律环境等。

1. 良好的地理环境是一个软件园区吸引外资的有力因素

软件园区是知识相对密集的新型社区，对地理环境的选择具有较高的要求，通常以研究型综合性大学、理工科大学和科研院所为依托，要求建立在工业基础较为雄厚、产业聚集、交通便利、城市环境优美、气候宜人的地方。因此，地理环境的优劣是衡量一个软件园区的指标。

2. 基础设施的完善程度是软件园区良好运营的基本保障

良好的基础设施是软件园区及软件产业发展的基本保证。软件产业的特性决定了其对基础设施的质量要求。软件园区的基础设施主要包括交通设施、动力与能源设施、通信设施与信息系统、技术研发中心与创业中心等。软件园区基础设施的基本要求是：软件园区的交通运输设施要具备快速、方便的特点，尤其以航空或高速公路为理想的运输方式；软件园区的通信设施要具备大容量、及时、迅速的特点，要有健全的宽带网络体系和发达、便捷的程控电话；软件园区的动力和能源设施要具备洁净、可靠的特点；软件园区的技术研发中心和创业中心要能不断地孵化出新的技术和产品。因此，加强软件园区基础设施的建设，构建软件园区基础设施平台，为园区创新活动营造良好的硬环境，是保障一个软件园区良好运营的基本因素之一。

基础设施也是软件和服务外包转移方选择承接地的基本因素之一，完善的基础设施服务可以促使中国服务外包企业以较低的资本性支出获得较高的业务起点。一个软件园区的基础设施的发展与完善程度是促进当地软件与服务外包产业生态环境与价值链的建立与完善、扩大软件与服务外包业务在国际市场的影响力、提高园区企业竞争力、确保企业在国际市场获得软件与服务外包业务订单的重要因素。中国软件和服务外包基地城市和示范区的建立，将有助于发挥区域优势，形成资源聚集效应，树立我国软件和信息服务业的整体品牌。以相关基础设施为硬件依托，各服务外包园区、示范区的迅速发展，将有力地推动中国服务外包基地城市投资环境的完善。

3. 交通条件是一个软件园区成功运营的因素之一

软件园区既要进行软件技术的研究开发，出智力成果，也要生产软件技术产品，这就要求它具备满足产品生产的交通运输条件。软件产业不像传统产业那样消耗大量的原材料，产品也往往体积不大，因而对运输的要求是快速便捷，尤以航空和高速公路为理想的运输方式。因此，一般的软件园区多半配合修建高速公路，使其与市中心的联系更为便捷。沿高速公路沿线布局的软件产业园区，高速公路因其灵活和快速而为软件产业发展所必需。软件产业借助这一便捷的轴带通道，可相互传递生产要素，从而达到"即时生产"、快速扩散及吸收信息的目的，如京津塘高速公路产业带、大连旅顺南路软件产业带。相反，如果软件园区与高速公路相距较远，其国际机场也只有几班，与外界联系不便捷，就会影响跨国公司的进入，从而影响软件园区的发展。例如，加拿大渥太华高新区与高速公路相距较远，其国际机场也只有几班直达美国高技术市场的航班，致使该高新区进展缓慢，未能达到预期目标。

实践表明，一个建立在航空、铁路、公路、水路交通发达的重要的交通枢纽城市的软件园区，发展相对较快。所在城市是否有国内重要的干线机场、国际机场已开通航线的条数、民航旅客进出港吞吐量、完成货物运输总量、铁路旅客运输量次数等都是影响软件园区发展的重要指标。可见交通条件是一个软件园区成功运营的因素之一。我国各软件园区所在城市的交通情况，如表 4-1 所示。

表 4-1　中国软件城市交通情况表

城市	国际国内航线数/条	民航机场起降次数/架次	人均公交车数量/（辆/万人）	人均道路面积/平方米	港口（0，1）*
北京	152	376 600	13.550 07	14.61	0
上海	152	375 003	10.112 91	16.232	1
深圳	110	151 430	22.601 03	39.999	0.082
武汉	124	51 793	12.265 65	5.116	0.076
大连	84	50 387	14.677 53	7.876	0.174
西安	70	91 372	12.782 18	5.666	0
南京	45	55 508	9.883 517	14.467	0.162
杭州	45	79 262	17.958 6	9.99	0.154
济南	46	35 805	9.676 028	11.867	0
天津	43	47 460	10.566 74	8.666	0.357
成都	31	132 901	11.144 18	11.036	0.001

*.数字 1 代表港口条件最好，0 代表无港口航运条件。

资料来源：倪鹏飞.2008.2008 年中国城市竞争力报告.北京：社会科学文献出版社；王有捐.2009.中国城市统计年鉴 2008.北京：中国统计出版社.

4. 通信设施

软件、通信等信息技术是软件和服务外包的技术载体和实现手段，网络通信为服务外包提供了硬件基础设施，其建设水平已成为衡量一个软件园区的重要指标。通信网络与信息技术的发展改变了软件和服务外包的商业模式，为软件的离岸开发、离岸交付提供了可能。通信及网络基础设施的完善可以降低服务外包的成本，显著增加服务外包的优势，因此，通信及网络基础设施的完善与成本是一个软件园区吸引企业入园的重要因素。一个园区通信网络基础设施建设发展快慢，是否实现城市宽带"全程全网"，是否建成宽带互联网络、VPN 传输专网、MSTP 传输专网、SDH 传输网络、语音传输网络，是否与中国网通、移动、联通、铁通、电信实现了互联互通，是否具有大容量的数据出口路由，这些都是衡量一个软件园区核心竞争力的重要因素。

5. 电力设施

软件产业的特殊性，决定其最基本的能源消耗就是电力。在经济快速发展的带动下，作为软件和服务外包基地城市的城市供电量能否持续保持高速增长，能否跟上经济发展速度、经济结构变化趋势，电价的高低，园区所在基地城市有多少个变电站、是否采用双回路环网供电模式等是当地软件园区能否更好发展的关键因素。

表 4-2 是我国各软件园区所在城市的交通、电力和通信设施情况。

表 4-2　我国各软件园区所在城市的交通、电力和通信设施情况

软件园区	交通	电力	通信
大连软件园	距机场 9 公里，距市中心 10 公里	双回路电力供应，楼内备用发电机	中国电信、中国网通、中国铁通、中国联通、中国移动网络运营商，中国网通东北数据交换和 IDC 数据中心机房设在园区，园区骨干网络带宽达到 40G，高速路由交换设备容量高达 320G，企业专线可直达日本
成都天府软件园	距双流国际机场约 15 分钟车程，距火车南站约 4 分钟车程，距市中心约 10 分钟车程	双回路电力供应，楼内备用发电机	利用成都市电子政务网络平台的基础设施形成 10G 的骨干网络，组成了全连通的 VPN 网络结构
上海浦东软件园	距虹桥机场 25 公里，距浦东国际机场 21 公里，距上海火车站 17 公里，地铁二号线直达张江园区		4000M 超大容量国际出口带宽、网络接入 155～622M
西安软件园	距市中心 7 公里、距火车站 11 公里、距飞机场 35 公里	配备 1000 千瓦柴油发电机机组，采用"双路市电"的供电模式	网络核心接入层采用"双机热备份"，无单点故障；同时接入中国电信和中国网通带宽近千兆，并接入 2 条 155M 国际接口
深圳软件园	距深圳机场 20 公里、距香港赤腊角国际机场 80 公里、距广州白云国际机场 150 公里		宽带通信网、宽带多媒体光线网、卫星通信网，实现三网合一，与深圳主网出口带宽达到 2G

软件园区	交通	电力	通信
北京中关村软件园	距首都机场 40 公里，距八达岭高速公路 1 公里，距城市轻轨西二旗站 700 米，距五环公路 4 公里	双回路 10 千伏开闭所两座	无线网络覆盖，1000M 宽带和 20M 以上国际出口，与中国网通、中国电信、中国联通、电信通、中电华通等汇接
天津开发区服务外包产业基地	京津塘高速公路横贯开发区，距离天津市中心 40 公里，距天津新港 5 公里，距火车站 50 公里，距天津国际机场 38 公里，距北京首都国际机场 180 公里	采取双回路环网供电模式	中国网通，总带宽 60G，国际出口接北京、上海、广州；中国电信，总带宽 50G，直接连接国家骨干网，连北京、上海、广州国际出口；中国移动，国际互联网出口带宽超过 5000M，提供 2M 到 1000M 的速率端口；中国联通，国际互联网出口带宽超过 800M；可提供 2.5Gbps 至 10Gbps 和从 2Mbps 至 622Mbps 的速率端口
天津高新区服务外包示范园区	距京津塘高速公路 12 公里，距天津机场 18 公里，距天津港 50 公里，距北京机场 100 公里。拟建中的高速铁路通过环外区域两侧，地铁三号线在此设立站点	共有 5 个变电室，总供电能力为 1.22 千伏安，企业办公用房设计供电量为每平方米 100 伏安，其中综合楼为双电源环状回路供电	骨干网设计带宽 10G，主干结点间以 144 芯光缆相连；1.2G 超大容量的国际出口带宽，涵盖了中国网通、中国教育科研网等四条国际出口线路
天津空港服务外包示范园区	位于京津塘高科技带，距离天津市区 3 公里，距离天津机场 3 公里，紧邻京津塘二线高速公路，与京沈、唐津等六条高速公路直接贯通，规划的京津城际地铁二号线直通入区	共计有 1 个 500 万变电站，2 个 220 万变电站，1 个 110 万变电站，2 个 35 万变电站，采取双回路环网供电模式	园区采用先进的开放式路由模式，通过公共路由平台入园企业可以自主决定与中国电信、中国网通、中国铁通、中国联通、中国移动等任意网络运营商进行合作

软件园区	交通	电力	通信
南京软件园	距南京禄口国际机场 50 公里，距南京火车站 15 公里，距南京新生圩港 20 公里，地铁三号线规划从长江江底隧道穿过，经过南京高新区	110kV 双回路供电	园区有局域网千兆主干交换机和高性能的服务器，100M 的宽带网络服务平台
南京徐庄软件产业基地	距南京禄口国际机场 23 公里，距长途汽车站 3 公里，距火车站 5 公里，距港口 5 公里，地铁 2 号线、4 号线将从园区经过	110kV 所 1 座，10kV 开闭所 5 座，采用双回路供电	宽带 100M 到楼，10M 到桌面
杭州高新技术产业开发区	距西湖区域 5 公里，距萧山机场 15 公里，距上海 180 公里，距长途汽车站 3 公里		基于 2.5GSDH 的 MSTP 的千兆级双纤双向自愈传输网，形成了以基地专网数据中心为核心，各楼宇为结点的软件产业专用网络系统
济南齐鲁软件园	距济青高速公路和济南国际机场仅需 15 分钟车程		接入中国电信和中国网通宽带，形成"千兆作主干、百兆到桌面"的网络结构
武汉光谷软件园	距机场 40 分钟车程	全部采用双回路电力供应	中国电信、中国网通、中国铁通、中国联通四大网络运营商；骨干网络带宽达到 40G，高速路由交换设备容量高达 320G

资料来源：李志群，朱晓明．2008．中国服务外包发展报告 2007．上海：上海交通大学出版社．

第二节　以科技人才为主体的园区人力资源要素

人力资源是软件园区发展的关键。软件园区的系统行为是一种社会化的行为，其全过程的顺利展开和成功实现，必须通过园区系统的群体行为才能完成，其各个环节、各个阶段的运行质量和速度，取决于从事此项工作的专门人才的科技水平、创造能力和管理能力等。因此，软件园区的系统行为只有与其人力资源环境要素实现相互匹配、耦合和互动，才能产生预期的效果。

1. 软件人才现有结构

软件园区以科技人才为主体，从人员构成看，整体素质不断提升，知识结构更趋优化。2007 年我国软件产业从业人员为 152.8 万人，其中，技术研发人员占总人数的 37.5%，比 5 年前提高了 11.2 个百分点。在从业人员中本科以上学历的人数占 63.2%，比 5 年前提高了 23.1 个百分点，其中研究生比例为10.1%，比 5 年前提高了 2.9 个百分点。从年龄上看以中青年为主，他们处在富有创造激情的年龄段，具有创新的知识结构与偏爱标新立异的思维方式等，这些素质实际上是高新技术这一新兴生产力的特性在科技人员身上的体现。在软件园区中，他们受到在知识密集环境中进行创新创业的精神鼓励，不少人曾利用自己的科研成果创办公司，大大加快了科研成果向生产转移的速度，提高了园区的经济效益，进而带动区域经济的发展。

2. 人力资源培养储备能力

具有熟练专业技能和较强的服务意识的专业性软件和服务外包人才，是中国推动软件和信息服务业发展的关键驱动力之一。园区中是否具有丰富的、不断增长的软件和服务外包专业技术人才和管理人才，人才的存量多少、人才的流动量多少、人员的稳定性如何、语言能力以及当地文化背景和人才的适应性都将对软件和服务外包转移方选择承接地产生重大影响。这些指标能够直接反映出各地软件园区在承接软件和服务外包中专业人才供给方面的优势和潜力。表 4-3 是我国各软件园区所在城市拥有在校大学生数量情况。从中可以看出，软件园区所在城市拥有在校大学生数量越多，其软件园区的所需人才就越充裕，人力资源的能力与水平就越强，软件园区发展就越有后劲。因此，人力资源培养储备能力是衡量一个软件园区所在城市的教育培养能力以及城市吸引力的指标之一。

表 4-3　软件园区所在城市在校大学生数量

软件城市	在校大学生数/万人
北京	56.8
武汉	55
西安	55
南京	50
天津	40.17
上海	40
成都	40
济南	40
杭州	30
大连	10
苏州	5

资料来源：2008 中国软件自主创新报告，http://school.chinaceot.com/downloadthree.php?id=34420&getype=15，2008.

3. 人力资源的语言能力

应用软件开发的一个很明显特征就是和客户的互动非常频繁，而应用软件产品的技术含量不是很高，公司的竞争力主要还是体现在对行业的理解深度，也就是说进入壁垒不在于技术，而是在于对客户需求的理解深度和沟通能力，因此，了解客户需求，和客户的频繁互动将是公司获取产品竞争力的一个重要方式。软件园区人才的语言能力是衡量一个软件园区的重要指标。

第三节　智力密集程度

这里所说的智力是一种资源，它不仅包括个人的才智，更主要的是指智力资源的组织形式，即是否有一些由有组织的具备相当科学知识与专业技能的人才所构成的研究机构或开发部门，如大学、科研院所等，也就是说，是否具备高水平的研究和开发能力。例如，美国硅谷之所以取得巨大成功，主要原因就是硅谷拥有8所大学、9所社区大学、33所技工学校和100多所私立专业学校，这保证了硅谷对高技术人才的需求。表4-4是我国各软件园区所在城市拥有的大学情况。从中可以看出，软件园区所在城市的高校数量越多，其软件园区的创新能力就越强。

表 4-4　软件园区所在城市高校数量

软件城市	高校数量/所
北京	83
上海	60
济南	59
武汉	45
天津	45
南京	43
西安	42
成都	40
杭州	36
大连	22
苏州	11
深圳	10

资料来源：2008 中国软件自主创新报告，http：//school. chinaceot. com/downloadthree. php？id＝34420&getype＝15，2008.

第四节　以产学研结合为实质的园区组织结构内在动力要素

产学研合作为软件园区创新主体层面的创新提供基础平台。产学研合作平台的主体构成要素为四大主体，即企业、大学、科研机构和政府部门，这四者之间通过相互联系而构成一个有机体系。

企业是产学研合作平台中的核心创新力量，是实施创新的主体。企业能否成为技术创新的主体，是产学研合作平台和技术创新平台建立成败的关键。企业是科技与经济的结合点，是经济质量和市场竞争力的体现。企业一直都是软件园区创新系统中最活跃、最积极的因素。企业的效益直接关系到园区发展的好坏，进驻园区企业的多少、规模大小是直接衡量园区好坏的一个标准。

大学在创新平台中有着独特的职能。大学在创新平台中，既可承担研发任务，又可承担教学任务，进行培训和知识传播。传播知识是其一方面的任务，更重要的是，今后在创新平台的发展中，它的职能主要是为当地、为企业培训和输送有创新能力的人才。从大学中走出来办企业的人越多，转化的科技成果越多，在知识传播、经济发展中的作用就越大。园区周围大学的多少，合作的大学多少，培养的相关人才的多少，培训机构的数量的多少等对一个园区的发展至关重要。

科研机构也是创新的源泉之一。科研机构通过研究和开发新产品、新技术，推动区域的科技创新。波特将受过高等教育的人员和从事尖端科学研究的大学和研究机构等条件看做竞争优势获得的发达环境条件。大学和研究机构的职能，已从单纯地侧重于生产和传播知识、研究开发新技术成果转向技术成果转让、中试和衍生企业、企业咨询和培训等方面，从而使知识流在区域内重新组合、技术不断扩散，提供更多创新机会，进而实现经济发展、技术创新与研究开发一体化。因此，科研机构的多少也是衡量一个软件园区的重要指标。

第五节　软件园区的发展需要适宜的文化环境及健全的法律、法规制度体系

一、软件园区人才的特点要求园区拥有适宜的文化氛围

软件园区人才的特点是：生活在特定制度、特定地域、特定社会关系网络中的科技人员，他们比较看重发展性需求，如施展特长和有所成就、技术入股、创办公司、幽雅的工作环境等，他们一般崇尚宽松的人际交往环境，维护团体协作和良性竞争。在软件园区中，科技人员相互依存、相互作用，产生心理上的认同感和归属感，形成园区意识和园区内聚力。领导者的组织管理水平越高，学术带

头人越有声望，各成员智力结构的互补性就越强，园区的内聚力也就越大，其科技成果的商品化、产业化、社会化就越有成效。以学术交往为主的科技人员之间的人际互动，有助于人与人、企业与企业之间相互沟通信息、交流产品技术、扩大研究与开发的广度和深度。以人际互动为基础，科技人员可获得友谊与支持、心理上的安全感、解决问题的信心和力量。科技人员之间的友谊具有快速传递学术信息、产品信息和市场信息等特殊功能，有助于他们真诚地开展学术讨论和项目合作。科技人员之间的良性竞争，激励个人和团体勇于创新，充分发挥人的智力因素和非智力因素的积极作用。正因为如此，软件园区管理在充分考虑为科技人员营造创新创业条件的基础上，应注重创造良好的居家生活条件，以吸引科技人员入园创业。因此，软件园区应该在发挥现有人才的积极性与创造性、广泛吸引国内外优秀人才上做大量工作。例如，推动政府制定政策，解决户口、职称等影响人才流动的制度障碍；大力吸引海外留学生来软件园区创业；在园区内开展高科技企业产权激励试点工作，鼓励实行股份期权制，允许试点企业拿出近年资产增值的一定比例来奖励有关的技术与管理人员；推行和提升人才战略，提供多样化的人才培训，实现人才培训的市场化与产业化，培育园区自己的软件人才。一个成功的软件园区需要一种与软件产业的特征和人才特征相容并互相促进的区域创新文化来支撑。

二、软件园区的文化环境是园区良好、持续发展的软环境

文化环境是指由社会成员的理想信念、价值取向、行为准则和精神风尚等组合而成的价值观念系统。社会文化背景或社会文化价值观，亦影响着园区内科技人员的心理定势、思维方式和价值取向。构建良好的文化环境和文化氛围，培育创新人才和创新精神，形成鼓励冒险、容忍失败的文化理念等，有助于充分发挥科技人员的主动性和创造力。

一个软件园区的文化氛围应鼓励创新文化要素的生长与植根。软件产业是高风险型产业，失败的概率很高，现实中很多人就是因为害怕失败而不敢创业，因此，一个软件园区的文化氛围主要从下面几个方面来衡量：

一是要鼓励敢冒风险、富于进取，同时也能接受和容忍失败的企业家精神。

二是要重视信任与合作文化的建立。在中国传统文化的根基中缺乏彼此信任、相互合作的观念，信用不足已成为影响我国经济生活正常发展的严重制约因素，但竞争激烈的高新技术产业的发展又十分需要信任与合作，它可以促使迅速整合信息和资源、降低成本、降低风险，提高项目成功率等。

三是要培养专业忠诚而非企业忠诚的观念，促进人员的流动。

四是要加强科学知识的普及，促进公众理解创新的重大意义，促使企业和公众了解科学，支持科学研究，参与技术创新，在园区内形成有利于企业创新的社

会氛围。

五是要倡导企业间发展新型的竞争与合作关系。

六是要加强企业与员工的交流并发展员工间的非正式交流。

七是园区有关部门，特别是管理部门要多组织知识讲座及各种类型和层次的研讨活动，增强人们的创新意识。

八是要重视科技、体育和创新设施建设，为科技人员之间的交流创造条件。因为创新的实现与人员之间的思想交流和知识交流关系重大。

九是要加强对企业发展的引导，举办各种研讨、交流活动，倡导新文化和新观念，鼓励和倡导敢于冒险、勇于创新、不怕失败的创新精神，从而为园区的持续发展营造良好的软环境和社会文化氛围。

三、健全的法律、法规体系是保证软件园区正常运营的社会支撑因素

法律、法规和政策是强有力的现代社会控制手段，也是规范软件园区系统行为不可缺少的社会支撑环境因素，在很大程度上，软件园区发展所需求的适宜的地理环境、资源环境、文化环境的营造、优化和完善，都必须借助于法律、法规和政策手段，并以明确的形式规定下来，以确保对软件园区发展起到护航作用。

第六节　以高技术产业化为目标的园区创新网络要素

软件产业是促进国民经济和社会发展的基础性、战略性、先导性产业，对其他产业的关联性、带动性很强，是转变经济发展方式、调整产业结构中应重点支持发展的产业。软件是人类知识的重要载体，具有形态转化、嵌入硬件、增加功能的特征。信息化和工业化融合，强调的是互相渗透，软件堪担重任。软件产业的发展将对国民经济和社会生活的各个方面起到"倍增器"的作用，尤其是目前我国软件企业肩负着扩大和加强软件技术在各工业领域的应用，用信息技术改造和提升传统产业的重任。如果我国软件企业缺乏关键技术和知识产权，那么将在国际竞争中处于被动地位。

国内软件企业在技术方面自主创新能力普遍不强，多数企业只能将产品定位于产业链最下游的应用软件。2007 年我国软件销售总额达到 5800 亿元，其中应用软件占到 33％以上。而对于最能反映软件产业自主创新能力的，操作系统、数据库等基础平台及中间件的开发，如果没有国家科研项目支持（诸如 863 计划、973 计划等），几乎无人问津。

目前，我国企业已开始注重提升创新能力，加大研发力度，并不断向国际前沿推进。2007 年软件产业的基础软件收入为 249 亿元，占软件产品收入的 8％（2002 年为 2.4％）；中间件软件收入为 373 亿元，占软件产品收入的 12％（2002

年为 3.9%）；集成电路（IC）设计收入 193 亿元，比 2006 年增长 80.6%，比重由上年的 2.2% 提高到 3.3%。这是我国软件产业自主创新能力的一个重要体现。因此，软件园区中软件产业的自主创新能力是一个软件园区持续、稳定发展的重要因素。

第七节　国际竞争力

随着全球服务业加速转移，软件和信息服务外包日趋活跃，特别是离岸业务增长迅速，我国正努力成为全球重要的软件和信息服务外包基地。2007 年我国软件出口与服务外包金额达到 102.4 亿，同比增长 69%。软件出口占软件产业总额比例逐步提升，说明软件产业国际化进程加快，未来有很大的发展空间与潜力。

从各软件园区出口额来看，我国软件企业国际竞争力不断增强。目前我国已经形成了以 6 大软件产业出口基地为依托的软件出口群体，软件出口企业市场拓展经验不断丰富，技术研发能力不断提升，质量管理水平不断提高。目前，我国已有 41 家企业获得 CMM/CMMI5 级认证，24 家企业获得 CMM/CMMI4 级认证，近 300 家企业获得了 CMM/CMMI3 级认证。

表 4-5 是我国各软件城市截至 2007 年 7 月通过 CMM/CMMI 认证的企业数。从中可以看出，各软件园区企业通过 CMM/CMMI 认证的企业数越多，园区的出口额越高，国际竞争力越强。

表 4-5　各软件园区通过 CMM/CMMI 认证企业数　　　　（单位：个）

城市	CMM2	CMM3	CMM4	CMM5	CMMI2	CMMI3	CMMI4	CMMI5	总计
北京	49	24	2	1	17	23	3	8	127
上海	0	55	3	5	3	48	2	4	120
杭州	8	4	0	0	18	17	1	1	49
大连	1	7	1	3	0	9	0	3	24
深圳	3	4	1	1	5	8	1	1	24
南京	1	1	1	2	1	11	0	1	18
济南	6	4	0	0	0	2	0	1	13
武汉	3	4	0	0	0	4	0	0	11
苏州	0	4	0	0	2	1	0	1	8
成都	0	1	1	1	3	2	0	0	8
天津	0	4	0	0	1	1	0	0	6
西安	1	1	0	0	0	0	0	2	4

资料来源：2008 中国软件自主创新报告，http：//school. chinaceot. com/downloadthree. php? id＝34420&getype＝15，2008.

从软件园区具有的自主知识产权的软件产品数可以看出，具有自主知识产权的软件产品越多，软件出口额越高，软件出口正在成为这些具有自主知识产权企业的新的增长点。

从软件园区企业构成来看，软件园区中跨国企业进驻的越多，园区的出口额越高，表 4-6 是我国各软件园区进驻世界 500 强企业和外资研发中心数量，从中可以看出，各软件园区进驻世界 500 强企业和外资研发中心数量越多，软件园区的出口额越高，国际竞争力越强。

表 4-6　各软件园区进驻世界 500 强企业和外资研发中心数量

城市	入驻世界 500 强企业/个	外资研发机构/个
北京	201	350
上海	178	215
深圳	145	
天津	127	10
苏州	112	19
南京	75	17
武汉	70	
杭州	53	
大连	38	10
成都	32	
西安	24	80
济南	15	

资料来源：中国软件协会，2008 中国软件产业发展研究报告.

从承接的服务外包市场来看，日本依然是我国软件与信息服务外包的主要市场，占我国整体软件与信息服务外包收入的 60%；对欧美的软件与信息服务外包快速增长，所占比例已经超过 20%。未来国际软件与信息服务外包多元化的趋势将更加明显，对欧美的外包业务将是下一个增长点。因此，国际竞争力这一指标是衡量一个软件园区出口的定位方向。

第八节　软件园区中介服务支撑体系

软件园区中的软件企业的创业与创新迫切需要中介服务机构的支持和服务，经济越发展，分工越细，企业对专业化的要求就越高。企业的发展若全靠自身的力量是难以为继的，它迫切需要其他企业与中介组织的分工和协作。软件园区只有好的基础设施是不够的，只有建立起完善的服务体系并不断满足企业发展的需求，才能吸引企业不断集聚，才能增强园区的竞争优势，才能真正促进软件园区和高新技术产业的跨越式发展。因此，在软件园区内大力培育和规范各种咨询和中介服务机构，如市场调查公司、技术咨询公司、科技成果交易中心、知识产权事务中心、律师事务所、会计师事务所等，为区内高新技术产业的发展提供服务支撑、政策咨询、投融资中介、管理培训、信息交流、人才支撑与技术支撑等服务平台，是软件园区健康发展的一个重要因素。

这些服务平台可提供软件园区所需要的生产要素资源，如人力资源、资金资源、市场资源、信息资源等信息，这对相关园区的运作是一个有效的支撑。

资金资源是社会资源环境中的重要约束因子。大量成功的实践经验表明：高新技术产业的研究与开发需要大量的资金投入，软件园区为园区内的企业适时提供资金渠道，搭建投融资的桥梁，是软件园区的企业能够健康发展的重要保证。

市场资源是指市场发育水平、市场运行机制以及生产要素的供给水平和可流动性，它对高新技术产业化有着极为重要的影响。市场发育水平越高，市场体系越完备，就越有利于高新技术要素，如人员、技术、资金和信息等的流动、集聚和增强。反之，将有碍于高新技术产业化进程。

信息资源是资源环境变量中的又一重要成分。从信息论的角度看，园区系统的行为，实际上是其系统内部信息与外部环境信息的输入和输出关系的总和。如果园区不能从外部社会环境中获得或输入足够的信息资源，则势必导致园区内部的运行由于得不到适度的信息保证或无法作出正确决策而丧失功能。因此，充分认识信息资源的制约性，实现园区系统内部与其社会环境之间的信息沟通，并建构起有效的信息沟通渠道，是软件园区对信息资源支撑环境的根本要求。

第九节　软件园区的信贷、融资策略

资金投入是社会资源环境中的重要约束因子。大量成功的实践经验表明：高新技术产业的研究与开发费用占销售额的比重一般为 5%～15%、比传统产业高 2～8 倍，在研究与开发阶段需要大量的资金投入，建立多元化投资渠道的社会支撑环境与氛围，是推进软件园区发展的重要因素之一。

我国应完善软件产业风险投资机制，以软件产业为试点，建立健全产权交易市场；促进建立软件产业风险投资机制，鼓励对软件产业的风险投资；应对各类具有产业化发展前景和经济效益潜力大的软件开发企业提供贷款贴息、融资担保，或直接投放开发资金进行股权投资，从而为软件企业拓展筹融资渠道。

　　我国软件产业还处于发展初期阶段，大部分软件企业还在创业阶段，能在国内主板和创业板市场上市的软件企业毕竟只是少数，要解决大多数软件企业的融资问题，还需要在软件企业的资本流动方面有突破性的措施。例如，以软件产业为试点，以国内现有的产权交易市场为载体，加快建立场外电子柜台交易市场，从而实现非上市软件企业的资本流动，增加社会资本对软件产业的投入。

　　表 4-7 是我国软件城市软件企业上市公司数量，从中可以看出，上市公司主要集中在广东和江浙一带，北方城市只有北京，这表明南方城市在上市融资、资本运作方面比北方发展得快。产业规模在前十位的大连、成都和天津如果能有几家大公司上市融资，那么将会使该地区的软件和信息服务的发展有一个大的飞跃式的提高。例如，国内第一个在纳斯达克上市的外包企业、获得充足的资金实力的文思创新软件技术有限公司将优势项目扩展为研发外包、IT 服务和企业解决方案，近两年来的成长速度惊人。这说明一个软件园区的信贷、融资策略是推进软件园区快速发展的因素之一。

表 4-7　软件园区软件企业上市公司数量

软件城市	上市软件企业/个	软件销售收入/亿元	销售收入排名
北京	60	1 263	1
杭州	17	300	7
深圳	15	1 000	2
上海	10	801.8	3
南京	6	362	5
济南	5	160	9
西安	3	152	11

　　资料来源：中国软件协会，2008 中国软件产业发展研究报告.

第十节　政府在构建软件园区中的职能和作用

　　政府在促进软件园区发展中有着特殊的地位与作用，在软件园区的建立和成长阶段起着第一推动力的作用。在软件园区发展的成熟阶段，政府的工作在于发挥市场的调节作用。政府作为软件园区发展的重要组成要素，是园区创新规则的制定者，也是创新活动的直接参与者。在国家宏观管制日渐放松的情况下，地方政府作为地方发展的直接指导组织，一方面贯彻国家的宏观指导政策，另一方面结合本地的实际情况，制定促进当地发展的计划和设计执行有关区域发展的各种机制，为园区企业技术创新创造良好的环境。总之，政府部门在软件园区发展中起着主导性作用。一方面政府通过改善交通、通信等基础设施来营造园区发展的硬环境。另一方面，政府在实施政策、规划、法律法规等宏观措施的过程中，提供良好的市场环境、政策环境、信息环境，进而影响或引导技术创新的直接参与者（大学、企业、研究机构等）进行创新活动，政府影响软件园区发展的主要机制就是通过它对技术创新活动资源的配置来改变技术创新的速度、方向和规模。

　　政府有效地干预创新体现在两方面，即技术创新障碍排除的有效性和资源分配的有效性，是产学研合作平台有效运行的第一推动力，具体表现在以下几点。首先，政府作为具有特别权力的市场行为主体，拥有其他主体无法比拟的优势，同时又是有效信息占有较多的结点，应该利用其特殊身份，从宏观上和总体上来规范、协调创新机制的形成与运行，从而使各主体达成共识，创造合作的机会，使软件园区的整个创新体系处于良性循环状态，有利于创新的产生与高新技术的扩散。其次，要充分发挥政府的职能作用，监督创新机制设计与运行。再次，利用政府职能大力发展有利于园区发展的基础设施建设。园区所在区域的基础设施对园区的发展以及对入园企业起着支撑和吸引作用，因此，以政府为主导，充分发挥政府职能，能为软件园区创新平台的构建提供良好的硬环境支持。最后，政府职能的发挥有利于软件园区法律政策体系的建立。建立支撑园区发展的法律政策体系，是地方政府实现科学技术发展计划的主要手段，它能为软件园区的构建与发展提供良好的软环境支撑。

　　总之，政府职能在软件园区发展中的定位决定了它既要营造良好的投资环境、创新环境，又要协调好各结点、各环节的利益关系，以充分发挥各方面的积极性和创造性；既要承担起通信、交通等基础设施的硬件建设，又要制定法律、法规、制度等软件建设，为园区发展营造一个良好的发展环境，从而提高园区竞争力，促进园区的发展。因此，政府要素是衡量一个软件园区发展的重要指标。

第五章　建立软件园区评价指标体系

为保证中国软件和信息服务业有序、健康、持续、稳定与和谐的发展；指导软件服务外包承接地优化资源配置；向各跨国公司在选择服务外包承接地及服务外包承接方时提供参考和依据；给国家宏观指导各服务外包承接地城市提供决策支持依据，建立中国软件园区评价指标体系，尤其是针对中国软件和服务外包主要承接基地城市的软件园区的评价指标体系是当务之急，对中国软件和信息服务业的可持续发展有着重要的战略意义。

第一节　评价目的

建立和发展软件园区是我国发展地区经济、调整产业结构和促进文化发展的重要策略。近年来，我国的各个软件园区发展迅速，并且各有特色。为了更好地推动软件园区的发展，也为了政府和各个地方管理部门相关决策的需要，笔者提出了评价软件园区的综合评价体系。

（1）制定评价体系有利于充分发挥各地政府、投资机构对跨国公司服务外包战略和对承接地的作用，制定专项工作方案以积极有效的开展投资工作，大力吸引跨国公司将其具有一定规模的离岸服务外包业务转移到中国。

（2）制定评价体系有利于各软件基地城市充分发挥现有优势，保持高速发展的趋势；促进各服务外包承接地城市认真研究全球服务外包发展的最新趋势，借鉴其他地区的成功经验，正确引导软件基地城市的政府以科学发展观和构建和谐社会为指导思想制定当地软件政策和发展战略，拟定符合中国国情和地方特色的地方政策、规划设计、人才培训、招商引资、综合协调等，积极着手建设具有特色的软件服务外包支持体系；鼓励各城市设立专项资金，支持服务外包企业的发展，积极调整当地就业结构和产业结构，从而进一步提高我国承接服务外包的整体国际竞争力。

（3）制定评价体系将有利于全国各地在国家的统一指导下，统筹规划、形成合力，共同营造中国软件和信息服务业积极有序的发展局面。

（4）制定评价指标体系有利于促使各服务外包承接地根据自身的特点和发展重点，量体裁衣，构建软件服务外包特色人才培养与培训体系，鼓励服务外包城市和服务外包企业积极合作，以培训承接服务外包所需的实用人才，有效解决服务外包产业人才短缺和大学生就业问题。（李志群等，2008）

第二节　评价指标的构建原则

软件园区发展水平的综合评价指标体系的设计除了要满足一般评价指标体系设计应遵循的目的性、科学性和适用性原则外，还应遵循以下原则：

第一，整体性原则。对软件园区的综合评价必须要有系统的观念，从整体出发。评价的内容既要包括软件园区内创造价值的企业、产业，也要包括为其服务的各种机构和法人机构；既要包括软件园区的内部条件、环境和资源等因素，也要包括软件园区的外部条件、环境和资源等因素；既要包括软件园区的现实实力，也要包括软件园区的未来发展潜力。对软件园区的评价要全面、客观。

第二，突出重点，指标的设置要抓住关键。技术创新指标、环境支撑力指标、区域经济贡献和社会影响力指标、国际影响力指标、人力资源指标、企业运营成本指标等都是反映软件园区的重要指标，其中环境支撑力指标是基础，反映软件园区的基础设施情况，是软件园区的企业运营的基本保障；区域经济贡献和社会影响力指标反映的是软件园区现有的产业规模和达产能力、对经济的贡献和对社会的贡献；国际影响力指标反映软件园区的出口能力及技术国际竞争力；技术创新指标是反映软件园区的发展趋势的指标，是软件园区长久持续发展和对区域经济贡献的关键；人力资源指标、企业运营成本指标是决定软件园区企业运营的关键因素。各项指标的重要程度通过权限的设置来实现。

第三，定性和定量相结合。影响软件园区发展的因素是多方面的，虽然定量的指标更能客观、精确地说明问题，但是某些时候有些因素非常重要但却不能量化。因此在有定量指标的同时，定性指标也必不可少。

第四，动态和静态相结合。对软件园区的评价不仅是针对现实的状况或结果，还针对它的发展潜力、资源要素的流动状况，以看其能否继续保持竞争优势，这也是综合评价软件园区的关键。

第三节　软件园区的区域定位与评价体系

软件产业由于它们自身的特点，对区位有一定的要求。不同的软件园区区域定位、评价指标体系的侧重点不同。具体来说，软件园区强调以下两点。一是科研成果的产出和技术上的进步，这本身就决定其 R&D 活动要相对较强，最需要高素质的、拔尖的科研人才，因此智力密集区对它们的吸引力比较大。这一类产业所面临的各种风险最大，最难筹集资金，对风险资本的依赖也相应最大。它们的科技人员比重较大，对科技人员的要求也相对较高，它们对基础设施和生活环境的要求更多的是从吸引高素质的人才方面考虑的。二是从事承接服务外包的业务，其产品在技术和市场两方面均已基本成熟，银行资本已大举进入，资金的筹集并不十分困难。因此，这一类软件产业为了增强产品的竞争力，强调的是以低成本加工生产高新技术产品，以用于出口，因此廉价的一般技术劳动力以及方便快捷的国际运输条件对它们的区位指向作用也比较大。

第四节　软件园区评价指标体系

软件园区的综合评价是一项非常复杂的系统工程，需依据技术创新理论、新经济增长理论、区域经济理论、国际竞争力理论和政府作用、产业集聚等角度进行观察分析、测度，进而评价我国软件园区的综合发展水平。因此，我们提出了环境支撑力、技术创新能力、社会贡献、政府作用、国际竞争力、人力资源和企业运营成本 7 个主要的方面作为我国软件园区综合发展水平的评价一级指标。具体见表 5-1。

表 5-1　软件园区综合发展水平评价

一级指标
环境支撑力
技术创新能力
社会贡献
政府作用
国际竞争力
人力资源
企业运营成本

在软件园区综合评价的每个一级指标下包含多个二级指标，各个二级指标反映一级指标的一个方面，二级指标进一步用若干个具体的三级指标来描述。具体的软件园区综合评价各级指标如下。

一、软件园区的环境支撑力

良好的环境是软件园区形成和发展的重要条件。软件园区的环境支撑力是从硬件环境和软件环境两个方面评价。其中，硬件环境包括基础设施、环境设施、区域经济教育情况。

在一级指标软件园区的环境支撑力中，反映软件园区环境支撑力的指标主要有四个二级指标：基础设施、环境设施、区域经济教育情况和软环境，具体见表 5-2。

表 5-2　环境支撑力评价

一级指标	二级指标	三级指标
环境支撑力	基础设施	园区所处位置交通系统的便捷、高效与安全性
		园区电力系统供应设施完善程度
		通信网络发达程度
	环境设施	环境优美舒适程度
		医疗、保健、商务和健身等配套设施
	区域经济教育情况	所在市人均 GDP
		教育发展水平
		科研机构水平
	软环境	风险投资的支持程度
		产学研联系程度

在二级指标基础设施中，有反映园区外部环境的交通运输情况的三级指标和反映园区内部公共网络设施建设水平的园区通信网络发达程度三级指标以及反映园区内电力等能源对园区的供应情况的园区电力系统供应设施完善程度三级指标。基础设施这一指标是作为软件和服务外包业务最基本的交流工具和服务交付工具。这一指标的高低直接影响离岸服务外包的交付质量，也是能否吸引大量国际跨国公司入园的最基本条件，其中：

（1）三级指标园区所处位置交通系统的便捷、高效与安全性，反映园区的公共交通情况。

（2）三级指标园区电力系统供应设施完善程度，反映园区能源系统供应设施完善程度。

（3）三级指标通信网络发达程度，反映园区的公共网络基础设施建设水平。在三级指标通信网络发达程度中，有反映园区内部计算机通信网络完善程度的指标信息网络发达程度和反映园区当地城市的电信业的发展水平的指标，如固定用户数、移动电话用户数、年均电信投资等，以及反映园区信息化建设水平和知识传输能力的信息网络发达程度和反映园区所在城市的信息化建设水平和知识传输能力的电信网络完善程度。

在二级指标环境设施中，有反映园区所在城市的自然、地理环境、绿化覆盖率、环境保护状况等的环境优美舒适程度三级指标和反映医疗、保健等条件的医疗、保健、商务和健身等配套设施三级指标，其中：

（1）三级指标环境优美舒适程度，从自然、地理方面，反映园区的吸引力。

（2）三级指标医疗、保健、商务和健身等配套设施，反映园区医疗、保健、商务和健身等基本情况。

在二级指标区域经济教育情况中，有反映园区所在城市在全国的经济发展水平中所处的位置的三级指标所在市人均 GDP、教育发展水平和科研机构水平，其中：

（1）三级指标所在市人均 GDP，反映园区所在城市 GDP 的总体情况，为提出城市大小的影响采用的是人均指标，而未采用总量指标。

（2）三级指标教育发展水平，反映园区所在城市的人才和创新可持续力以及大学及培训机构的集聚程度。

（3）三级指标科研机构水平，反映园区所在城市的人才科研能力以及科研院所的集聚程度。

在二级指标软环境中有三级指标风险投资的支持程度和产学研联系程度，其中：

（1）三级指标风险投资的支持程度，反映了园区企业的投融资环境，反映风险资本、金融资本等资本市场的地方支持力度以及对创新支持的一种氛围。

（2）三级指标产学研联系程度，反映园区所在城市的教育、科研以及企业之间的协作程度和研究水平。

二、技术创新能力

软件园区的发展能力和核心竞争力主要来源于其技术创新能力，尤其是自主创新能力。因此，在评价指标设计中需要把软件园区的技术创新能力和拥有自主知识产权的情况作为主要的内容加以考虑。在具体设计时，从园区技术创新投入情况、技术创新人员和机构情况以及技术创新成果方面考虑。

在一级指标软件园区的技术创新能力中，反映园区技术创新能力的指标主要有三个二级指标：企业创新能力、人员创新能力和技术创新成果，如表 5-3 所示。

表 5-3　软件园区的技术创新能力评价

一级指标	二级指标	三级指标
技术创新能力	企业创新能力	企业研发投入产出效率
		企业研发能力
	人员创新能力	科研开发人员水平
		人才学习创新能力
	技术创新成果	软件著作数

在二级指标企业创新能力中，有反映软件园区研发和创新的投入产出能力的三级指标企业研发投入产出效率和企业研发能力，其中：

（1）三级指标企业研发投入产出效率，反映软件园区企业研发和创新的投入能力、对研发和创新的重视程度和研究开发能力。

（2）三级指标企业研发能力，反映软件园区企业研究开发能力，一种对创新研发的持续能力。

在二级指标人员创新能力中，有反映软件园区从事知识传播、科学研究与技术开发的主要人员能力水平的三级指标科研开发人员水平，以及反映软件园区所在城市人才对技术创新的学习能力的三级指标人才学习创新能力，其中：

（1）三级指标科研开发人员水平，衡量软件园区从事知识传播、科学研究与技术开发的主要人员的科研开发水平。

（2）三级指标人才学习创新能力，反映软件园区所在城市人才对技术的研发和创新的基础实力状况、园区研发和创新的持续能力，以及软件园区整体的创新型人才环境和素质。

在二级指标技术创新成果中，有反映软件园区创新成果的软件著作数，其衡量园区的创新活力和知识创造的产出状况。

三级指标软件著作数，反映园区具有知识产权的技术创新成果。

三、社会贡献

促进经济和社会的发展是软件园区的核心目的。因此，园区的经济价值效应是非常重要的评价方面，在充分注重软件园区自身经济发展的同时还要关注其与外部经济发展的协调性。园区的经济价值效应主要通过两个方面来体现：一是园区自身直接产生的经济价值，具体表现为园区的各主要经济指标的变化；二是园区产生的相关带动效应，即带动相关产业或相关经济的积极发展，发挥其带动效应、辐射效应和示范效应的多方面综合效应。与此同时，软件园区同样具有直接或间接的社会意义。

在一级指标软件园区的社会贡献中，反映园区社会贡献的指标主要有三个二级指标：软件产业集聚经济效应、集聚软件企业和社会影响力，具体见表5-4。

表 5-4　社会贡献评价

一级指标	二级指标	三级指标
社会贡献	软件产业集聚经济效应	经济贡献率
		销售收入
		出口
	集聚软件企业	全国百强千人以上软件企业数
		入园企业数
		世界 500 强企业数占园区企业总数的比重
	社会影响力	从业人员数
		从业人员人均收入

在反映软件园区内软件产业集聚程度的二级指标软件产业集聚经济效应中，有反映软件产业销售收入对区域 GDP 的贡献能力的三级指标经济贡献率和反映软件产业规模的三级指标软件产业销售收入以及反映软件产业国际竞争力的三级指标软件产业出口，其中：

（1）三级指标经济贡献率，指软件产业销售收入对区域 GDP 的贡献能力，用于反映园区企业对国家和社会的贡献，也反映了园区创造的经济价值。

（2）三级指标销售收入，反映软件产业发展水平、软件产业化和规模化的经济能力、软件园区现有的发展状况和软件产业的经济效应。

（3）三级指标出口，反映园区企业的国际竞争力，也从出口的角度反映了园区创造的经济价值，对区域 GDP 的贡献能力。

在反映软件园区产业集聚能力程度的二级指标集聚软件企业中，有反映软件园区集聚大企业能力的三级指标全国百强千人以上软件企业数、有反映软件园区集聚企业能力的三级指标入园企业数和反映软件园区集聚国外知名企业能力的三级指标世界 500 强企业数占园区企业总数的比重，其中：

（1）三级指标全国百强千人以上软件企业数，反映软件园区集聚千人规模以上大企业的能力以及软件园区集聚全国百强企业的能力。

（2）三级指标入园企业数，反映软件园区集聚企业的能力、软件园区产业规模和密集状态以及园区对社会的贡献能力。

（3）三级指标世界 500 强企业数占园区企业总数的比重，反映软件园区集聚国外知名企业的能力、软件园区对社会收入的贡献，同时也反映了软件园区对外资企业的吸引力。

在反映软件园区对区域辐射和影响能力程度的二级指标社会影响力中，有反映软件园区对社会贡献的三级指标从业人员数和从业人员人均收入，其中：

（1）三级指标从业人员数，反映软件园区对社会就业的贡献能力。

（2）三级指标从业人员人均收入，反映软件园区对社会收入的贡献能力。

四、政府作用

地方政府的作用是软件园区发展的重要影响因素。中国绝大多数软件园区是在政府的主导下建设并发展起来的，政府对园区的发展有着不可低估的影响。政府通过加大园区的经济投入、提高办事效率和服务水平、增加有利于园区企业创新与发展的制度、创造公平的竞争环境和完善的法律环境等途径影响园区的发展。

在一级指标政府作用中，反映园区政府作用的指标主要有两个二级指标：财政支持能力和服务能力，具体见表 5-5。

表 5-5 政府作用评价

一级指标	二级指标	三级指标
政府作用	财政支持能力	政府科技成果奖励力度
	服务能力	办事效率等
		知识产权的保护

在二级指标财政支持能力中,有反映地方政府对园区技术创新和人才培养等各项支持程度的三级指标政府科技成果奖励力度。

三级指标政府科技成果奖励力度,反映地方政府对园区创新的支持程度以及对软件园区人才培养等的支持程度,也反映地方政府对园区建设与产业发展的重视与支持程度。

在二级指标服务能力中,有反映地方政府的工作效率、服务水平和质量的三级指标办事效率以及反映地方政府对软件园区知识产权保护能力的三级指标知识产权的保护,其中:

(1)三级指标办事效率,反映地方政府的工作效率情况和服务水平,也反映了地方政府的工作质量水平。

(2)三级指标知识产权的保护,反映地方政府对软件园区知识产权保护能力、地方法规的完备性、市场发育程度和地方政府依法保护企业的能力。

五、国际竞争力

软件园区是我国软件产业发展的重要组成部分,是对外开放的重要窗口,必须适应国际竞争的要求。在设计该方面的指标时,可以从产品销售国际化、技术水平国际化和企业进驻国际化等几个方面进行考虑。

在一级指标软件园区的国际竞争力中,反映园区国际竞争力的指标主要有三个二级指标:销售国际化、技术国际化和企业国际化,具体见表 5-6。

表 5-6 国际竞争力评价

一级指标	二级指标	三级指标
国际竞争力	销售国际化	软件园区出口额
		软件园区出口额占销售收入的比重
	技术国际化	园区进驻国外研发机构数
		CMM/CMMI 国际认证数
	企业国际化	园区进驻世界 500 强企业数

在二级指标销售国际化中,有反映软件园区产品的国际竞争力和创汇能力的三级指标软件园区出口额和软件园区出口额占销售收入的比重,其中:

（1）三级指标软件园区出口额，反映软件园区产品的国际竞争力和创汇能力。

（2）三级指标软件园区出口额占销售收入的比重，反映软件园区产品导向和产业出口比例，也反映软件园区产品的国际竞争力水平。

在二级指标技术国际化中，有反映软件园区相关技术的先进水平和国际化程度的三级指标园区进驻国外研发机构数和 CMM/CMMI 国际认证数，其中：

（1）三级指标园区进驻国外研发机构数，衡量软件园区相关技术的先进水平是否达到国际水平。

（2）三级指标 CMM/CMMI 国际认证数，衡量软件园区企业相关技术符合国际化技术标准的程度。

在二级指标企业国际化中，有反映软件园区利用外资的规模的三级指标园区进驻世界 500 强企业数，衡量软件园区利用外资的规模，也反映园区对外资的吸引力。

六、人力资源

软件园区是否拥有熟练的专业技能和较强的服务意识的专业性软件和服务外包人才，是中国推动软件和信息服务业发展的关键驱动力之一。园区中是否具有丰富的、不断增长的软件人才，人才稳定性、语言能力等都将对软件和服务外包转移方选择承接地产生重大影响。设计该方面的指标时，可以从现有从业人员水平、人才流动性、人才管理能力、语言能力和人力资源培养储备能力等几个方面进行考虑。这些指标能够直接反映出各地软件园区在承接软件和服务外包中专业人才供给方面的优势和潜力。

在一级指标软件园区的人力资源中，反映园区人力资源的指标主要有四个二级指标：人才水平、人才流动性、人才管理与语言能力和人力资源培养储备能力，具体见表 5-7。

表 5-7　人力资源评价

一级指标	二级指标	三级指标
人力资源	人才水平	人才技术水平
		人才知识水平
		人才观念水平
	人才流动性	人才流动比率
	人才管理与语言能力	管理人员经验
		语言文化背景（英语、日语、韩语）
	人力资源培养储备能力	大学、科研院所及培训机构的数量
		在校大学生数量

在二级指标人才水平中，有反映软件园区人才的质量、水平和适应技术创新和国际化程度的三级指标人才技术水平、人才知识水平和人才观念水平，其中：

（1）三级指标人才技术水平，衡量软件园区人才的技术水平高低。

（2）三级指标人才知识水平，衡量软件园区人才掌握知识的能力。

（3）三级指标人才观念水平，衡量软件园区人才对新知识、新技术、新环境的主观认识能力。

二级指标人才流动性，反映当地软件园区中软件和服务外包企业的凝聚力以及当地对软件和服务外包从业人员的吸引力。人员的流量结构主要是对当地软件和服务外包人才流出情况进行评价的指标，实际上也可以设置人才增量指标，人才的流入与流出是城市竞争力的重要体现之一。

二级指标人才管理与语言能力，众所周知，软件产业最缺少的是高级管理人才，一个地区的企业管理能力至关重要；语言是软件和服务外包转移方与承接方之间交流的主要载体，直接影响到双方沟通的效率和效果。良好的语言能力和商务技能是促使软件和服务外包交易成功的重要因素之一，也是软件园区成功运营的重要因素之一。

在二级指标人力资源培养储备能力中，有两个三级指标：大学、科研院所及培训机构的数量和在校大学生数量。该指标用于反映软件园区的人才储备能力和园区所在城市的教育水平。

七、企业运营成本

企业运营成本是企业生存和发展的重要因素，跨国公司在选择服务外包承接地时，企业的运营成本是选择合适承接地的重要因素，因为企业的运营成本决定了企业的利润和赢利能力。对于软件和服务外包企业来说，其运营成本主要包括人力资源成本、基础设施成本以及各种税收成本。各项成本的高低将直接影响软件园区对服务外包承接方的吸引力。

在一级指标软件园区的企业运营成本中，反映园区企业运营成本的指标主要有四个二级指标：人力成本、基本设施成本、税收成本和地方产业优惠政策，具体见表5-8。

在二级指标人力成本中，有反映当地人力资源的成本的三级指标员工平均工资。

在二级指标基础设施成本中，有反映当地基础设施成本的三级指标办公场地租赁费、通信费用、工业电费和当地交通、生活费，用于反映当地交通运输、电信通信及电力能源的成本，其中：

（1）三级指标办公场地租赁费，衡量软件园区企业运营成本中较重要的企业当地办公房产设施成本的高低。

（2）三级指标通信费用，衡量软件园区企业运营成本中必需的企业当地办公网络设施、上网费用的高低。

（3）三级指标工业电费，衡量软件园区企业运营成本中必需的企业当地办公电力设施、所需电费的高低。

（4）三级指标当地交通、生活费，衡量软件园区企业运营成本中必需的企业当地生活、交通费用的高低。

表 5-8　企业运营成本评价

一级指标	二级指标	三级指标
企业运营成本	人力成本	员工平均工资
	基本设施成本	办公场地租赁费
		通信费用
		工业电费
		当地交通、生活费
	税收成本	公司所得税
		个人所得税
	地方产业优惠政策	地方税收优惠或其他优惠

在二级指标税收成本中，有反映当地税收政策的企业所得税和个人所得税两个三级指标来衡量地区的税收成本。

在二级指标地方产业优惠政策中，有反映当地税收政策优惠程度的地方税收优惠或其他优惠三级指标来衡量各地区对软件和信息服务业的税收优惠程度。

综上所述，软件园区综合评价指标为表 5-9。

表 5-9　软件园区评价指标

一级指标	二级指标	三级指标
环境支撑力	基础设施	园区所处位置交通系统的便捷、高效与安全性
		园区电力系统供应设施完善程度
		通信网络发达程度
	环境设施	环境优美舒适程度
		医疗、保健、商务和健身等配套设施
	区域经济教育情况	所在市人均 GDP
		教育发展水平
		科研机构水平
	软环境	风险投资的支持程度
		产学研联系程度

续表

一级指标	二级指标	三级指标
技术创新能力	企业创新能力	企业研发投入产出效率
		企业研发能力
	人员创新能力	科研开发人员水平
		人才学习创新能力
	技术创新成果	软件著作数
社会贡献	软件产业集聚经济效应	经济贡献率
		销售收入
		出口
	集聚软件企业	全国百强千人以上软件企业数
		入园企业数
		世界500强企业数占园区企业总数的比重
	社会影响力	从业人员数
		从业人员人均收入
政府作用	财政支持能力	政府科技成果奖励力度
	服务能力	办事效率等
		知识产权的保护
国际竞争力	销售国际化	软件园区出口额
		软件园区出口额占销售收入的比重
	技术国际化	园区进驻国外研发机构数
		CMM/CMMI国际认证数
	企业国际化	园区进驻世界500强企业数
人力资源	人才水平	人才技术水平
		人才知识水平
		人才观念水平
	人才流动性	人才流动比率
	人才管理与语言能力	管理人员经验
		语言文化背景（英语、日语、韩语）
	人力资源培养储备能力	大学、科研院所及培训机构的数量
		在校大学生数量

续表

一级指标	二级指标	三级指标
企业运营成本	人力成本	员工平均工资
	基本设施成本	办公场地租赁费
		通信费用
		工业电费
		当地交通、生活费
	税收成本	公司所得税
		个人所得税
	地方产业优惠政策	地方税收优惠或其他优惠

第五节　软件园区评价指标体系评价方法

通过前面的研究，我们已建立起一个比较科学，全面地反映软件园区建设和发展状况的评价指标体系，但是仅有评价指标体系是不够的。在确定一定的评价标准后，关键是要选用适当的评价方法，建立适当的数学模型。

所谓模型，就是对客观事物的一种简要描述、模仿和抽象。常用的模型有很多种，这里所说的评价模型是指标化的数学模型。建立这种模型的基本步骤如下：

（1）将软件园区视为一个系统的整体，并抽象化为相互联系的若干个指标组成的系统。

（2）分析构成系统各个指标之间定量的逻辑关系和主次关系，如研究确定各指标的权重或指数化方法。

（3）用一系列指标代号、权重代号等简化表达形式，建立综合评价的数学模型。

（4）通过评价试点，确定评价模型的可靠性，进行必要的修正。

在整个评价模型建立的过程中，关键在于指标重要性、权重系数的确定和适当的综合评价的数学模型。一般来说各评价指标对标志软件园区发展水平的相对重要程度是客观存在的。如果靠专家的经验直接给一个指标赋予一定的权重系数，往往不容易做到真正反映各软件园区的客观排序。在这方面，层次分析法将人的主观判断用数量形式进行表达和处理，为确定权重向量提供了科学的数量化处理方法。再建立综合评价的数学模型方法，使用模糊多因素、多层次综合评判方法能将综合评判值分散，使决策者较容易进行决策。

一、层次分析法

层次分析法（analytic hierarchy process，AHP）是美国运筹学家萨迪（T. L. Saaty）于 20 世纪 70 年代提出的，是一种定性与定量分析相结合的多目标决策分析方法。特别是将决策者的经验判断给予量化，在目标（因素）结构复杂且缺乏必要数据的情况下更为实用。AHP 是一个数学方法，但其本质是一种思维方式，把复杂系统分解成各个组成要素，又将这些因素按支配关系组成递阶层次结构。通过每一层次各元素的两两比较对其相对重要性作出判断，构成判断矩阵。通过计算，确定决策方案相对重要性的总的排序。应用 AHP 的整个过程，是分解、判断与综合的过程。

AHP 法的主要步骤：

（1）分析系统中各因素之间的关系，建立系统的递阶层次结构，构造层次分析结构模型。在层次分析结构模型中，复杂系统分解成若干组成因素，这些因素按其属性分成若干组，形成不同层次，同一层次的因素作为准则对下一层某些（不一定是全部）因素起支配作用，作为准则的这一层元素又受上一层元素的支配，一般分为 3 个层次。最高层（z）又称为目标层，一般是一个总体的目标。中间层 $y = \{y_1, y_2, \cdots, y_n\}$：为实现目标所涉及的中间环节，称之为准则层。准则层可以有若干个层次。最底层 $x = \{x_1, x_2, \cdots, x_m\}$：为实现目标可供选择的各种措施、决策方案等，称之为措施层或方案层。

（2）对同一层次中各因素对上一层某一准则的重要性进行两两比较，构造判断矩阵，并写成矩阵形式 $A = (a_{ij})_{n \times n}$，其中元素 a_{ij} 满足：

$$a_{ij} = 1/a_{ji} \quad i, j = 1, 2, \cdots, n; \ i \neq j$$
$$a_{ij} = 1 \quad\quad i, j = 1, 2, \cdots, n; \ i = j$$

式中，A 为判断矩阵；n 为两两比较的因素数目；a_{ij} 为因素 i 比 j 相对某一准则的重要性比例尺度，可按 1～9 比例标度对重要性程度赋值。

（3）由判断矩阵计算被比较因素对某一准则的相对权重。在 AHP 中计算判断矩阵的最大特征值和特征向量并不需要很高的精度，故用近似法计算即可，计算步骤如下：

①计算判断矩阵每行所有元素的几何平均值

$$\bar{\omega}_i = \sqrt[n]{\prod_{j=1}^{n} a_{ij}} \quad i = 1, 2, \cdots, n$$

得到 $\bar{\omega} = (\bar{\omega}_1, \bar{\omega}_2, \cdots, \bar{\omega}_n)^{\mathrm{T}}$，即为所求特征向量的近似值，也就是各因素的相对权重。

②将 $\bar{\omega}_i$ 规一化，即计算

$$\omega_i = \frac{\omega_i}{\sum\limits_{j=1}^{n} \omega_j}, \qquad i=1,2,\cdots,n$$

得到 $\bar{\omega} = (\bar{\omega}_1, \bar{\omega}_2, \cdots, \bar{\omega}_n)^{\mathrm{T}}$，即为所求特征向量的近似值，也就是各因素的相对权重。

③计算判断矩阵的最大特征值 $\lambda_{\max}$

$$\lambda_{\max} = \sum_{i=1}^{n} \frac{(A\bar{\omega})_i}{n\bar{\omega}_i}$$

式中，$(A\bar{\omega})_i$ 为向量 $A\bar{\omega}$ 的 i 个元素。

（4）进行一致性检验。计算一致性比率 CR＝CI/RI。其中 CI＝（$\lambda_{\max}$ — n）/（$n-1$）。RI 可以由表 5-10 得到。如果 CR＜0.10，则通过一致性检验；否则调整判断矩阵，重新计算。

表 5-10　平均一致性指标 RI 值表

n	1	2	3	4	5	6	7	8	9
RI	0.00	0.00	0.58	0.90	1.12	1.24	1.32	1.41	1.45

资料来源：夏海钧.2001. 中国高新区发展之路. 北京：中信出版社.

（5）计算各层因素对系统目标的综合权重。同时可对各因素或准则对系统目标实现程度的作用（相对权重）进行排序，即计算 x 对 z 的相对权重。

（6）组合一致性检验。

$$\mathrm{CI} = \sum_{i=1}^{n} \mathrm{CI}_i W_i, \quad \mathrm{RI} = \sum_{i=1}^{n} \mathrm{RI}_i W_i, \quad \mathrm{CR} = \frac{\mathrm{CI}}{\mathrm{RI}} < 0.10$$

则通过组合一致性检验。（夏海钧，2001）

二、模糊多因素、多层次综合评判方法

设系统有 n 个待选对象集，有 m 个评判因素，每个评判指标对每一备择对象的评判用指标特征量表示，则系统有 $m \times n$ 阶指标特征矢量矩阵。

$$X = \begin{bmatrix} x_{11} & x_{12} & \cdots & x_{1n} \\ x_{21} & x_{22} & \cdots & x_{2n} \\ \vdots & \vdots & & \vdots \\ x_{m1} & x_{m2} & \cdots & x_{mn} \end{bmatrix} = (x_{ij}), \quad i=1,2,\cdots,m \quad j=1,2,\cdots,n$$

$$(5-1)$$

式中，x_{ij} 为第 j 个备择对象的第 i 个评价因素的指标特征量。采用扎德（Zadeh）提出的最大、最小隶属度函数模型，可将指标特征量矩阵（5-1）转变为指标隶属度矩阵

$$R = \begin{bmatrix} R_1 \\ R_2 \\ \vdots \\ R_m \end{bmatrix} = \begin{bmatrix} r_{11} & r_{12} & \cdots & r_{1n} \\ r_{21} & r_{22} & \cdots & r_{2n} \\ \vdots & \vdots & & \vdots \\ r_{m1} & r_{m1} & \cdots & r_{mn} \end{bmatrix} = (r_{ij})$$

$$i = 1, 2, \cdots, m \quad j = 1, 2, \cdots, n \tag{5-2}$$

对于越小越优型的评价因素可用下式计算

$$r = \begin{cases} 1 & , f(x) = \inf(f) \\ \left[\dfrac{\sup(f) - f(x)}{\sup(f) - \inf(f)} \right]^p & , \inf(f) < f(x) < \sup(f) \\ 0 & , f(x) = \sup(f) \end{cases} \tag{5-3}$$

对于越大越优型的评价因素可用下式计算

$$r = \begin{cases} 1 & , f(x) = \sup(f) \\ \left[\dfrac{f(x) - \inf(f)}{\sup(f) - \inf(f)} \right]^p & , \inf(f) < f(x) < \sup(f) \\ 0 & , f(x) = \inf(f) \end{cases} \tag{5-4}$$

在此，如果取 $p=1$ 的线性形式，sup (f)、in (f) 分别为函数 $f(x)$ 的上界、下界。

在集合划分的定义下，可以对评判对象进行模糊多因素、多层次综合评判。但是，不足之处在于综合评判值趋于均匀化（在多层综合评判中的结果更是如此）造成不易决策的困难。为此，有必要对模糊综合评判加以改进。下面先给几个定义：

定义一 设系统有指标隶属度矩阵（5-2），若

$$G = (g_1, g_2, \cdots, g_m)^{\mathrm{T}}$$
$$= (r_{11} \vee r_{12} \vee \cdots \vee r_{1n}, r_{21} \vee r_{22} \vee \cdots \vee r_{2n}, \cdots, r_{m1} \vee r_{m2} \vee \cdots \vee r_{mn})$$
$$B = (b_1, b_2, \cdots, b_m)^{\mathrm{T}}$$
$$= (r_{11} \wedge r_{12} \wedge \cdots \wedge r_{1n}, r_{21} \wedge r_{22} \wedge \cdots \wedge r_{2n}, \cdots, r_{m1} \wedge r_{m2} \wedge \cdots \wedge r_{mn})$$

则 G、B 分别称为系统的优矢量与次矢量。式中，$\vee$、$\wedge$ 分别为取大、取小运算符。

定义二 设系统有优矢量和次矢量，若备择对象 j 以隶属度 u_j 从属于优矢量，则其矢量表达式 $u_j = (u_1, u_2, \cdots, u_n)$ 称对象优属度。同时，备择对象 j 又以 u_j 的余集 u_j^0 从属于次矢量，则 u_j 余集（$u_1^0, u_2^0, \cdots, u_n^0$）称为对象的次属度。

定义三 设系统有优矢量、次矢量与评价因素的权矢量：$W = (w_1, w_2, \cdots,$

$w_n)^\mathrm{T}$，并记 $R_j = (r_{1j}, r_{2j}, \cdots, r_{mj})^\mathrm{T}$，若

$$d(R_j, G) = \Big[\sum_{i=1}^m (w_i | r_{ij} - g_i |^p) \Big]^{\frac{1}{p}} \qquad (5\text{-}5)$$

$$d(R_j, B) = \Big[\sum_{i=1}^m (w_i | r_{ij} - b_i |^p) \Big]^{\frac{1}{p}} \qquad (5\text{-}6)$$

则称 $d(R_j, G)$，$d(R_j, B)$ 分别为备择对象 j 与优矢量、次矢量的距离或差异程度，简称优异度与次异度，式中，p 为广义距离参数。先取 $p=2$，即欧式距离。

定义四　设系统有备择对象 j 的优异度与次异度，则称

$$D(R_j, G) = u_j d(R_j, G) \qquad (5\text{-}7)$$

$$D(R_j, B) = u_j d(R_j, B) \qquad (5\text{-}8)$$

分别为备择对象的权优异度与次异度。

模糊优化的目的在于求出矢量 u_j 的最优解，为此，可将最小二乘法准则——距离平方和最小，扩展为权距离平方和最小。这一拓展是因为在等权条件下，权距离平方和最小，即变为距离平方和最小，后者为前者的特例，应用权距离平方和最小及由定义二可得，目标函数为：全体备择对象的权优异度与权次异度平方之总和为最小。

$$\min\Big\{ F(u_j) = \sum_{j=1}^m [D(R_j, G)^2 + D(R_j, B)^2] = \sum_{j=1}^m [(u_j d(R_j, G))^2 + (u_j d(R_j, B))^2] \Big\}$$

求解 $\dfrac{dF(u_j)}{d u_j} = 0$，即 $2 u_j d^2(R_j, G) - 2(1-u_j) d^2(R_j, B) = 0$，则优属度矢量最优解模型为

$$u_j = \cfrac{1}{1 + \Big[\dfrac{d(R_j, G)}{d(R_j, B)} \Big]^2} = \cfrac{1}{1 + \Big[\sum_{i=1}^m (w_i | r_{ij} - g_i |)^2 \big/ \sum_{i=1}^m (w_i | r_{ij} - b_i |)^2 \Big]}$$

$$j = 1, 2, \cdots, n \qquad (5\text{-}9)$$

采用模糊优化理论模型式（5-9）求解关系的最优对象时，需将系统分层，即分解为若干个（若可设为 m 个）分系统，每个分系统有若干个评价指标。对全体 n 个备择对象进行评判，可用模型式（5-9）分别解得 m 个分系统的优属度最优矢量，组成新的隶属矩阵，并给出 m 个分系统的权矢量，可解得整个系统的最优对象以及对象的最优排序。该算法可以对传统的模糊多因素综合评判方法（隶属度乘以权重）得到的结果趋于均匀化的趋势加以改善，即"好"的情况得到的评判值更好，"差"的情况得到的评判值更差，处于中间值的情况将会显著减少。（夏海钧，2001）

第六节 采用层次分析法确定各评价指标的权重

一、构造软件园区评价指标体系层次分析结构模型

目标层：软件园区完全评价指标。准则层 1：环境支撑力、技术创新能力、社会贡献、政府作用、国际竞争力、人力资源和企业运营成本 7 个准则。准则层 2：基础设施、环境设施、区域经济教育情况、软环境、企业创新能力、人员创新能力、技术创新成果、软件产业集聚经济效应、集聚软件企业、社会影响力、财政支持能力、服务能力、销售国际化、技术国际化、企业国际化、人才水平、人才流动性、人才管理与语言能力、人力资源培养储备能力、人力成本、基本设施成本、税收成本、地方产业优惠政策 23 个准则。指标层：软件园区具体定量和定性的指标。这一层有 47 个指标，这些指标按其性质归属于准则层 2 的 23 个大类，分别受准则层 2 支配。该模型示意图见图 5-1。

二、构造评价指标相对重要性判断矩阵模型

判断矩阵就是对评价指标体系层次分析结构模型中每一层次各指标相对重要性作出判断，并把这些判断通过引入比例标度用数指标所构成的矩阵。判断矩阵实际是用层次分析法确定各评价指标相对重要性权重稀疏的基础，它直接关系到各项指标权重，1 为同等重要，3 为稍重要，5 为明显重要，7 为非常重要，9 为极端重要，2、4、6、8 在前面两个相邻等级之间。因此判断矩阵的数值可能是 1，2，3，4，5，6，7，8，9 或 1/2，1/3，1/4，1/5，1/6，1/7，1/8，1/9。

（一）构造一级指标环境支撑力评价指标的相对重要性判断矩阵模型

本节在分析有关数据和征求一些专家意见后得到以下 5 个判断矩阵：

$$C_1 - D \begin{array}{c} D_1 \\ D_2 \\ D_3 \end{array} \begin{bmatrix} 1 & 1/2 & 1/3 \\ 2 & 1 & 1/2 \\ 3 & 2 & 1 \end{bmatrix} \quad C_2 - D \begin{array}{c} D_4 \\ D_5 \end{array} \begin{bmatrix} 1 & 1/3 \\ 3 & 1 \end{bmatrix}$$

$$C_3 - D \begin{array}{c} D_6 \\ D_7 \\ D_8 \end{array} \begin{bmatrix} 1 & 1/3 & 1/3 \\ 3 & 1 & 1 \\ 3 & 1 & 1 \end{bmatrix} \quad C_4 - D \begin{array}{c} D_9 \\ D_{10} \end{array} \begin{bmatrix} 1 & 5 \\ 1/5 & 1 \end{bmatrix}$$

$$B_1 - C \begin{array}{c} C_1 \\ C_2 \\ C_3 \\ C_4 \end{array} \begin{bmatrix} 1 & 3 & 2 & 4 \\ 1/3 & 1 & 1/2 & 2 \\ 1/2 & 2 & 1 & 4 \\ 1/4 & 1/2 & 1/4 & 1 \end{bmatrix}$$

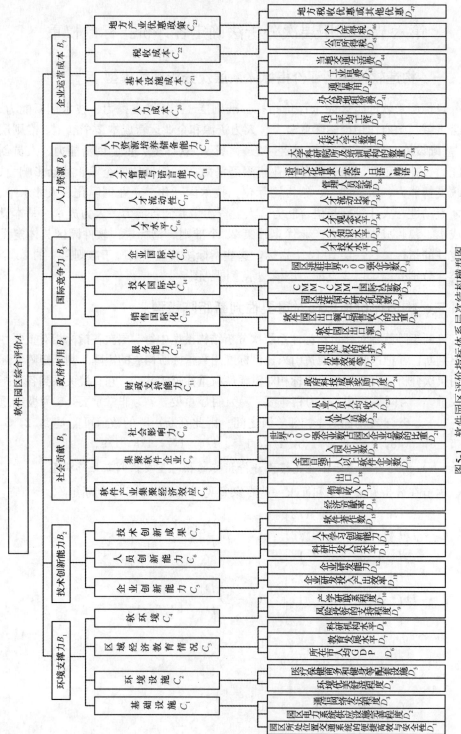

图5-1　软件园区评价指标体系层次结构模型图

1. 计算权重系数

求解特征向量时应采用近似算法，这里用几何平均值法。例如，$C_1 - D$ 的计算过程：

$$\bar{\omega}_i = \sqrt[n]{\prod_{j=1}^{n} a_{ij}}, \qquad i = 1, 2, \cdots, n$$

得 $\bar{\omega} = (\bar{\omega}_1, \bar{\omega}_2, \cdots, \bar{\omega}_n)^{\mathrm{T}} = (0.55, 1.00, 1.82)^{\mathrm{T}}$，将其归一化即得到各因数的相对权重系数：$\bar{\omega} = (0.16, 0.30, 0.54)^{\mathrm{T}}$。

计算判断矩阵的最大特征值 $\lambda_{\max}$：

$$\lambda_{\max} = \sum_{i=1}^{n} \frac{(AW)_i}{nW_i} = 3.0092$$

$$\mathrm{CI} = \frac{3.0092 - 3}{2} = 0.0046, \mathrm{RI} = 0.58, \mathrm{CR} = \frac{\mathrm{CI}}{\mathrm{RI}} = \frac{0.0046}{0.58} = 0.0079 \leqslant 0.1$$

所以 $C_1 - D$ 满足一致性。

用同样的方法可以计算其他判断矩阵，结果见表 5-11。

表 5-11　环境支撑力评价指标的权重

一级指标	二级指标	权重	三级指标	权重
环境支撑力 B_1	基础设施 C_1	0.46	园区所处位置交通系统的便捷、高效与安全性 D_1	0.16
			园区电力系统供应设施完善程度 D_2	0.30
			通信网络发达程度 D_3	0.54
	环境设施 C_2	0.16	环境优美舒适程度 D_4	0.25
			医疗、保健、商务和健身等配套设施 D_5	0.75
	区域经济教育情况 C_3	0.29	所在市人均 GDP D_6	0.12
			教育发展水平 D_7	0.56
			科研机构水平 D_8	0.32
	软环境 C_4	0.09	风险投资的支持程度 D_9	0.83
			产学研联系程度 D_{10}	0.17

2. 计算组合一致性

$\mathrm{CI} = \sum_{i=1}^{4} W_i \times \mathrm{CI}_i$，$W_i$ 表示 C_i 相对于目标 B 的权重系数，

CI_i 为 C_i 对 D 的判断矩阵的一致性指标。

$\mathrm{CI} = 0.29 \times 0.0046 + 0.09 \times 0.000 + 0.46 \times 0.0091 + 0.16 \times 0.000$

$\quad = 0.00552$

$$RI = \sum_{i=1}^{4} W_i \times RI_i = 0.29 \times 0.58 + 0.09 \times 0.00 + 0.46 \times 0.58$$
$$+ 0.16 \times 0.00 = 0.435$$

$$CR = CI/RI = 0.005\ 52/0.435 = 0.012\ 69 < 0.10$$

所以通过组合一致性检查,以上所有判断矩阵均能满足要求。

(二)构造一级指标技术创新能力评价指标的相对重要性判断矩阵模型

本节在分析有关数据和征求一些专家意见后得到以下 3 个判断矩阵:

$$B_2 - C \begin{array}{c} C_5 \\ C_6 \\ C_7 \end{array} \begin{bmatrix} 1 & 1/2 & 1/4 \\ 2 & 1 & 1/3 \\ 4 & 3 & 1 \end{bmatrix}$$

$$C_5 - D \begin{array}{c} D_{11} \\ D_{12} \end{array} \begin{bmatrix} 1 & 2 \\ 1/2 & 1 \end{bmatrix} \qquad C_6 - D \begin{array}{c} D_{13} \\ D_{14} \end{array} \begin{bmatrix} 1 & 3 \\ 1/3 & 1 \end{bmatrix}$$

1. 计算权重系数

求解特征向量时应采用近似算法,这里用几何平均值法。例如,$B_2 - C$ 的计算过程:

$$\bar{\omega}_i = \sqrt[n]{\prod_{j=1}^{n} a_{ij}}, \qquad i = 1, 2, \cdots, n$$

得 $\bar{\omega} = (\bar{\omega}_1, \bar{\omega}_2, \cdots, \bar{\omega}_n)^{\mathrm{T}} = (0.50, 0.87, 2.29)^{\mathrm{T}}$,将其归一化即得到各因数的相对权重系数:$\bar{\omega} = (0.14, 0.23, 0.63)^{\mathrm{T}}$。

计算判断矩阵的最大特征值 $\lambda_{\max}$:

$$\lambda_{\max} = \sum_{i=1}^{n} \frac{(AW)_i}{nW_i} = 3.0183$$

$$CI = \frac{3.0183 - 3}{2} = 0.0091, RI = 0.58, CR = \frac{CI}{RI} = \frac{0.0091}{0.58} = 0.0158 \leqslant 0.1$$

所以 $B_2 - C$ 满足一致性。

用同样的方法可以计算其他判断矩阵,结果见表 5-12。

表 5-12　技术创新评价指标的权重

一级指标	二级指标	权重	三级指标	权重
技术创新能力 B_2	企业创新能力 C_5	0.14	企业研发投入产出效率 D_{11}	0.67
			企业研发能力 D_{12}	0.33
	人员创新能力 C_6	0.23	科研开发人员水平 D_{13}	0.75
			人才学习创新能力 D_{14}	0.25
	技术创新成果 C_7	0.63	软件著作数 D_{15}	1.00

2. 计算组合一致性

$CI = \sum\limits_{i=1}^{3} W_i \times CI_i$，$W_i$ 表示 C_i 相对于目标 B 的权重系数，CI_i 为 C_i 对 D 的判断矩阵的一致性指标。

$CI = 0.14 \times 0.0000 + 0.23 \times 0.000 + 0.63 \times 0.0000 = 0.0000$

$RI = \sum\limits_{i=1}^{4} W_i \times RI_i = 0.14 \times 0.00 + 0.23 \times 0.00 + 0.63 \times 0.00 = 0.0000$

$CR = CI/RI = 0.0000 < 0.10$

所以通过组合一致性检查，以上所有判断矩阵均能满足要求。

（三）构造一级指标社会贡献评价指标的相对重要性判断矩阵模型

本节在分析有关数据和征求一些专家意见后得到以下 4 个判断矩阵：

$$C_8 - D \begin{array}{c} D_{16} \\ D_{17} \\ D_{18} \end{array} \begin{bmatrix} 1 & 3 & 2 \\ 1/3 & 1 & 1/2 \\ 1/2 & 2 & 1 \end{bmatrix} \qquad C_9 - D \begin{array}{c} D_{19} \\ D_{20} \\ D_{21} \end{array} \begin{bmatrix} 1 & 4 & 3 \\ 1/4 & 1 & 1/2 \\ 1/3 & 2 & 1 \end{bmatrix}$$

$$C_{10} - D \begin{array}{c} D_{22} \\ D_{23} \end{array} \begin{bmatrix} 1 & 3 \\ 1/3 & 1 \end{bmatrix} \qquad B_3 - C \begin{array}{c} C_8 \\ C_9 \\ C_{10} \end{array} \begin{bmatrix} 1 & 4 & 2 \\ 1/4 & 1 & 1/3 \\ 1/2 & 3 & 1 \end{bmatrix}$$

1. 计算权重系数

求解特征向量时应采用近似算法，这里用几何平均值法。例如，$C_8 - D$ 的计算过程：

$$\bar{\omega}_i = \sqrt[n]{\prod_{j=1}^{n} a_{ij}}, \qquad i = 1, 2, \cdots, n$$

得 $\bar{\omega} = (\bar{\omega}_1, \bar{\omega}_2, \cdots, \bar{\omega}_n)^T = (1.82, 0.55, 1.00)^T$

将其归一化即得到各因数的相对权重系数：$\bar{\omega} = (0.54, 0.16, 0.30)^T$

计算判断矩阵的最大特征值 λ_{max}：

$$\lambda_{max} = \sum_{i=1}^{n} \frac{(AW)_i}{nW_i} = 3.0092$$

$$CI = \frac{3.0092 - 3}{2} = 0.0046, RI = 0.58, CR = \frac{CI}{RI} = \frac{0.0046}{0.58} = 0.0079 \leqslant 0.1$$

所以 $C_8 - D$ 满足一致性。

用同样的方法可以计算其他判断矩阵，结果见表 5-13。

表 5-13　社会贡献评价指标的权重

一级指标	二级指标	权重	三级指标	权重
社会贡献 B_3	软件产业集聚经济效应 C_8	0.56	经济贡献率 D_{16}	0.54
			销售收入 D_{17}	0.16
			出口 D_{18}	0.30
	集聚软件企业 C_9	0.12	全国百强千人以上软件企业数 D_{19}	0.63
			入园企业数 D_{20}	0.14
			世界 500 强企业数占园区企业总数的比重 D_{21}	0.23
	社会影响力 C_{10}	0.32	从业人员数 D_{22}	0.75
			从业人员人均收入 D_{23}	0.25

2. 计算组合一致性

$\mathrm{CI} = \sum_{i=1}^{3} W_i \times \mathrm{CI}_i$，$W_i$ 表示 C_i 相对于目标 B 的权重系数，CI_i 为 C_i 对 D 的判断矩阵的一致性指标。

$\mathrm{CI} = 0.56 \times 0.0046 + 0.12 \times 0.0091 + 0.32 \times 0.0000 = 0.036\,68$

$\mathrm{RI} = \sum_{i=1}^{3} W_i \times \mathrm{RI}_i = 0.56 \times 0.58 + 0.12 \times 0.58 + 0.32 \times 0.00 = 0.3944$

$\mathrm{CR} = \mathrm{CI}/\mathrm{RI} = 0.036\,68/0.3944 = 0.093\,002 < 0.10$

所以通过组合一致性检查，以上所有判断矩阵均能满足要求。

（四）构造一级指标政府作用评价指标的相对重要性判断矩阵模型

本节在分析有关数据和征求一些专家意见后得到以下 2 个判断矩阵：

$$C_{12} - D \begin{array}{c} D_{25} \\ D_{26} \end{array} \begin{bmatrix} 1 & 1/4 \\ 4 & 1 \end{bmatrix} \qquad\qquad B_4 - C \begin{array}{c} C_{11} \\ C_{12} \end{array} \begin{bmatrix} 1 & 1/2 \\ 2 & 1 \end{bmatrix}$$

1. 计算权重系数

求解特征向量时应采用近似算法，这里用几何平均值法。例如，$C_{12} - D$ 的计算过程：

$$\bar{\omega}_i = \sqrt[n]{\prod_{j=1}^{n} a_{ij}}, \qquad i = 1, 2, \cdots, n$$

得 $\bar{\omega} = (\bar{\omega}_1, \bar{\omega}_2, \cdots, \bar{\omega}_n)^{\mathrm{T}} = (0.50, 2.00)^{\mathrm{T}}$ 将其归一化即得到各因数的相对权重系数：

$$\bar{\omega} = (0.2, 0.8)^{\mathrm{T}}$$

计算判断矩阵的最大特征值 $\lambda_{\max}$：

$$\lambda_{\max} = \sum_{i=1}^{n} \frac{(AW)_i}{nW_i} = 2.0000$$

$$\text{CI} = \frac{2.0000 - 2}{2} = 0.0000, \text{RI} = 0.0000, \text{CR} = 0.0000 \leqslant 0.1$$

所以 $C_{12} - D$ 满足一致性。

用同样的方法可以计算其他判断矩阵，结果见表 5-14。

表 5-14　政府作用评价指标的权重

一级指标	二级指标	权重	三级指标	权重
政府作用 B_4	财政支持能力 C_{11}	0.33	政府科技成果奖励力度 D_{24}	1.00
	服务能力 C_{12}	0.67	办事效率等 D_{25}	0.20
			知识产权的保护 D_{26}	0.80

2. 计算组合一致性

$$\text{CI} = \sum_{i=1}^{2} W_i \times \text{CI}_i, W_i \text{ 表示} C_i \text{ 相对于目标} B \text{ 的权重系数,} \text{CI}_i \text{ 为} C_i \text{ 对} D \text{ 的判断}$$

矩阵的一致性指标。

$$\text{CI} = 0.33 \times 0.0000 + 0.67 \times 0.000\,00 = 0.0000$$

$$\text{RI} = \sum_{i=1}^{2} W_i \times \text{RI}_i = 0.33 \times 0.00 + 0.67 \times 0.00 = 0.0000$$

CR＝0.0000＜0.10

所以通过组合一致性检查，以上所有判断矩阵均能满足要求。

（五）构造一级指标国际竞争力评价指标的相对重要性判断矩阵模型

本节在分析有关数据和征求一些专家意见后得到以下 3 个判断矩阵：

$$
B_5 - C \begin{array}{c} C_{13} \\ C_{14} \\ C_{15} \end{array}
\begin{bmatrix}
1 & 2 & 2 \\
1/2 & 1 & 2 \\
1/2 & 1/2 & 1
\end{bmatrix}
$$

$$
C_{13} - D \begin{array}{c} D_{27} \\ D_{28} \end{array}
\begin{bmatrix}
1 & 2 \\
1/2 & 1
\end{bmatrix}
\qquad
C_{14} - D \begin{array}{c} D_{29} \\ D_{30} \end{array}
\begin{bmatrix}
1 & 1 \\
1 & 1
\end{bmatrix}
$$

1. 计算权重系数

求解特征向量时应采用近似算法，这里用几何平均值法。例如，$B_5 - C$ 的计算过程：

$$\bar{\omega}_i = \sqrt[n]{\prod_{j=1}^{n} a_{ij}} \quad i = 1, 2, \cdots, n$$

得 $\bar{\omega} = (\bar{\omega}_1, \bar{\omega}_2, \cdots, \bar{\omega}_n)^{\text{T}} = (1.59, 1.00, 0.63)^{\text{T}}$，将其归一化即得到各因数的相对

权重系数：$\bar{\omega} = (0.49, 0.31, 0.20)^{\mathrm{T}}$。

计算判断矩阵的最大特征值 $\lambda_{\max}$：

$$\lambda_{\max} = \sum_{i=1}^{n} \frac{(AW)_i}{nW_i} = 3.0536$$

$$CI = \frac{3.0536 - 3}{2} = 0.026\,81, RI = 0.58, CR = \frac{CI}{RI} = \frac{0.026\,81}{0.58} = 0.046\,23 \leqslant 0.1$$

所以 $B_5 - C$ 满足一致性。

用同样的方法可以计算其他判断矩阵，结果见表 5-15。

表 5-15　国际竞争力评价指标的权重

一级指标	二级指标	权重	三级指标	权重
国际竞争力 B_5	销售国际化 C_{13}	0.49	软件园区出口额 D_{27}	0.67
			软件园区出口额占销售收入的比重 D_{28}	0.33
	技术国际化 C_{14}	0.31	园区进驻国外研发机构数 D_{29}	0.5
			CMM/CMMI 国际认证数 D_{30}	0.5
	企业国际化 C_{15}	0.20	园区进驻世界 500 强企业数 D_{31}	1

2. 计算组合一致性

$CI = \sum_{i=1}^{3} W_i \times CI_i$，其中 W_i 表示 C_i 相对于目标 B 的权重系数，CI_i 为 C_i 对 D 的判断矩阵的一致性指标。

$$CI = 0.49 \times 0.0000 + 0.31 \times 0.000\,00 + 0.20 \times 0.0000$$
$$= 0.0000$$

$$RI = \sum_{i=1}^{2} W_i \times RI_i = 0.49 \times 0.00 + 0.31 \times 0.00 + 0.20 \times 0.00 = 0.0000$$

$CR = 0.0000 < 0.10$

所以通过组合一致性检查，以上所有判断矩阵均能满足要求。

（六）构造一级指标人力资源评价指标的相对重要性判断矩阵模型

本节在分析有关数据和征求一些专家意见后得到以下 4 个判断矩阵：

$$C_{16} - D \begin{array}{c} D_{32} \\ D_{33} \\ D_{34} \end{array} \begin{bmatrix} 1 & 2 & 2 \\ 1/2 & 1 & 2 \\ 1/2 & 1/2 & 1 \end{bmatrix} \qquad C_{18} - D \begin{array}{c} D_{36} \\ D_{37} \end{array} \begin{bmatrix} 1 & 1 \\ 1 & 1 \end{bmatrix}$$

$$C_{19} - D \begin{array}{c} D_{38} \\ D_{39} \end{array} \begin{bmatrix} 1 & 1 \\ 1 & 1 \end{bmatrix} \qquad B_6 - C \begin{array}{c} C_{16} \\ C_{17} \\ C_{18} \\ C_{19} \end{array} \begin{bmatrix} 1 & 2 & 2 & 2 \\ 1/2 & 1 & 1/2 & 1/2 \\ 1/2 & 2 & 1 & 1/2 \\ 1/2 & 2 & 2 & 1 \end{bmatrix}$$

1. 计算权重系数

求解特征向量时应采用近似算法，这里用几何平均值法。例如，$C_{16} - D$ 的计算过程：

$$\bar{\omega}_i = \sqrt[n]{\prod_{j=1}^n a_{ij}} \quad i = 1, 2, \cdots, n$$

得 $\bar{\omega} = (\bar{\omega}_1, \bar{\omega}_2, \cdots, \bar{\omega}_n)^T = (1.59, 1.00, 0.63)^T$

将其归一化即得到各因数的相对权重系数：$\bar{\omega} = (0.49, 0.31, 0.20)^T$

计算判断矩阵的最大特征值 λ_{max}：

$$\lambda_{max} = \sum_{i=1}^n \frac{(AW)_i}{nW_i} = 3.0536$$

$$CI = \frac{3.0536 - 3}{2} = 0.026\,81, RI = 0.58, CR = \frac{CI}{RI} = \frac{0.026\,81}{0.58} = 0.046\,23$$

$$\leqslant 0.1$$

所以 $C_{16} - D$ 满足一致性。

用同样的方法可以计算其他判断矩阵，结果见表 5-16。

表 5-16 人力资源评价指标的权重

一级指标	二级指标	权重	三级指标	权重
人力资源 B_6	人才水平 C_{16}	0.39	人才技术水平 D_{32}	0.49
			人才知识水平 D_{33}	0.31
			人才观念水平 D_{34}	0.20
	人才流动性 C_{17}	0.14	人才流动比率 D_{35}	1.00
	人才管理与语言能力 C_{18}	0.20	管理人员经验 D_{36}	0.5
			语言文化背景（英语、日语、韩语）D_{37}	0.5
	人力资源培养储备能力 C_{19}	0.27	大学、科研院所及培训机构的数量 D_{38}	0.5
			在校大学生数量 D_{39}	0.5

2. 计算组合一致性

$$CI = \sum_{i=1}^4 W_i \times CI_i, W_i \text{ 表示 } C_i \text{ 相对于目标 } B \text{ 的权重系数，} CI_i \text{ 为 } C_i \text{ 对 } D \text{ 的判断}$$

矩阵的一致性指标。

$$CI = 0.39 \times 0.0268 + 0.20 \times 0.000 + 0.14 \times 0.0000 + 0.27 \times 0.000$$
$$= 0.0105$$

$$RI = \sum_{i=1}^{4} W_i \times RI_i = 0.39 \times 0.58 + 0.20 \times 0.00 + 0.14 \times 0.00$$
$$+ 0.27 \times 0.00 = 0.2262$$

CR=CI/RI=0.0105/0.2262＝0.046 23＜0.10。所以通过组合一致性检查，以上所有判断矩阵均能满足要求。

（七）构造一级指标企业运营成本评价指标的相对重要性判断矩阵模型

本节在分析有关数据和征求一些专家意见后得到以下 3 个判断矩阵：

$$C_{21} - D \begin{matrix} D_{41} \\ D_{42} \\ D_{43} \\ D_{44} \end{matrix} \begin{bmatrix} 1 & 2 & 2 & 2 \\ 1/2 & 1 & 1/2 & 2 \\ 1/2 & 2 & 1 & 2 \\ 1/2 & 1/2 & 1/2 & 1 \end{bmatrix}$$

$$C_{22} - D \begin{matrix} D_{45} \\ D_{46} \end{matrix} \begin{bmatrix} 1 & 1 \\ 1 & 1 \end{bmatrix} \qquad B_7 - C \begin{matrix} C_{20} \\ C_{21} \\ C_{22} \\ C_{23} \end{matrix} \begin{bmatrix} 1 & 2 & 2 & 3 \\ 1/2 & 1 & 2 & 2 \\ 1/2 & 1/2 & 1 & 2 \\ 1/3 & 1/2 & 1/2 & 1 \end{bmatrix}$$

1. 计算权重系数

求解特征向量时应采用近似算法，这里用几何平均值法。例如，$C_{21} - D$ 的计算过程：

$$\bar{\omega}_i = \sqrt[n]{\prod_{j=1}^{n} a_{ij}}, \qquad i = 1, 2, \cdots, n$$

得 $\bar{\omega} = (\bar{\omega}_1, \bar{\omega}_2, \cdots, \bar{\omega}_n)^T = (1.68, 0.84, 1.19, 0.59)^T$，将其归一化即得到各因数的相对权重系数：$\bar{\omega} = (0.39, 0.20, 0.28, 0.13)^T$。

计算判断矩阵的最大特征值 λ_{max}：

$$\lambda_{max} = \sum_{i=1}^{n} \frac{(AW)_i}{nW_i} = 4.1213$$

$$CI = \frac{4.1213 - 4}{3} = 0.0404, RI = 0.9, CR = \frac{CI}{RI} = \frac{0.0404}{0.9} = 0.0449 \leqslant 0.1$$

所以 $C_{21} - D$ 满足一致性。

用同样的方法可以计算其他判断矩阵，结果见表 5-17。

表 5-17　企业运营成本评价指标的权重

一级指标	二级指标	权重	三级指标	权重
企业运营成本 B_7	人力成本 C_{20}	0.42	员工平均工资 D_{40}	1
	基本设施成本 C_{21}	0.27	办公场地租赁费 D_{41}	0.39
			通信费用 D_{42}	0.20
			工业电费 D_{43}	0.28
			当地交通、生活费 D_{44}	0.13
	税收成本 C_{22}	0.19	公司所得税 D_{45}	0.5
			个人所得税 D_{46}	0.5
	地方产业优惠政策 C_{23}	0.12	地方税收优惠或其他优惠 D_{47}	1

2. 计算组合一致性

$CI = \sum_{i=1}^{4} W_i \times CI_i$，$W_i$ 表示 C_i 相对于目标 B 的权重系数，CI_i 为 C_i 对 D 的判断矩阵的一致性指标。

$$CI = 0.42 \times 0.0000 + 0.27 \times 0.0404 + 0.19 \times 0.0000 + 0.12 \times 0.000$$
$$= 0.0109$$

$$RI = \sum_{i=1}^{4} W_i \times RI_i = 0.42 \times 0.0000 + 0.20 \times 0.900 + 0.19 \times 0.00$$
$$+ 0.12 \times 0.00 = 0.1800$$

$$CR = CI/RI = 0.0109/0.1800 = 0.0606 < 0.10$$

所以通过组合一致性检查，以上所有判断矩阵均能满足要求。

（八）构造目标指标软件园区综合评价指标的相对重要性判断矩阵模型

本节在分析有关数据和征求一些专家意见后得到以下 8 个判断矩阵，其中 $A-B$ 判断矩阵是从企业需求的角度来设定的。

$$A-B \begin{array}{c} B_1 \\ B_2 \\ B_3 \\ B_4 \\ B_5 \\ B_6 \\ B_7 \end{array} \begin{bmatrix} 1 & 1/2 & 1/2 & 2 & 1/2 & 1/2 & 1/2 \\ 2 & 1 & 1 & 3 & 1 & 2 & 2 \\ 2 & 1 & 1 & 3 & 1 & 2 & 2 \\ 1/2 & 1/3 & 1/3 & 1 & 1/3 & 1/2 & 1/2 \\ 2 & 1 & 1 & 3 & 1 & 2 & 2 \\ 2 & 1/2 & 1/2 & 2 & 1/2 & 1 & 1 \\ 2 & 1/2 & 1/2 & 2 & 1/2 & 1 & 1 \end{bmatrix}$$

$$B_1 - C \begin{matrix} C_1 \\ C_2 \\ C_3 \\ C_4 \end{matrix} \begin{bmatrix} 1 & 4 & 1/2 & 2 \\ 1/4 & 1 & 1/4 & 1/2 \\ 2 & 4 & 1 & 3 \\ 1/2 & 2 & 1/3 & 1 \end{bmatrix}$$

$$B_2 - C \begin{matrix} C_5 \\ C_6 \\ C_7 \end{matrix} \begin{bmatrix} 1 & 1/2 & 1/4 \\ 2 & 1 & 1/3 \\ 4 & 3 & 1 \end{bmatrix} \qquad B_3 - C \begin{matrix} C_8 \\ C_9 \\ C_{10} \end{matrix} \begin{bmatrix} 1 & 4 & 2 \\ 1/4 & 1 & 1/3 \\ 1/2 & 3 & 1 \end{bmatrix}$$

$$B_4 - C \begin{matrix} C_{11} \\ C_{12} \end{matrix} \begin{bmatrix} 1 & 1/2 \\ 2 & 1 \end{bmatrix} \qquad B_5 - C \begin{matrix} C_{13} \\ C_{14} \\ C_{15} \end{matrix} \begin{bmatrix} 1 & 2 & 2 \\ 1/2 & 1 & 2 \\ 1/2 & 1/2 & 1 \end{bmatrix}$$

$$B_6 - C \begin{matrix} C_{16} \\ C_{17} \\ C_{18} \\ C_{19} \end{matrix} \begin{bmatrix} 1 & 2 & 2 & 2 \\ 1/2 & 1 & 2 & 1/2 \\ 1/2 & 1/2 & 1 & 1/2 \\ 1/2 & 2 & 2 & 1 \end{bmatrix} \qquad B_7 - C \begin{matrix} C_{20} \\ C_{21} \\ C_{22} \\ C_{23} \end{matrix} \begin{bmatrix} 1 & 2 & 2 & 3 \\ 1/2 & 1 & 2 & 2 \\ 1/2 & 1/2 & 1 & 2 \\ 1/3 & 1/2 & 1/2 & 1 \end{bmatrix}$$

1. 计算权重系数

用几何平均值法求解特征向量 $A - B$ 时应采用近似算法，具体计算过程：

$$\bar{\omega}_i = \sqrt[n]{\prod_{j=1}^{n} a_{ij}} \qquad i = 1, 2, \cdots, n$$

得 $\bar{\omega} = (\bar{\omega}_1, \bar{\omega}_2, \cdots, \bar{\omega}_n)^T = (0.67, 1.57, 1.57, 0.46, 1.57, 0.91, 0.91)^T$，将其归一化即得到各因数的相对权重系数：$\bar{\omega} = (0.09, 0.20, 0.21, 0.06, 0.20, 0.12, 0.12)^T$。

计算判断矩阵的最大特征值 λ_{max}：

$$\lambda_{max} = \sum_{i=1}^{n} \frac{(AW)_i}{nW_i} = 7.0944$$

$$CI = \frac{7.0944 - 7}{6} = 0.0157, RI = 0.9, CR = \frac{CI}{RI} = \frac{0.0157}{1.32} = 0.0119 \leqslant 0.1$$

所以 $A - B$ 满足一致性。

用同样的方法可以计算其他判断矩阵，结果见表 5-18。

表 5-18　软件园区综合评价指标的权重

一级指标	权重	二级指标	权重
环境支撑力 B_1	0.09	基础设施 C_1	0.46
		环境设施 C_2	0.16
		区域经济教育情况 C_3	0.29
		软环境 C_4	0.09

续表

一级指标	权重	二级指标	权重
技术创新能力 B_2	0.20	企业创新能力 C_5	0.14
		人员创新能力 C_6	0.23
		技术创新成果 C_7	0.63
社会贡献 B_3	0.21	软件产业集聚经济效应 C_8	0.56
		集聚软件企业 C_9	0.12
		社会影响力 C_{10}	0.32
政府作用 B_4	0.06	财政支持能力 C_{11}	0.33
		服务能力 C_{12}	0.67
国际竞争力 B_5	0.20	销售国际化 C_{13}	0.49
		技术国际化 C_{14}	0.31
		企业国际化 C_{15}	0.20
人力资源 B_6	0.12	人才水平 C_{16}	0.39
		人才流动性 C_{17}	0.14
		人才管理与语言能力 C_{18}	0.20
		人力资源培养储备能力 C_{19}	0.27
企业运营成本 B_7	0.12	人力成本 C_{20}	0.42
		基本设施成本 C_{21}	0.27
		税收成本 C_{22}	0.19
		地方产业优惠政策 C_{23}	0.12

2. 计算组合一致性

$CI = \sum_{i=1}^{7} W_i \times CI_i$，$W_i$ 表示 B_i 相对于目标 A 的权重系数，CI_i 为 B_i 对 C 的判断矩阵的一致性指标。

$$CI = 0.09 \times 0.0152 + 0.20 \times 0.0091 + 0.21 \times 0.0091 + 0.06 \times 0.000$$
$$+ 0.20 \times 0.0268 + 0.12 \times 0.0404 + 0.12 \times 0.0236 = 0.018\,139$$

$$RI = \sum_{i=1}^{7} W_i \times RI_i = 0.09 \times 0.9 + 0.20 \times 0.58 + 0.21 \times 0.58 + 0.06$$
$$\times 0.00 + 0.20 \times 0.58 + 0.12 \times 0.9 + 0.12 \times 0.9 = 0.6508$$

$$CR = CI/RI = 0.018\,139/0.6508 = 0.0279 < 0.10$$

所以，通过组合一致性检验，以上所有判断矩阵均能满足要求。

因此，软件园区综合评价三级指标的权重如表 5-19 所示。

表 5-19　软件园区综合评价三级指标的权重

一级指标	权重	二级指标	权重	三级指标	权重
环境支撑力 B_1	0.09	基础设施 C_1	0.46	园区所处位置交通系统的便捷、高效与安全性 D_1	0.16
				园区电力系统供应设施完善程度 D_2	0.30
				通信网络发达程度 D_3	0.54
		环境设施 $C2$	0.16	环境优美舒适程度 D_4	0.25
				医疗、保健、商务和健身等配套设施 D_5	0.75
		区域经济教育情况 C_3	0.29	所在市人均 GDP D_6	0.14
				教育发展水平 D_7	0.43
				科研机构水平 D_8	0.43
		软环境 C_4	0.09	风险投资的支持程度 D_9	0.83
				产学研联系程度 D_{10}	0.17
技术创新能力 B_2	0.20	企业创新能力 C_5	0.14	企业研发投入产出效率 D_{11}	0.67
				企业研发能力 D_{12}	0.33
		人员创新能力 C_6	0.23	科研开发人员水平 D_{13}	0.75
				人才学习创新能力 D_{14}	0.25
		技术创新成果 C_7	0.63	软件著作数 D_{15}	1.00
社会贡献 B_3	0.21	软件产业集聚经济效应 C_8	0.56	经济贡献率 D_{16}	0.54
				销售收入 D_{17}	0.16
				出口 D_{18}	0.30
		集聚软件企业 C_9	0.12	全国百强千人以上软件企业数 D_{19}	0.63
				入园企业数 D_{20}	0.14
				世界 500 强企业数占园区企业总数的比重 D_{21}	0.23
		社会影响力 C_{10}	0.32	从业人员数 D_{22}	0.75
				从业人员人均收入 D_{23}	0.25
政府作用 B_4	0.06	财政支持能力 C_{11}	0.33	政府科技成果奖励力度 D_{24}	1.00
		服务能力 C_{12}	0.67	办事效率等 D_{25}	0.20
				知识产权的保护 D_{26}	0.80

续表

一级指标	权重	二级指标	权重	三级指标	权重
国际竞争力 B_5	0.20	销售国际化 C_{13}	0.49	软件园区出口额 D_{27}	0.67
				软件园区出口额占销售收入的比重 D_{28}	0.33
		技术国际化 C_{14}	0.31	园区进驻国外研发机构数 D_{29}	0.5
				CMM/CMMI 国际认证数 D_{30}	0.5
		企业国际化 C_{15}	0.20	园区进驻世界 500 强企业数 D_{31}	1
人力资源 B_6	0.12	人才水平 C_{16}	0.39	人才技术水平 D_{32}	0.49
				人才知识水平 D_{33}	0.31
				人才观念水平 D_{34}	0.20
		人才流动性 C_{17}	0.14	人才流动比率 D_{35}	1.00
		人才管理与语言能力 $C18$	0.20	管理人员经验 D_{36}	0.5
				语言文化背景（英语、日语、韩语）D_{37}	0.5
		人力资源培养储备能力 C_{19}	0.27	大学、科研院所及培训机构的数量 D_{38}	0.5
				在校大学生数量 D_{39}	0.5
企业运营成本 B_7	0.12	人力成本 C_{20}	0.42	员工平均工资 D_{40}	1
		基本设施成本 C_{21}	0.27	办公场地租赁费 D_{41}	0.39
				通信费用 D_{42}	0.20
				工业电费 D_{43}	0.28
				当地交通、生活费 D_{44}	0.13
		税收成本 C_{22}	0.19	公司所得税 D_{45}	0.5
				个人所得税 D_{46}	0.5
		地方产业优惠政策 C_{23}	0.12	地方税收优惠或其他优惠 D_{47}	1

第六章　2007 年我国 12 个典型软件园区排序评价

第一节　数 据 采 集

（1）借鉴《2008 中国软件产业发展研究报告》提供的资料；

（2）借鉴《2008 中国软件自主创新报告》提供的资料；

（3）借鉴《2008 年中国城市竞争力报告》提供的资料；

（4）借鉴北京软件与信息服务促进中心提供的资料；

（5）借鉴《中国统计年鉴》提供的资料；

（6）借鉴各软件园区网站提供的资料；

（7）借鉴国家科技评估中心提供的资料；

（8）借鉴各地信息产业部门提供的资料；

（9）对各地软件园区以及园内软件企业进行实地调研，并分别针对中国本土软件公司、外资软件公司、以软件为重点发展产业的城市、初创型的小软件公司，了解创新、开发、营销情况，倾听企业、政府以及各界对软件产业发展的建议和意见；

（10）直接向软件企业、软件园、软件出口基地等索取相关数据及资源信息；

（11）通过中国国际软件和信息服务交易会组委会，向各个参会的软件园和软件企业收集相关信息；

（12）收集整合行业内重要媒体中刊登过的相关软件业的重要信息。

第二节　分 析 方 法

本书中主要采用了五种分析方法：

（1）文献分析法：通过公开信息渠道发布的文献，如政府数据与信息、相关的经济数据、软件行业公开信息、企业年报、行业报告和行业资深专家公开发表的观点，掌握行业的总体概况和行业特点。

（2）历史研究法：本书是在多项研究成果基础上的深入研究，研究软件行业的发展状况，并动态地对我国各软件产业园区的发展状况进行详细分析。

（3）德尔菲法：对采集到的数据，采用德尔菲专家打分法和 SPSS 等数据分析工具，确定衡量软件园区的指标以及影响软件园区运营的关键成功因素。

（4）对比分析法：横向比较研究我国各软件产业发展较快的几个城市的软件

园区的发展模式，比较分析产业发展中的重要差异，总结各软件城市软件产业发展的规律，探索适合中国软件产业的软件园区管理模式。

（5）建模分析法：将调研收集的复杂的信息数据进行整理、加工、归纳、抽象，简化内涵，分解成相对简单的元素，找出这些元素的根本属性和彼此之间的关联，建立模拟这些逻辑关系的模型，再利用模型预测各个相关因素对产业发展的影响。

第三节 采用模糊优化理论模型进行软件园区综合评价

从《2008 中国软件产业发展研究报告》、《2008 中国软件自主创新报告》、《2008 年中国城市竞争力报告》、北京软件与信息服务促进中心、《中国统计年鉴》、各软件园区网站，以及国家科技评估中心提供的资料和各地信息产业部门提供的资料中得到软件园区 47 项指标的特征值，再采用扎德提出的最大、最小隶属度函数模型，可将指标特征值转变为指标隶属度，最后，采用模糊优化理论模型式（5-9）求解关系的最优对象以及最优对象排序，具体过程如下。

一、软件园区环境支撑力

对于已取得的软件园区环境支撑力数据，采用扎德提出的最大、最小隶属度函数模型，如式 5-3 与式 5-4 所示。

对于越小越优型的评价因素可用下式计算：

$$r = \begin{cases} 1 & ,f(x) = \inf(f) \\ \left[\dfrac{\sup(f) - f(x)}{\sup(f) - \inf(f)}\right]^p & ,\inf(f) < f(x) < \sup(f) \\ 0 & ,f(x) = \sup(f) \end{cases} \quad (5\text{-}3)$$

对于越大越优型的评价因素可用下式计算：

$$r = \begin{cases} 1 & ,f(x) = \sup(f) \\ \left[\dfrac{f(x) - \inf(f)}{\sup(f) - \inf(f)}\right]^p & ,\inf(f) < f(x) < \sup(f) \\ 0 & ,f(x) = \inf(f) \end{cases} \quad (5\text{-}4)$$

在此，如果取 $p=1$ 的线性形式，$\sup(f)$、$\inf(f)$ 分别为函数 $f(x)$ 的上界、下界。可将软件园区环境支撑力指标特征值转变为指标隶属度，结果见表 6-1。

表 6-1　软件园区环境支撑力指标隶属度

软件城市	基础设施 C_1			环境设施 C_2		区域经济教育情况 C_3			软环境 C_4	
	园区所处位置交通系统的便捷、高效与安全性 D_1	园区电力系统供应设施完善程度D_2	通信网络发达程度D_3	环境优美舒适程度D_4	医疗、保健、商务和健身等配套设施 D_5	所在市人均GDPD_6	文化教育水平D_7	科研机构水平D_8	风险投资的支持程度D_9	产学研联系程度 D_{10}
北京	0.288 3	0.855 5	0.169 1	0.249 4	0.716 9	0.409 5	1.000 0	1.000 0	0.626 0	0.399 4
深圳	1.000 0	0.534 1	1.000 0	0.187 6	1.000 0	1.000 0	0.148 6	0.155 2	0.626 0	0.399 4
上海	0.779 8	0.000 0	0.329 4	0.562 9	0.698 7	0.554 7	0.847 4	0.693 1	1.000 0	1.000 0
南京	0.000 0	0.910 9	0.035 7	0.350 1	0.085 3	0.201 8	0.702 8	0.000 0	0.500 0	0.600 6
成都	0.433 1	0.916 1	0.079 9	0.407 3	0.306 7	0.167 6	0.305 2	0.143 5	0.000 0	0.198 2
杭州	0.783 0	0.702 7	0.128 0	1.000 0	0.201 5	0.358 1	0.771 1	0.057 2	0.250 0	0.399 4
大连	0.683 5	0.974 4	0.079 4	0.780 3	0.049 0	0.444 9	0.000 0	0.043 2	0.376 0	0.000 0
济南	0.513 4	0.582 3	0.070 8	0.116 7	0.299 5	0.247 9	0.269 1	0.178 5	0.250 0	0.198 2
天津	0.164 6	1.000 0	0.103 1	0.087 0	0.299 5	0.329 7	0.54 6	0.068 8	0.626 0	0.600 6
西安	0.322 0	0.837 8	0.095 6	0.243 2	0.310 3	0.249 9	0.220 9	0.095 7	0.250 0	0.198 2
武汉	0.412 6	0.810 0	0.095 6	0.155 6	0.310 3	0.249 9	0.477 9	0.045 5	0.500 0	0.600 6
苏州	0.296 3	0.767 3	0.078 5	0.677 3	0.085 3	0.469 6	0.494 0	0.337 2	0.626 0	0.399 4

从表 6-1 可得软件园区环境支撑力指标隶属度矩阵为

$$
R_1 = \begin{bmatrix}
0.2883 & 1 & 0.7798 & \cdots & 0.2963 \\
0.8555 & 0.5341 & 0 & \cdots & 0.7673 \\
0.1691 & 1 & 0.3294 & \cdots & 0.0783 \\
0.2494 & 0.1876 & 0.5629 & \cdots & 0.6773 \\
0.7169 & 1 & 0.6987 & \cdots & 0.0853 \\
0.4095 & 1 & 0.5547 & \cdots & 0.4696 \\
1 & 0.1486 & 0.8474 & \cdots & 0.4940 \\
1 & 0.1552 & 0.6931 & \cdots & 0.3372 \\
0.6260 & 0.6260 & 1 & \cdots & 0.6260 \\
0.3994 & 0.3994 & 1 & \cdots & 0.3994
\end{bmatrix}
$$

可得 $G_1 = (1\ 1\ 1\ 1\ 1\ 1\ 1\ 1\ 1\ 1)^T$，$B_1 = (0\ 0\ 0\ 0\ 0\ 0\ 0\ 0\ 0\ 0)^T$

根据表 5-19，已知

$$W_1 = (0.08\quad 0.14\quad 0.25\quad 0.04\quad 0.12\quad 0.04\quad 0.12\quad 0.12\quad 0.07\quad 0.02)^T$$

代入优属度矢量最优解模型式（5-9）为

$$u_j = \cfrac{1}{1+\left[\cfrac{d(R_j,G)}{d(R_j,B)}\right]^2} = \cfrac{1}{1+\left[\sum\limits_{i=1}^m (w_i|r_{ij}-g_i|)^2 \Big/ \sum\limits_{i=1}^m (w_i|r_{ij}-b_i|)^2\right]},$$

$$j = 1,2,\cdots,n \qquad\qquad (5\text{-}9)$$

可得软件园区环境支撑力评判值（表6-2）。

表 6-2 软件园区环境支撑力评判值

排名	软件城市	评判值
1	深圳	0.776 298
2	北京	0.523 556
3	上海	0.444 162
4	天津	0.261 473
5	杭州	0.255 231
6	南京	0.208 914
7	苏州	0.204 759
8	武汉	0.203 288
9	大连	0.198 419
10	成都	0.198 328
11	西安	0.139 979
12	济南	0.099 466

二、技术创新能力

对于已取得的技术创新能力数据，采用扎德提出的最大、最小隶属度函数模型，可将指标特征值转变为指标隶属度，结果见表6-3。

表 6-3 软件园区技术创新能力指标隶属度

软件城市	企业创新能力 C_5		人员创新能力 C_6		技术创新成果 C_7
	企业研发投入产出效率 D_{11}	企业研发能力 D_{12}	科研开发人员水平 D_{13}	人才学习创新能力 D_{14}	软件著作数 D_{15}
北京	0.000 0	0.714 4	1.000 0	0.749 1	1.000 0
深圳	1.000 0	0.810 0	0.071 1	0.749 1	0.354 4
上海	0.213 3	1.000 0	0.404 7	1.000 0	0.327 2
南京	0.140 0	0.118 3	0.076 2	0.250 9	0.141 7
成都	0.100 0	0.185 7	0.138 0	0.501 9	0.017 1
杭州	0.266 7	0.236 7	0.079 3	0.749 1	0.212 6

软件城市	企业创新能力 C_5		人员创新能力 C_6		技术创新成果 C_7
	企业研发投入产出效率 D_{11}	企业研发能力 D_{12}	科研开发人员水平 D_{13}	人才学习创新能力 D_{14}	软件著作数 D_{15}
大连	0.780 0	0.128 1	0.000 0	0.501 9	0.105 8
济南	0.400 0	0.161 8	0.031 9	0.000 0	0.070 9
天津	0.213 3	0.314 9	0.129 8	0.501 9	0.025 2
西安	0.020 0	0.000 0	0.056 6	0.250 9	0.131 2
武汉	0.106 7	0.158 5	0.119 5	0.501 9	0.048 3
苏州	0.773 3	0.301 8	0.025 7	0.501 9	0.000 0

从表 6-3 可得软件园区技术创新能力指标隶属度矩阵为

$$R_2 = \begin{bmatrix} 0 & 1 & 0.2133 & \cdots & 0.7733 \\ 0.7144 & 0.8100 & 1 & \cdots & 0.3018 \\ 1 & 0.0711 & 0.4047 & \cdots & 0.0257 \\ 0.7491 & 0.7491 & 1 & \cdots & 0.5019 \\ 1 & 0.3544 & 0.3272 & \cdots & 0 \end{bmatrix}$$

可得 $G_2 = (1 \ 1 \ 1 \ 1 \ 1)^{\mathrm{T}}$，$B_2 = (0 \ 0 \ 0 \ 0 \ 0)^{\mathrm{T}}$ 根据表 5-19，已知 $W_2 = (0.09 \ 0.05 \ 0.17 \ 0.06 \ 0.63)^{\mathrm{T}}$ 代入式（5-9），可得技术创新能力评判值（表 6-4）。

表 6-4　软件园区技术创新能力指标评判值

排名	软件城市	评判值
1	北京	0.980 507
2	深圳	0.244 583
3	上海	0.215 970
4	杭州	0.070 125
5	大连	0.028 692
6	南京	0.025 519
7	西安	0.020 763
8	苏州	0.013 856
9	济南	0.008 874
10	武汉	0.006 102
11	天津	0.005 536
12	成都	0.004 187

三、社会贡献

对于已取得的社会贡献数据，采用扎德提出的最大、最小隶属度函数模型，可将指标特征值转变为指标隶属度，结果见表 6-5。

表 6-5 软件园区社会贡献指标表属度

软件城市	软件产业集聚效应 C_8			集聚软件企业 C_9			社会影响力 C_{10}	
	经济贡献率 D_{16}	销售收入 D_{17}	出口 D_{18}	全国百强千人以上软件企业数 D_{19}	入园企业数 D_{18}	世界 500 强企业数占园区企业总数的比重 D_{21}	从业人员数 D_{22}	从业人员人均收入 D_{23}（劳动分配率 40%，增加值率 70%）
北京	0.934 6	1.000 0	0.103 5	1.000 0	1.000 0	0.030 8	1.000 0	0.391 7
深圳	1.000 0	0.774 4	1.000 0	0.428 6	0.157 1	0.293 7	0.407 4	1.000 0
上海	0.300 9	0.604 4	0.288 6	0.500 0	0.281 5	0.209 8	0.888 9	0.172 3
南京	0.772 4	0.227 1	0.116 5	0.071 4	0.086 8	0.214 3	0.268 5	0.341 6
成都	0.919 2	0.182 5	0.027 8	0.000 0	0.070 8	0.067 9	0.407 4	0.059 1
杭州	0.534 9	0.173 9	0.012 7	0.285 7	0.101 6	0.111 9	0.143 5	0.587 7
大连	0.586 0	0.101 0	0.169 6	0.142 9	0.026 4	0.186 2	0.222 2	0.125 0
济南	0.437 0	0.053 8	0.000 0	0.000 0	0.000 0	0.083 9	0.222 2	0.000 0
天津	0.000 0	0.046 9	0.194 9	0.000 0	0.015 3	0.926 4	0.083 3	0.327 3
西安	0.571 7	0.046 9	0.007 6	0.000 0	0.130 7	0.000 0	0.138 9	0.129 9
武汉	0.134 7	0.023 8	0.017 7	0.000 0	0.077 4	0.214 9	0.083 3	0.204 5
苏州	0.091 0	0.000 0	0.012 7	0.071 4	0.003 4	1.000 0	0.000 0	0.742 0

从表 6-5 可得软件园区社会贡献指标隶属度矩阵为

$$R_3 = \begin{bmatrix} 0.9346 & 1 & 0.3009 & \cdots & 0.0910 \\ 1 & 0.7744 & 0.6044 & \cdots & 0 \\ 0.1035 & 1 & 0.2886 & \cdots & 0.0127 \\ 1 & 0.4286 & 0.5000 & \cdots & 0.0714 \\ 1 & 0.1571 & 0.2815 & \cdots & 0.0034 \\ 0.0308 & 0.2937 & 0.2098 & \cdots & 1 \\ 1 & 0.4074 & 0.8889 & \cdots & 0 \\ 0.3917 & 1 & 0.1723 & \cdots & 0.7420 \end{bmatrix}$$

可得 $G_3 = (1\ 1\ 1\ 1\ 1\ 1\ 1\ 1)^{\mathrm{T}}$，$B_3 = (0\ 0\ 0\ 0\ 0\ 0\ 0\ 0)^{\mathrm{T}}$
根据表 5-19，已知 $W_3 = (0.3\ \ 0.09\ \ 0.17\ \ 0.08\ \ 0.02\ \ 0.03\ \ 0.23\ \ 0.08)^{\mathrm{T}}$
代入式（5-9），可得软件园区社会贡献指标评判值（表 6-6）。

表 6-6　软件园区社会贡献指标评判值

排名	软件城市	评判值
1	深圳	0.865 369
2	北京	0.846 313
3	成都	0.566 771
4	南京	0.459 588
5	上海	0.459 387
6	大连	0.291 113
7	杭州	0.234 605
8	西安	0.227 169
9	济南	0.151 965
10	苏州	0.029 741
11	天津	0.016 986
12	武汉	0.014 433

四、政府作用

对于已取得的政府作用数据，采用扎德提出的最大、最小隶属度函数模型，可将指标特征值转变为指标隶属度，结果见表 6-7。

表 6-7 软件园区政府作用指标隶属度

软件城市	财政支持能力 C_{11}	服务能力 C_{12}	
	政府科技成果奖励力度 D_{24}	办事效率等 D_{25}	知识产权的保护 D_{26}
北京	0.599 4	1.000 0	0.399 4
深圳	0.801 1	0.824 5	0.600 6
上海	1.000 0	0.755 3	1.000 0
南京	0.599 4	0.122 3	0.600 6
成都	0.198 9	0.303 2	0.399 4
杭州	0.599 4	0.430 9	0.600 6
大连	0.400 6	0.058 5	0.198 2
济南	0.198 9	0.074 5	0.000 0
天津	0.801 1	0.505 3	0.600 6
西安	0.000 0	0.000 0	0.000 0
武汉	0.599 4	0.659 6	0.600 6
苏州	0.400 6	0.659 6	0.399 4

从表 6-7 可得软件园区评价中政府作用指标隶属度矩阵为

$$R_4 = \begin{bmatrix} 0.5994 & 0.8011 & 1 & \cdots & 0.4006 \\ 1 & 0.8245 & 0.7553 & \cdots & 0.6596 \\ 0.3994 & 0.6006 & 1 & \cdots & 0.3994 \end{bmatrix}$$

可得 $G_4 = (1 \quad 1 \quad 1)^T$，$B_4 = (0 \quad 0 \quad 0)^T$，根据表 5-19，已知 $W_4 = (0.33 \quad 0.13 \quad 0.54)^T$ 代入式 (5-9)，可得政府作用评判值 (表 6-8)。

表 6-8 软件园区政府作用指标评判值

排名	软件城市	评判值
1	上海	0.997 539
2	深圳	0.784 187
3	天津	0.765 486
4	武汉	0.696 956
5	杭州	0.679 771
6	南京	0.652 460
7	北京	0.455 347
8	苏州	0.327 829
9	成都	0.222 256
10	大连	0.107 131

排名	软件城市	评判值
11	济南	0.011 570
12	西安	0.001 000

五、国际竞争力

对于已取得的国际竞争力数据，采用扎德提出的最大、最小隶属度函数模型，可将指标特征值转变为指标隶属度，结果见表 6-9。

表 6-9　软件园区国际竞争力指标隶属度

软件城市	销售国际化 C_{13}		技术国际化 C_{14}		企业国际化 C_{15}
	软件园区出口额 D_{27}	软件园区出口额占销售收入的比重 D_{28}	园区进驻国外研发机构数 D_{29}	CMM5/CMM5I国际认证数 D_{30}	园区进驻世界500强企业数 D_{31}
北京	0.103 5	0.008 4	1.000 0	1.000 0	1.000 0
深圳	1.000 0	0.724 7	0.000 0	0.222 2	0.698 9
上海	0.288 6	0.230 3	0.614 3	1.000 0	0.876 3
南京	0.116 5	0.216 3	0.048 6	0.333 3	0.322 6
成都	0.027 8	0.039 3	0.000 0	0.111 1	0.091 4
杭州	0.012 7	0.002 8	0.000 0	0.111 1	0.204 3
大连	0.169 6	0.595 5	0.028 6	0.666 7	0.123 7
济南	0.000 0	0.000 0	0.000 0	0.111 1	0.000 0
天津	0.194 9.	1.000 0	0.028 6	0.000 0	0.602 2
西安	0.007 6	0.050 6	0.228 6	0.222 2	0.048 4
武汉	0.017 7	0.126 4	0.000 0	0.000 0	0.295 7
苏州	0.012 7.	0.140 4	0.054 3	0.111 1	0.521 5

从表 6-9 可得软件园区评价国际竞争力指标隶属度矩阵为

$$R_5 = \begin{bmatrix} 0.1035 & 1 & 0.2886 & \cdots & 0.0127 \\ 0.084 & 0.7247 & 0.2303 & \cdots & 0.1404 \\ 1 & 0 & 0.6143 & \cdots & 0.0543 \\ 1 & 0.2222 & 1 & \cdots & 0.1111 \\ 1 & 0.6989 & 0.8763 & \cdots & 0.5215 \end{bmatrix}$$

可得 $G_5 = (1 \quad 1 \quad 1 \quad 1 \quad 1)^T$，$B_5 = (0 \quad 0 \quad 0 \quad 0 \quad 0)^T$，根据表 5-19，已知 $W_5 = (0.32 \quad 0.16 \quad 0.16 \quad 0.16 \quad 0.20)^T$ 代入式（5-9），可得国际竞争力指标评判值（表 6-10）。

表 6-10　软件园区国际竞争力指标评判值

排名	软件城市	评判值
1	深圳	0.745 490
2	上海	0.515 139
3	北京	0.462 048
4	天津	0.264 400
5	大连	0.153 526
6	苏州	0.064 502
7	南京	0.061 012
8	武汉	0.020 374
9	西安	0.014 288
10	杭州	0.010 090
11	成都	0.003 846
12	济南	0.001 476

六、人力资源

对于已取得的人力资源数据，采用扎德提出的最大、最小隶属度函数模型，可将指标特征值转变为指标隶属度，结果见表 6-11。

从表 6-11 可得软件园区评价中人力资源指标隶属度矩阵为

$$R_6 = \begin{bmatrix} 0.3917 & 1 & 0.1723 & \cdots & 0.7420 \\ 1 & 0 & 0.7543 & \cdots & 0.2429 \\ 0.5023 & 0.7051 & 1 & \cdots & 0.2903 \\ 0.8709 & 1 & 0.9893 & \cdots & 0.4940 \\ 0.7780 & 0.7780 & 1 & \cdots & 0.6660 \\ 0 & 0 & 0 & \cdots & 0 \\ 1 & 0 & 0.6849 & \cdots & 0.0137 \\ 1 & 0 & 0.7042 & \cdots & 0.0880 \end{bmatrix}$$

可得 $G_6 = (1 \quad 1 \quad 1 \quad 1 \quad 1 \quad 1 \quad 1 \quad 1)^T$，$B_6 = (0 \quad 0 \quad 0 \quad 0 \quad 0 \quad 0 \quad 0 \quad 0)^T$，根据表 5-19，已知 $W_6 = (0.18 \quad 0.12 \quad 0.08 \quad 0.14 \quad 0.1 \quad 0.1 \quad 0.14 \quad 0.14)^T$ 代入式（5-9），可得人力资源评判值（表 6-12）。

表 6-11 软件园区人力资源指标隶属度

软件城市	人才水平 C_{16}		人才观念水平 D_{34}	人才流动性 C_{17}	人才管理与语言能力 C_{18}		人力资源培养储备能力 C_{19}	
	人才技术水平（人均销售收入人）D_{32}	人才知识水平（从业人员受教育程度）D_{33}	水平 D_{34}	人才流动比率 D_{35}	管理人员经验 D_{36}	语言文化背景（英语、日语、韩语）D_{37}	大学、科研院所及培训机构的数量 D_{38}	在校大学生数量 D_{39}
北京	0.391 7	1.000 0	0.502 3	0.870 9	0.778 0	0.000 0	1.000 0	1.000 0
深圳	1.000 0	0.000 0	0.705 1	1.000 0	0.778 0	0.000 0	0.000 0	0.000 0
上海	0.172 3	0.754 3	1.000 0	0.989 3	1.000 0	0.000 0	0.684 9	0.704 2
南京	0.341 6	0.494 3	0.516 1	0.494 0	0.444 0	0.000 0	0.452 1	0.880 3
成都	0.059 1	0.394 4	0.023 0	0.527 7	0.112 0	0.000 0	0.411 0	0.704 2
杭州	0.587 7	0.705 7	0.824 9	0.757 7	0.222 0	0.000 0	0.356 2	0.528 2
大连	0.125 0	0.491 4	0.202 8	0.309 8	0.334 0	0.000 0	0.164 4	0.176 1
济南	0.000 0	0.277 1	0.318 0	0.122 1	0.000 0	1.000 0	0.671 2	0.704 2
天津	0.327 3	0.491 4	0.410 1	0.585 9	0.444 0	0.000 0	0.479 5	0.707 2
西安	0.129 9	0.197 1	0.000 0	0.000 0	0.112 0	0.000 0	0.438 4	0.968 3
武汉	0.204 5	0.834 3	0.410 1	0.603 6	0.444 0	0.000 0	0.479 5	0.968 3
苏州	0.742 0	0.242 9	0.290 3	0.494 0	0.666 0	0.000 0	0.013 7	0.088 0

表 6-12 软件园区人力资源指标评判值

排名	软件城市	评判值
1	北京	0.896 227
2	上海	0.867 434
3	南京	0.633 229
4	武汉	0.572 921
5	杭州	0.420 293
6	大连	0.407 118
7	天津	0.381 088
8	成都	0.321 505
9	深圳	0.312 095
10	济南	0.244 501
11	苏州	0.210 755
12	西安	0.199 207

七、企业运营成本

对于已取得的企业运营成本数据，采用扎德提出的最大、最小隶属度函数模型，可将指标特征值转变为指标隶属度，结果见表 6-13。

从表 6-13 可得软件园区评价中企业运营成本指标隶属度矩阵为

$$R_7 = \begin{bmatrix} 1 & 0.4307 & 0.8328 & \cdots & 0.2115 \\ 0.7838 & 0.2434 & 1 & \cdots & 0.6114 \\ 1 & 0.7189 & 0.9922 & \cdots & 0.0283 \\ 0.3369 & 1 & 0.4391 & \cdots & 0.0100 \\ 1 & 0.6689 & 0.9912 & \cdots & 0.3086 \\ 1 & 1 & 1 & \cdots & 1 \\ 1 & 1 & 1 & \cdots & 1 \\ 0 & 0.3333 & 0.3333 & \cdots & 0.5 \end{bmatrix}$$

可得 $G_7 = (1\ 1\ 1\ 1\ 1\ 1\ 1\ 1)^T$，$B_7 = (0\ 0\ 0\ 0\ 0\ 0\ 0\ 0)^T$，根据表 5-19，已知 $W_7 = (0.41\ 0.11\ 0.05\ 0.08\ 0.04\ 0.1\ 0.1\ 0.11)^T$ 代入式 (5-9)，可得企业运营成本评判值（表 6-14）。

表 6-13　软件园区企业运营成本指标隶属度

软件城市	人力成本 C_{20}	基本设施成本 C_{21}				税收成本 C_{22}		地方产业优惠政策 C_{23}
	员工平均工资 D_{40}	办公场地租赁费 D_{41}	通信费用 D_{42}	工业电费 D_{43}	当地交通、生活费 D_{44}	公司所得税 D_{45}	个人所得税 D_{46}	地方税收优惠或其他优惠 D_{47}
北京	1.000 0	0.783 8	1.000 0	0.336 9	1.000 0	1.000 0	1.000 0	0.000 0
深圳	0.430 7	0.243 4	0.718 9	1.000 0	0.668 9	1.000 0	1.000 0	0.333 3
上海	0.832 8	1.000 0	0.992 2	0.439 1	0.991 2	1.000 0	1.000 0	0.333 3
南京	0.211 5	0.611 4	0.028 3	0.010 0	0.308 7	1.000 0	1.000 0	0.500 0
成都	0.052 8	0.027 8	0.112 5	0.006 3	0.125 0	1.000 0	1.000 0	0.666 7
杭州	0.421 4	0.587 8	0.844 9	0.680 8	0.795 7	1.000 0	1.000 0	0.666 7
大连	0.184 8	0.228 3	0.050 7	0.460 9	0.170 3	1.000 0	1.000 0	0.333 3
济南	0.107 6	0.062 5	0.059 5	0.298 3	0.120 5	1.000 0	1.000 0	0.333 3
天津	0.207 6	0.681 0	0.260 9	0.860 2	0.408 2	1.000 0	1.000 0	1.000 0
西安	0.134 0	0.090 7	0.017 5	0.000 0	0.049 2	1.000 0	1.000 0	0.000 0
武汉	0.000 0	0.000 0	0.000 0	0.195 4	0.000 0	1.000 0	1.000 0	0.500 0
苏州	0.211 5	0.611 4	0.028 3	0.010 0	0.308 6	1.000 0	1.000 0	0.500 0

表 6-14　软件园区企业运营成本指标评判值

排名	软件城市	评判值
1	北京	0.984 341
2	上海	0.951 845
3	深圳	0.509 885
4	杭州	0.486 677
5	天津	0.239 207
6	南京	0.228 708
7	苏州	0.228 708
8	大连	0.209 032
9	西安	0.194 015
10	济南	0.155 042
11	成都	0.109 923
12	武汉	0.108 362

八、软件园区综合评价

通过前面运算可得各软件园区综合评价指标的特征值，如表 6-15 所示。

表 6-15　软件园区综合评价指标特征值

软件城市	环境支撑力	技术创新能力	社会贡献	政府作用	国际竞争力	人力资源	企业运营成本
北京	0.523 6	0.980 5	0.846 3	0.455 3	0.462 0	0.896 2	0.984 3
深圳	0.776 3	0.244 6	0.865 4	0.784 2	0.745 5	0.312 1	0.509 9
上海	0.444 2	0.216 0	0.459 4	0.997 5	0.515 1	0.867 4	0.951 8
南京	0.208 9	0.025 5	0.459 6	0.652 5	0.061 0	0.633 2	0.228 7
成都	0.198 3	0.004 2	0.566 8	0.222 3	0.003 8	0.321 5	0.109 9
杭州	0.255 2	0.070 1	0.234 6	0.679 8	0.010 1	0.420 3	0.486 7
大连	0.198 4	0.028 7	0.291 1	0.107 1	0.153 5	0.407 1	0.209 0
济南	0.099 5	0.008 9	0.152 0	0.011 6	0.001 5	0.244 5	0.155 0
天津	0.261 5	0.005 5	0.017 0	0.765 5	0.264 4	0.381 1	0.239 2
西安	0.140 0	0.020 8	0.227 2	0.001 0	0.014 3	0.199 2	0.194 0
武汉	0.203 3	0.006 1	0.014 4	0.697 0	0.020 4	0.572 9	0.108 4
苏州	0.204 8	0.013 9	0.029 7	0.327 8	0.064 5	0.210 8	0.228 7

对于上述数据，采用扎德提出的最大、最小隶属度函数模型，可将指标特征值转变为指标隶属度，结果见表 6-16。

表 6-16　软件园区综合评价指标隶属度

软件城市	环境支撑力	技术创新能力	社会贡献	政府作用	国际竞争力	人力资源	企业运营成本
北京	0.626 6	1.000 0	0.977 6	0.455 9	0.619 0	1.000 0	0.000 0
深圳	1.000 0	0.246 2	1.000 0	0.785 9	1.000 0	0.162 0	0.541 6
上海	0.509 3	0.216 9	0.522 9	1.000 0	0.690 4	0.958 7	0.037 1
南京	0.161 7	0.021 8	0.523 1	0.653 7	0.080 0	0.622 7	0.862 6
成都	0.146 1	0.000 0	0.649 1	0.222 0	0.003 2	0.175 5	0.998 2
杭州	0.230 1	0.067 5	0.258 7	0.681 1	0.011 6	0.317 2	0.568 1
大连	0.146 2	0.025 1	0.325 1	0.106 5	0.204 4	0.298 3	0.885 1
济南	0.000 0	0.004 8	0.161 6	0.010 6	0.000 0	0.065 0	0.946 7
天津	0.239 4	0.001 4	0.003 0	0.767 1	0.353 4	0.260 9	0.850 6
西安	0.059 9	0.017 0	0.250 0	0.000 0	0.017 2	0.000 0	0.902 2
武汉	0.153 4	0.002 0	0.000 0	0.698 4	0.025 4	0.536 2	1.000 0
苏州	0.155 6	0.009 9	0.018 0	0.328 0	0.084 7	0.016 6	0.862 6

从表 6-16 可得软件园区综合评价指标隶属度矩阵为

$$R_8 = \begin{bmatrix} 0.6266 & 1 & 0.5093 & \cdots & 0.1556 \\ 1 & 0.2462 & 0.2169 & \cdots & 0.0099 \\ 0.9776 & 1 & 0.5229 & \cdots & 0.018 \\ 0.4559 & 0.7859 & 1 & \cdots & 0.3280 \\ 0.6190 & 1 & 0.6904 & \cdots & 0.0847 \\ 1 & 0.1620 & 0.9587 & \cdots & 0.0166 \\ 0 & 0.5416 & 0.0371 & \cdots & 0.8626 \end{bmatrix}$$

可得 $G_8 = (1\ \ 1\ \ 1\ \ 1\ \ 1\ \ 1\ \ 1)^T$，$B_8 = (0\ \ 0\ \ 0\ \ 0\ \ 0\ \ 0\ \ 0)^T$，根据表 5-19，已知 $W_8 = (0.09\ \ 0.2\ \ 0.21\ \ 0.06\ \ 0.2\ \ 0.12\ \ 0.12)^T$ 代入式 (5-9)，可得软件园区综合评价指标评判值（表 6-17）。

表 6-17　软件园区综合评价指标评判值

排名	软件城市	评判值
1	北京	0.837 783
2	深圳	0.737 923
3	上海	0.491 645
4	南京	0.251 196
5	成都	0.246 560
6	大连	0.161 308

续表

排名	软件城市	评判值
7	天津	0. 143 237
8	武汉	0. 135 231
9	西安	0. 102 383
10	济南	0. 094 775
11	杭州	0. 091 424
12	苏州	0. 078 188

第七章 应用系统聚类分析法对软件园区
进行聚类、评价和定位

第一节 系统聚类分析法

"物以类聚"，通过聚类分析我们可以将软件园区分成几类，找出每一类共同的特点，以利于更好的研究软件园，制定相应的政策。

为了将样品进行分类，我们需要研究样品间的相似程度。一般而言，研究样品的相似程度有两种尺度：一种是相似系数，另一种是距离。

一、相似系数

相似系数多用于描述变量之间的关系，对连续变量最常用的相似系数的定义有：

(1) 夹角余弦：$C_{ij}(1) = \dfrac{\sum\limits_{k=1}^{n} x_{ki} x_{kj}}{\left[\left(\sum\limits_{k=1}^{n} x_{ki}^2 \right) \left(\sum\limits_{k=1}^{n} x_{kj}^2 \right) \right]^{\frac{1}{2}}}$

(2) 相关系数：$C_{ij}(2) = \dfrac{\sum\limits_{k=1}^{n} (x_{ki} - \bar{x}_i)(x_{kj} - \bar{x}_j)}{\left[\left(\sum\limits_{k=1}^{n} (x_{ki} - \bar{x}_i)^2 \right) \left(\sum\limits_{k=1}^{n} (x_{kj} - \bar{x}_j)^2 \right) \right]^{\frac{1}{2}}}$，

$i,j = 1,2,\cdots,m$。

样品性质越接近，它们的相似系数越接近 1（或 -1），彼此越无关的样品他们的相似系数越接近"0"。

二、距离

距离是将样品看成空间中的一点，样品间距离愈小，表示样品愈接近。距离较近的样品归成一类而较远的则归为另一类。由于本节将采用距离进行分类，下面将对距离进行具体的介绍。

距离包括样品间的距离和类与类之间的距离。令 d_{ij} 表示样品 x_i 与 x_j 的距离，常用的样品间距离：

(1) 明考斯基（minkowski）距离 $d_{ij}(q) = \left| \sum\limits_{k=1}^{m} |x_{ik} - x_{jk}|^q \right|^{\frac{1}{q}}$

当 $q=1$ 时，叫做绝对值距离（BLOCK）或 L_1 距离；

当 $q=2$ 时，叫做欧式距离（EUCLID）或 L_2 距离；

当 $q=\infty$ 时，叫做切比雪夫距离（CHEBYCHEV）。

（2）马氏距离。V 表示样本的协方差阵，如果 V 的逆矩阵存在，则马氏距离为

$$d_{ij}(M) = \sqrt{(x_i - x_j)V^{-1}(x_i - x_j)^{-1}} 。$$

（3）兰氏距离。一般在 $\{x_{ij}\}$ 同号的情况下使用，规定 $d_{ij}(L) = $

$$\sum_{k=1}^{m} \frac{|x_{ik} - x_{jk}|}{(x_{ik} + x_{jk})} 。$$

样品间的距离很容易求得，但类与类之间的距离具有不同的定义，产生了不同的聚类方法。下面将详细介绍常用的聚类方法。

三、常用的聚类方法

1. 最短距离法（single linkage 或 nearest neighbor method）

类与类间的距离等于两类样品间最短的距离，即

$$D_{ij} = \min\{D_{kl}\} \qquad x_k \in G_i, x_l \in G_j$$

式中，D_{kl} 是样品 x_k 与 x_l 的距离，G_i、G_j 是类。如果 G_i 与 G_j 之间距离最短，则把它们合并为新类 G_p，G_p 与其他类 G_q 间距离为

$$D_{pq} = \min\{D_{iq}, D_{jq}\} 。$$

2. 最长距离法（complete linkage 或 farest neighor method）

类与类间的距离等于两类样品间最远的距离，即

$$D_{ij} = \max\{D_{kl}\} \qquad x_k \in G_i, x_l \in G_j$$

如果 G_i、G_j 类之间距离最远，则把它们合并为新类 G_p，G_p 与其他类 G_q 间距离为 $D_{pq} = \max\{D_{iq}, D_{jq}\}$。

3. 中间距离法（median）

这种类间距离（确切地说是新类与其他类间的距离）的定义介于最短距离和最大距离之间。若 G_k 与 G_l 类合并为新类 G_p，以类间距离 D_{kl}、D_{kq}、D_{lq} 为边作三角形，G_q 到 d_{kl} 的中线 D_{pq} 就是所定义的 G_p 与其他类 G_q 中间距离。由初等几何可知：

$$D_{pq} = \sqrt{\frac{D_{kp}^2}{2} + \frac{D_{lq}^2}{2} - \frac{D_{kl}^2}{2}} 。$$

4. 重心法（centroid）

前面三种定义类间距离方法都没有考虑每一类样品中所包含的样品数目。重心法把类间距离定义为两类样品重心的距离，每一类样品的重心就是该类样品的均。

5. 类平均方法（waverage）

这种方法充分地利用各个样品的信息，它把类间距离的平方定义为两类样品之间距离平方的平均值

$$D_{pq}^2 = \frac{1}{n_k n_l} \sum_{i \in G_k, j \in G_l} D_{ij}^2$$

式中，n_k、n_l 分别为 G_k、G_l 类的样品数目。如果 G_k 与 G_l 类合并为 G_p 类，G_p 与其他类 G_q 的类间距离公式为

$$D_{pq}^2 = \frac{n_k D_{kq}^2}{n_p} + \frac{n_l D_{lq}^2}{n_p}$$

6. 可变类平均法（baverage）

可变类平均法是对类平均法的修正，从类平均法的类间距离可以看出，G_k 与 G_l 类间距离没有反映出来，因此修正为

$$D_{pq}^2 = \frac{1}{n_p}\left[(1-\beta)n_k D_{kq}^2 + n_l D_{lq}^2\right] + \beta D_{kl}^2, \beta < 1$$

7. 可变法

如果在中间距离法的距离公式也改为依赖 β，即 $D_{pq}^2 = \frac{1-\beta}{2}\left[D_{kp}^2 + D_{lq}^2\right] + \beta D_{pq}^2, B < 1$，即叫做可变法。

8. 离差平方和法（ward）

该方法的思想来源于方差分析，如果类分的正确，同样类样品的离差平方和应当较小，类与类之间的离差平方和应当较大。它要求样品间距离必须采用欧式距离。

设 n 个样品分成 k 类 $G_1, \cdots, G_k$，用 x_{it} 表示 G_t 中的第 i 个样品（注意 x_{it} 是 m 维向量），n_t 表示 G_t 中的样品个数，$\bar{x}_t$ 是 G_t 的重心，则在 G_t 中的样品的离差平方和是 $s_t = \sum_{i=1}^{n_t}(x_{it} - \bar{x}_t)'(x_{it} - \bar{x}_t)$，整个类内平方和是 $S = \sum_{t=1}^{k}\sum_{i=1}^{n_t}(x_{it} - \bar{x}_t)'(x_{it} - \bar{x}_t) = \sum_{t=1}^{k} S_t$。

当 $n=21$，$k=2$ 时 $R(21, 2) = 2^{21} - 1 = 1\,048\,575$，当 n，k 更大时 $R(n, k)$ 就达到天文数字，可以证明 $R(n, k) = O(k^n)$，因此要比较这么多分类来选择最小的 S，一般是不可能的。于是只好放弃在一切分类中求 S 的极小值要求，而是设计出某种计算要求，找到一个局部最优解，Ward 法就是找局部最优解的一个方法。其思想是，先将 n 个样品各成一类，然后每次缩小一类，每缩小一类离差平方和就要增大，选择使 S 增加最小的两类合并，直到所有的样品归为一类为止。

上面介绍的八种系统聚类方法，并类的原则和步骤完全一样，所不同的是类与类之间的距离有不同的定义，能否将它们有机地统一呢？1969 年维沙特（wishart）将它们统一，统一的形式为

$$D_{lr}^2 = \alpha_p D_{kp}^2 + \alpha_q D_{kq}^2 + \beta D_{pq}^2 + \gamma \,|\, D_{kp}^2 - D_{kq}^2 \,|$$

式中，系数 α_p，α_q, β, γ 对于不同的方法有不同的取值（表 7-1）。（夏海钧，2001）

表 7-1　八种系统聚类方法 α_p，α_q，β，γ 不同的取值

方法	α_p	α_q	β	γ
最短距离	1/2	1/2	0	$-1/2$
最长距离	1/2	1/2	0	1/2
中间距离	1/2	1/2	$-1/4 \leqslant \beta \leqslant 0$	0
重心法	n_p/n_r	N_q/n_r	$-\alpha_p\alpha_q$	0
类平均法	n_p/n_r	N_q/n_r	0	0
可变类平均法	$(1-\beta)n_p/n_r$	$(1-\beta)n_p/n_r$	<1	0
可变法	$(1-\beta)/2$	$(1-\beta)/2$	<1	0
离差平方和法	$(n_k+n_p)/(n_k+n_r)$	$(n_k+n_p)/(n_k+n_r)$	$-n_k/(n_k+n_r)$	0

资料来源：夏海钧.2001.中国高新区发展之路.北京：中信出版社.

四、聚类要素的数据处理

在聚类分析中，聚类要素的选择是十分重要的，它直接影响分类结果的准确性和可靠性。在聚类研究中，被聚类的对象常常是多个要素构成的。不同要素的数据往往具有不同的单位和量纲，其数值的变异可能是很大的，这就会对分类结果产生影响。因此当分类要素的对象确定之后，在进行聚类分析之前，先要对聚类要素进行数据处理，将数据标准化，然后再进行聚类分析。

第二节　软件园区各项指标的聚类分析

一、环境竞争力

在软件园区的环境竞争力评价的 12 个聚类的对象，每一个聚类对象又都由 10 个要素构成。它们所对应的要素数据经过极差标准化数据处理后，得到如表 7-2 所示的软件园区环境竞争力评价极差标准化处理后的数据。经过这种标准化所得的新数据，各要素的极大值为 1，极小值为 0，其余的数值均在 0 与 1 之间。

表7-2　软件园区环境竞争力评价极差标准化处理后的数据

城市	X1	X2	X3	X4	X5	X6	X7	X8	X9	X10
北京	0.288 3	0.855 5	0.169 1	0.249 4	0.716 9	0.409 5	1.000 0	1.000 0	0.626 0	0.399 4
深圳	1.000 0	0.534 1	1.000 0	0.187 6	1.000 0	1.000 0	0.148 6	0.155 2	0.626 0	0.399 4
上海	0.779 8	0.000 0	0.329 4	0.562 9	0.698 7	0.554 7	0.847 4	0.693 1	1.000 0	1.000 0
南京	0.000 0	0.910 9	0.035 7	0.350 1	0.085 3	0.201 8	0.702 8	0.000 0	0.500 0	0.600 6
成都	0.433 1	0.916 1	0.079 9	0.407 3	0.306 7	0.167 6	0.305 2	0.143 5	0.000 0	0.198 2
杭州	0.783 0	0.702 7	0.128 0	1.000 0	0.201 5	0.358 1	0.771 1	0.057 2	0.250 0	0.399 4
大连	0.683 5	0.974 4	0.079 4	0.780 3	0.049 0	0.444 9	0.269 1	0.043 2	0.376 0	0.000 0
济南	0.513 4	0.582 3	0.070 8	0.116 7	0.000 0	0.247 9	0.269 1	0.178 5	0.250 0	0.198 2
天津	0.164 6	1.000 0	0.103 1	0.087 0	0.299 5	0.329 7	0.546 2	0.068 8	0.626 0	0.600 6
西安	0.322 0	0.837 8	0.000 0	0.000 0	0.243 2	0.000 0	0.220 9	0.095 7	0.250 0	0.198 2
武汉	0.412 6	0.810 0	0.095 6	0.155 5	0.310 3	0.249 1	0.477 9	0.045 5	0.500 0	0.600 6
苏州	0.296 3	0.767 3	0.078 3	0.677 3	0.085 3	0.469 6	0.494 0	0.337 2	0.626 0	0.399 4

对表7-2中的数据，用明考斯基（minkowski）$q=1$ 时的绝对值距离公式

$$d_{ij}(q) = \left| \sum_{k=1}^{m} \left| x_{ik} - x_{jk} \right|^{q} \right|^{\frac{1}{q}}$$

计算可得12个软件园区之间的绝对值距离矩阵如下：

$$D = \begin{bmatrix}
0 \\
4.496 & 0 \\
3.418 & 4.758 & 0 \\
3.041 & 5.253 & 4.901 & 0 \\
3.483 & 4.610 & 5.341 & 2.239 & 0 \\
3.554 & 4.607 & 4.101 & 2.583 & 2.503 & 0 \\
4.444 & 4.686 & 5.419 & 2.971 & 2.197 & 2.189 & 0 \\
3.737 & 4.008 & 5.204 & 2.507 & 1.422 & 2.467 & 2.209 & 0 \\
2.580 & 4.355 & 4.641 & 1.278 & 2.209 & 2.794 & 3.050 & 2.375 & 0 \\
3.614 & 4.635 & 5.974 & 2.371 & 1.290 & 2.914 & 2.594 & 1.256 & 2.026 & 0 \\
2.707 & 4.006 & 4.428 & 1.311 & 1.653 & 2.328 & 2.737 & 1.699 & 0.822 & 1.646 & 0 \\
2.475 & 4.321 & 3.999 & 1.951 & 2.290 & 2.084 & 2.197 & 2.238 & 1.855 & 2.571 & 1.778 & 0
\end{bmatrix}$$

我们对环境竞争力评价距离进行聚类，得到聚类结果（表7-3）。

表 7-3　环境竞争力评价结果分类表

类别	软件园区
一	深圳
二	北京
三	上海
四	南京、天津、武汉
五	成都、杭州、大连、济南、西安、苏州

二、技术创新能力

在软件园区的技术创新能力评价的 12 个聚类的对象，每一个聚类对象又都由 5 个要素构成。它们所对应的要素数据经过极差标准化数据处理后，得到如表 7-4 所示的软件园区技术创新能力评价极差标准化处理后的数据。

表 7-4　软件园区技术创新能力评价极差标准化处理后的数据

城市	X1	X2	X3	X4	X5
北京	0.000 0	0.714 4	1.000 0	0.749 1	1.000 0
深圳	1.000 0	0.810 0	0.071 1	0.749 1	0.354 4
上海	0.213 3	1.000 0	0.404 7	1.000 0	0.327 2
南京	0.140 0	0.118 3	0.076 2	0.250 9	0.141 7
成都	0.100 0	0.185 7	0.138 0	0.501 9	0.017 1
杭州	0.266 7	0.236 7	0.079 3	0.749 1	0.212 6
大连	0.780 0	0.128 1	0.000 0	0.501 9	0.105 8
济南	0.400 0	0.161 8	0.031 9	0.000 0	0.070 9
天津	0.213 3	0.314 9	0.129 8	0.501 9	0.025 2
西安	0.020 0	0.000 0	0.056 6	0.250 9	0.131 2
武汉	0.106 7	0.158 5	0.119 5	0.501 9	0.048 3
苏州	0.773 3	0.301 8	0.025 7	0.501 9	0.000 0

对表 7-4 中的数据，用明考斯基（minkowski）$q=1$ 时的绝对值距离公式

$$d_{ij}(q) = \Big| \sum_{k=1}^{m} |x_{ik} - x_{jk}|^q \Big|^{\frac{1}{q}}$$

计算可得 12 个软件园区之间的绝对值距离矩阵如下：

$$D=\begin{bmatrix}
0 \\
2.670\,1 & 0 \\
2.017\,9 & 1.588\,5 & 0 \\
3.016\,3 & 2.267\,5 & 2.218\,0 & 0 \\
2.720\,8 & 2.175\,7 & 2.002\,6 & 0.544\,7 & 0 \\
2.452\,5 & 1.456\,6 & 1.507\,6 & 0.817\,1 & 0.719\,1 & 0 \\
3.507\,7 & 1.468\,6 & 2.562\,8 & 1.012\,8 & 0.964\,3 & 1.055\,2 & 0 \\
3.598\,9 & 2.319\,9 & 2.954\,0 & 0.669\,5 & 0.985\,6 & 1.146\,4 & 0.982\,4 & 0 \\
2.705\,2 & 1.916\,9 & 1.760\,3 & 0.690\,9 & 0.258\,8 & 0.616\,6 & 0.963\,9 & 0.985\,2 & 0 \\
3.044\,7 & 2.525\,7 & 2.486\,5 & 0.268\,4 & 0.712\,1 & 1.085\,5 & 1.221\,1 & 0.877\,8 & 0.938\,3 & 0 \\
2.742\,0 & 2.146\,4 & 2.010\,4 & 0.461\,1 & 0.083\,5 & 0.689\,8 & 0.880\,7 & 0.908\,6 & 0.296\,5 & 0.641\,9 & 0 \\
3.407\,4 & 1.381\,7 & 2.462\,5 & 1.260\,0 & 0.918\,9 & 1.085\,2 & 0.312\,0 & 1.092\,3 & 0.702\,2 & 1.468\,2 & 0.009\,8 & 0
\end{bmatrix}$$

我们对技术创新能力评价距离进行聚类，得到聚类结果（表7-5）。

表 7-5　技术创新能力评价结果分类表

类别	软件园区
一	北京
二	深圳、上海
三	杭州
四	南京、大连、西安
五	成都、济南、天津、武汉、苏州

三、社会贡献

在软件园区的社会贡献评价的 12 个聚类的对象，每一个聚类对象又都由 8 个要素构成。它们所对应的要素数据经过极差标准化数据处理后，得到如表 7-6 所示的软件园区社会贡献评价极差标准化处理后的数据。

表 7-6　软件园区社会贡献评价极差标准化处理后的数据

城市	$X1$	$X2$	$X3$	$X4$	$X5$	$X6$	$X7$	$X8$
北京	0.934 6	1.000 0	0.103 5	1.000 0	1.000 0	0.030 8	1.000 0	0.391 7
深圳	1.000 0	0.774 4	1.000 0	0.428 6	0.157 1	0.293 7	0.407 4	1.000 0
上海	0.300 9	0.604 4	0.288 6	0.500 0	0.281 5	0.209 8	0.888 9	0.172 3
南京	0.772 4	0.227 1	0.116 5	0.071 4	0.086 8	0.214 3	0.268 5	0.341 6
成都	0.919 2	0.182 5	0.027 8	0.000 0	0.070 8	0.067 9	0.407 4	0.059 1
杭州	0.534 9	0.173 9	0.012 7	0.285 7	0.101 6	0.111 9	0.143 5	0.587 7
大连	0.586 0	0.101 0	0.169 6	0.142 9	0.026 4	0.186 2	0.222 2	0.125 0
济南	0.437 0	0.053 8	0.000 0	0.000 0	0.000 0	0.083 9	0.222 2	0.000 0

城市	$X1$	$X2$	$X3$	$X4$	$X5$	$X6$	$X7$	$X8$
天津	0.000 0	0.046 9	0.194 9	0.000 0	0.015 3	0.926 4	0.083 3	0.327 3
西安	0.571 7	0.046 9	0.007 6	0.000 0	0.130 7	0.000 0	0.138 9	0.129 9
武汉	0.134 7	0.023 8	0.017 7	0.000 0	0.077 4	0.214 9	0.083 3	0.204 5
苏州	0.091 0	0.000 0	0.012 7	0.071 4	0.003 4	1.000 0	0.000 0	0.742 0

对表 7-6 中的数据，用明考斯基（minkowski）$q=1$ 时的绝对值距离公式

$$d_{ij}(q) = \left| \sum_{k=1}^{m} |x_{ik} - x_{jk}|^q \right|^{\frac{1}{q}}$$

计算可得 12 个软件园区之间的绝对值距离矩阵如下：

$$D = \begin{bmatrix}
0 \\
4.065 & 0 \\
2.942 & 3.169 & 0 \\
3.755 & 2.963 & 2.438 & 0 \\
3.800 & 3.326 & 2.748 & 0.935 & 0 \\
4.063 & 3.109 & 2.593 & 1.097 & 1.561 & 0 \\
4.344 & 3.502 & 2.257 & 0.788 & 1.113 & 1.115 & 0 \\
4.770 & 4.264 & 2.722 & 1.302 & 0.970 & 1.312 & 0.762 & 0 \\
5.841 & 4.732 & 3.395 & 2.086 & 2.728 & 2.351 & 1.901 & 1.963 & 0 \\
4.435 & 4.036 & 2.762 & 1.161 & 0.970 & 1.058 & 0.752 & 0.577 & 2.054 & 0 \\
3.073 & 4.305 & 2.565 & 1.343 & 1.576 & 1.412 & 1.121 & 0.902 & 1.231 & 0.869 & 0 \\
6.179 & 4.553 & 4.046 & 2.550 & 3.187 & 2.116 & 2.500 & 2.368 & 0.975 & 2.482 & 1.624 & 0
\end{bmatrix}$$

我们对社会贡献评价距离进行聚类，得到聚类结果（表 7-7）。

表 7-7　社会贡献评价结果分类表

类别	软件园区
一	深圳
二	北京
三	上海
四	南京、成都、杭州、大连、济南、西安、武汉
五	天津、苏州

四、政府作用

在软件园区的政府作用评价的 12 个聚类的对象，每一个聚类对象又都由 3 个要素构成。它们所对应的要素数据经过极差标准化数据处理后，得到如表 7-8 所示的软件园区政府作用评价极差标准化处理后的数据。

表 7-8　软件园区政府作用评价极差标准化处理后的数据

城市	X1	X2	X3
北京	0.599 4	1.000 0	0.399 4
深圳	0.801 1	0.824 5	0.600 6
上海	1.000 0	0.755 3	1.000 0
南京	0.599 4	0.122 3	0.600 6
成都	0.198 9	0.303 2	0.399 4
杭州	0.599 4	0.430 9	0.600 6
大连	0.400 6	0.058 5	0.198 2
济南	0.198 9	0.074 5	0.000 0
天津	0.801 1	0.505 3	0.600 6
西安	0.000 0	0.000 0	0.000 0
武汉	0.599 4	0.659 6	0.600 6
苏州	0.400 6	0.659 6	0.399 4

对表 7-8 中的数据，用明考斯基（minkowski）$q = 1$ 时的绝对值距离公式

$$d_{ij}(q) = \Big| \sum_{k=1}^{m} |x_{ik} - x_{jk}|^{q} \Big|^{\frac{1}{q}}$$

计算可得 12 个软件园区之间的绝对值距离矩阵如下：

$$D = \begin{bmatrix}
0 \\
0.587 & 0 \\
1.246 & 0.667 & 0 \\
1.079 & 0.904 & 1.433 & 0 \\
1.097 & 1.325 & 1.854 & 0.783 & 0 \\
0.770 & 0.595 & 1.124 & 0.309 & 0.729 & 0 \\
1.342 & 1.569 & 2.098 & 0.665 & 0.648 & 0.974 & 0 \\
1.725 & 1.953 & 2.482 & 1.049 & 0.628 & 1.358 & 0.416 & 0 \\
0.898 & 0.319 & 0.848 & 0.585 & 1.006 & 0.276 & 1.250 & 1.634 & 0 \\
1.999 & 2.226 & 2.755 & 1.322 & 0.901 & 1.631 & 0.657 & 0.273 & 1.907 & 0 \\
0.542 & 0.367 & 0.896 & 0.537 & 0.958 & 0.229 & 1.202 & 1.586 & 0.356 & 1.860 & 0 \\
0.539 & 0.767 & 1.296 & 0.937 & 0.558 & 0.629 & 0.802 & 1.186 & 0.756 & 1.460 & 0.400 & 0
\end{bmatrix}$$

我们对政府作用评价距离阵进行聚类，得到聚类结果（表 7-9）。

表 7-9　政府作用评价结果分类表

类别	软件园区
一	上海
二	深圳、杭州、天津、武汉、苏州
三	北京
四	南京、成都、大连
五	济南、西安

五、国际竞争力

在软件园区的国际竞争力评价的 12 个聚类的对象，每一个聚类对象又都由 5 个要素构成。它们所对应的要素数据经过极差标准化数据处理后，得到如表 7-10 所示的软件园区国际竞争力评价极差标准化处理后的数据。

表 7-10　软件园区国际竞争力评价极差标准化处理后的数据

城市	$X1$	$X2$	$X3$	$X4$	$X5$
北京	0.103 5	0.008 4	1.000 0	1.000 0	1.000 0
深圳	1.000 0	0.724 7	0.000 0	0.222 2	0.698 9
上海	0.288 6	0.230 3	0.614 3	1.000 0	0.876 3
南京	0.116 5	0.216 3	0.048 6	0.333 3	0.322 6
成都	0.027 8	0.039 3	0.000 0	0.111 1	0.091 4
杭州	0.012 7	0.002 8	0.000 0	0.111 1	0.204 3
大连	0.169 6	0.595 5	0.028 6	0.666 7	0.123 7
济南	0.000 0	0.000 0	0.000 0	0.111 1	0.000 0
天津	0.194 9	1.000 0	0.028 6	0.000 0	0.602 2
西安	0.007 6	0.050 0	0.228 6	0.222 2	0.048 4
武汉	0.017 7	0.126 4	0.000 0	0.000 0	0.295 7
苏州	0.012 7	0.140 4	0.054 3	0.111 1	0.521 5

对表 7-10 中的数据，用明考斯基（minkowski）$q = 1$ 时的绝对值距离公式

$$d_{ij}(q) = \left| \sum_{k=1}^{m} |x_{ik} - x_{jk}|^q \right|^{\frac{1}{q}}$$

计算可得 12 个软件园区之间的绝对值距离矩阵如下：

$$D = \begin{bmatrix}
0 & & & & & & & & & & & \\
3.692 & 0 & & & & & & & & & & \\
0.916 & 2.775 & 0 & & & & & & & & & \\
2.516 & 1.928 & 1.972 & 0 & & & & & & & & \\
2.904 & 2.376 & 2.740 & 0.768 & 0 & & & & & & & \\
2.781 & 2.315 & 2.679 & 0.706 & 0.165 & 0 & & & & & & \\
2.834 & 2.008 & 2.156 & 0.985 & 1.314 & 1.414 & 0 & & & & & \\
3.001 & 2.535 & 2.898 & 0.926 & 0.159 & 0.220 & 1.473 & 0 & & & & \\
3.452 & 1.428 & 2.723 & 1.495 & 1.778 & 1.717 & 1.575 & 1.937 & 0 & & & \\
2.639 & 2.546 & 2.452 & 0.840 & 0.414 & 0.548 & 1.427 & 0.446 & 0.784 & 0 & & \\
2.908 & 2.206 & 2.570 & 0.597 & 0.413 & 0.331 & 1.488 & 0.551 & 0.853 & 0.784 & 0 & \\
2.536 & 1.914 & 2.170 & 0.607 & 0.601 & 0.509 & 1.591 & 0.729 & 0.557 & 0.853 & 0.410 & 0
\end{bmatrix}$$

我们对国际竞争力评价距离矩阵进行聚类，得到聚类结果（表 7-11）。

表 7-11　国际竞争力评价结果分类表

类别	软件园区
一	深圳
二	北京、上海
三	天津
四	大连
五	南京、成都、杭州、济南、西安、武汉、苏州

六、人力资源

在软件园区的人力资源评价的 12 个聚类的对象，每一个聚类对象又都由 8 个要素构成。它们所对应的要素数据经过极差标准化数据处理后，得到如表 7-12 所示的软件园区人力资源评价极差标准化处理后的数据。

表 7-12　软件园区人力资源评价极差标准化处理后的数据

城市	X1	X2	X3	X4	X5	X6	X7	X8
北京	0.979 9	1.000 0	0.502 3	0.870 9	0.778 0	0.000 0	1.000 0	1.000 0
深圳	0.413 8	0.000 0	0.705 1	1.000 0	0.778 0	0.000 0	0.000 0	0.000 0
上海	1.000 0	0.754 3	1.000 0	0.989 3	1.000 0	0.000 0	0.684 9	0.704 2
南京	0.816 1	0.494 3	0.516 1	0.494 0	0.444 0	0.000 0	0.452 1	0.880 3
成都	0.387 9	0.394 3	0.023 0	0.527 7	0.112 0	0.000 0	0.411 0	0.704 2
杭州	0.298 9	0.705 7	0.824 9	0.757 7	0.222 0	0.000 0	0.356 2	0.528 2
大连	0.727 0	0.491 4	0.202 8	0.309 8	0.334 0	1.000 0	0.164 4	0.176 1
济南	0.227 0	0.277 1	0.318 0	0.122 1	0.000 0	0.000 0	0.671 2	0.704 2
天津	0.244 3	0.491 4	0.410 1	0.585 9	0.444 0	0.000 0	0.479 5	0.707 2
西安	0.000 0	0.197 1	0.000 0	0.000 0	0.112 0	0.000 0	0.438 4	0.968 3
武汉	0.396 6	0.834 3	0.410 1	0.603 6	0.444 0	0.000 0	0.479 5	0.968 3
苏州	0.502 9	0.242 9	0.290 3	0.494 0	0.666 0	0.000 0	0.013 7	0.088 0

对表 7-12 中的数据，用明考斯基（minkowski）$q=1$ 时的绝对值距离公式

$$d_{ij}(q) = \left| \sum_{k=1}^{m} |x_{ik} - x_{jk}|^q \right|^{\frac{1}{q}}$$

计算可得 12 个软件园区之间的绝对值距离矩阵如下：

$$
D = \begin{bmatrix}
0 \\
3.898 & 0 \\
1.715 & 3.257 & 0 \\
2.062 & 3.258 & 2.388 & 0 \\
3.571 & 3.356 & 3.573 & 1.604 & 0 \\
3.083 & 2.623 & 2.439 & 1.971 & 1.773 & 0 \\
4.726 & 3.782 & 4.727 & 2.691 & 2.831 & 0.050 & 0 \\
3.811 & 3.882 & 3.813 & 2.216 & 1.351 & 0.045 & 3.386 & 0 \\
2.769 & 2.891 & 2.776 & 0.973 & 1.090 & 0.025 & 2.922 & 1.426 & 0 \\
4.415 & 4.389 & 4.945 & 2.557 & 1.427 & 0.051 & 3.822 & 1.356 & 2.169 & 0 \\
1.995 & 3.325 & 2.685 & 1.091 & 1.576 & 0.043 & 3.392 & 2.200 & 0.774 & 2.421 & 0 \\
3.833 & 1.466 & 3.835 & 2.243 & 2.135 & 0.049 & 2.315 & 2.649 & 2.026 & 3.192 & 2.495 & 0
\end{bmatrix}
$$

我们对人力资源评价距离矩阵进行聚类，得到聚类结果（表 7-13）。

表 7-13　人力资源评价结果分类表

类别	软件园区
一	北京、上海
二	南京、杭州、天津、武汉
三	大连
四	成都、济南、西安
五	深圳、苏州

七、企业运营成本

在软件园区的企业运营成本评价的 12 个聚类的对象，每一个聚类对象又都由 8 个要素构成。它们所对应的要素数据经过极差标准化数据处理后，得到如表 7-14 所示的软件园区企业运营成本评价极差标准化处理后的数据。

表 7-14　软件园区企业运营成本评价极差标准化处理后的数据

城市	$X1$	$X2$	$X3$	$X4$	$X5$	$X6$	$X7$	$X8$
北京	1.000 0	0.783 8	1.000 0	0.336 9	1.000 0	1.000 0	1.000 0	1.000 0
深圳	0.430 7	0.243 4	0.718 9	1.000 0	0.668 9	1.000 0	1.000 0	0.666 7
上海	0.832 8	1.000 0	0.992 2	0.439 1	0.991 2	1.000 0	1.000 0	0.666 7
南京	0.211 5	0.611 4	0.028 3	0.010 0	0.308 7	1.000 0	1.000 0	0.500 0
成都	0.052 8	0.027 8	0.112 5	0.006 3	0.125 0	1.000 0	1.000 0	0.333 3
杭州	0.421 4	0.587 8	0.844 9	0.680 8	0.795 7	1.000 0	1.000 0	0.333 3
大连	0.184 8	0.228 3	0.050 7	0.460 9	0.170 3	1.000 0	1.000 0	0.666 7

续表

城市	X1	X2	X3	X4	X5	X6	X7	X8
济南	0.107 6	0.062 5	0.059 5	0.298 3	0.120 5	1.000 0	1.000 0	0.666 7
天津	0.207 6	0.681 0	0.260 9	0.860 2	0.408 2	1.000 0	1.000 0	0.000 0
西安	0.134 0	0.090 7	0.017 5	0.000 0	0.049 2	1.000 0	1.000 0	1.000 0
武汉	0.000 0	0.000 0	0.000 0	0.195 4	0.000 0	1.000 0	1.000 0	0.500 0
苏州	0.211 5	0.611 4	0.028 3	0.010 0	0.308 6			0.500 0

对表 7-14 中的数据，用明考斯基（minkowski）$q=1$ 时的绝对值距离公式为

$$d_{ij}(q) = \Big| \sum_{k=1}^{m} |x_{ik} - x_{jk}|^{q} \Big|^{\frac{1}{q}}$$

计算可得 12 个软件园区之间的绝对值距离矩阵如下：

$$D = \begin{bmatrix}
0 \\
2.718 & 0 \\
0.836 & 2.315 & 0 \\
3.451 & 2.795 & 3.252 & 0 \\
4.463 & 3.071 & 4.264 & 1.181 & 0 \\
2.145 & 1.259 & 1.741 & 2.374 & 3.006 & 0 \\
3.607 & 1.967 & 3.204 & 1.188 & 1.228 & 2.569 & 0 \\
3.806 & 2.413 & 3.607 & 1.327 & 0.772 & 3.015 & 0.464 & 0 \\
3.749 & 2.186 & 3.346 & 1.756 & 2.427 & 1.791 & 1.989 & 2.436 & 0 \\
3.829 & 3.104 & 4.297 & 1.378 & 0.988 & 3.706 & 1.137 & 0.799 & 3.126 & 0 \\
4.425 & 3.033 & 4.227 & 1.345 & 0.674 & 3.302 & 1.066 & 0.620 & 2.722 & 0.987 & 0 \\
3.451 & 2.795 & 3.252 & 0.000 & 1.180 & 2.375 & 1.188 & 1.327 & 1.756 & 1.378 & 1.345 & 0
\end{bmatrix}$$

我们对企业运营成本评价距离矩阵进行聚类，得到聚类结果（表7-15）。

表 7-15　企业运营成本评价结果分类表

类别	软件园区
一	北京、上海
二	深圳、杭州
三	天津
四	南京、苏州
五	大连、成都、济南、武汉、西安

八、软件园区综合评价

在软件园区综合评价的 12 个聚类的对象，每一个聚类对象又都有 7 个要素构成。它们所对应的要素数据经过极差标准化数据处理后，得到如表 7-16 所示

的软件园区综合评价极差标准化处理后的数据。

表 7-16 软件园区综合评价极差标准化处理后的数据

城市	X1	X2	X3	X4	X5	X6	X7
北京	0.626 6	1.000 0	0.977 6	0.455 9	0.619 0	1.000 0	0.000 0
深圳	1.000 0	0.246 2	1.000 0	0.785 9	1.000 0	0.162 0	0.541 6
上海	0.509 3	0.216 9	0.522 9	1.000 0	0.690 4	0.958 7	0.037 1
南京	0.161 7	0.021 8	0.523 1	0.653 7	0.080 0	0.622 7	0.862 6
成都	0.146 1	0.000 0	0.649 1	0.222 0	0.003 2	0.175 5	0.998 2
杭州	0.230 1	0.067 5	0.258 7	0.681 1	0.011 6	0.317 2	0.568 1
大连	0.146 2	0.025 1	0.325 1	0.106 5	0.204 4	0.298 3	0.885 1
济南	0.000 0	0.004 8	0.161 6	0.010 6	0.000 0	0.065 0	0.946 7
天津	0.239 4	0.001 4	0.003 0	0.767 0	0.353 4	0.260 9	0.850 6
西安	0.059 9	0.017 0	0.250 0	0.000 0	0.017 2	0.000 0	0.902 2
武汉	0.153 4	0.002 0	0.000 0	0.698 4	0.025 4	0.536 2	1.000 0
苏州	0.155 6	0.009 9	0.018 0	0.328 0	0.084 7	0.016 6	0.862 6

对表 7-16 中的数据，用明考斯基（minkowski）$q = 1$ 时的绝对值距离公式

$$d_{ij}(q) = \Big| \sum_{k=1}^{m} |x_{ik} - x_{jk}|^q \Big|^{\frac{1}{q}}$$

计算可得 12 个软件园区之间的绝对值距离矩阵如下：

$$D = \begin{bmatrix}
0 \\
3.240 & 0 \\
2.049 & 2.822 & 0 \\
3.874 & 3.373 & 2.661 & 0 \\
4.482 & 3.482 & 3.916 & 1.255 & 0 \\
4.131 & 2.965 & 2.863 & 1.074 & 1.581 & 0 \\
4.459 & 3.705 & 3.641 & 1.235 & 0.902 & 1.296 & 0 \\
5.384 & 4.357 & 4.566 & 1.905 & 1.015 & 1.703 & 0.925 & 0 \\
4.527 & 3.076 & 3.087 & 1.379 & 1.869 & 1.098 & 1.320 & 1.803 & 0 \\
5.237 & 4.211 & 4.419 & 1.759 & 1.010 & 1.568 & 0.779 & 0.298 & 1.858 & 0 \\
4.749 & 3.986 & 3.446 & 0.875 & 1.519 & 1.083 & 1.479 & 1.555 & 0.911 & 1.699 & 0 \\
4.929 & 3.902 & 4.111 & 1.460 & 1.132 & 1.394 & 0.977 & 0.839 & 1.072 & 0.768 & 1.115 & 0
\end{bmatrix}$$

我们对综合评价距离矩阵进行聚类，得到聚类结果（表 7-17）。

表 7-17 综合评价结果分类表

类别	软件园区
一	北京

续表

类别	软件园区
二	深圳
三	上海
四	南京、杭州、天津、武汉
五	大连、成都、济南、西安、苏州

第三节　软件园区发展评价的综合分析与定位

到目前为止，我国的 50 多个国家高新技术产业开发区都或多或少的发展软件和服务外包业务，专门建立的软件园区也有 20 多个。从总体上看，我国软件产业发展状况良好，但具体到各个区域，则发展状况参差不齐。本节采用模糊多因素、多层次综合评判法和系统聚类分析法对我国 12 个典型软件园区的环境竞争力、技术创新能力、社会贡献、政府作用、国际竞争力、人力资源以及企业运营成本等方面的水平作出了比较分析，以此为基础，我们可以对各软件园区的发展状况和区域定位作出综合评价。

我们从前面的研究发现，北京、深圳、上海的综合发展水平最高，综合评判值在 0.5 以上，位于前 3 位，济南、杭州、苏州，综合评判值在 0.1 以下，位于后 3 位。在发展模式上，南京、杭州、天津、武汉 4 个地区相似，大连、成都、济南、西安、苏州 5 个地区相似，下面就对这 12 个软件园区进行具体分析和定位。

一、北京软件园

在这 12 个软件园区中，北京以综合评判值 0.837 783 位居第一，这主要有三个方面的原因：

一是北京软件园有着丰富的人力资源，其人力资源综合评判值 0.896 227 排名第一。北京是中华人民共和国的首都，是中国的政治、经济、文化、教育中心。北京集中了各类高等院校 83 所，其中，包括计算机软件专业及相关专业强势学科的清华大学、北京大学、北京航空航天大学、北京邮电大学等国际名校，拥有科研机构 118 家。2007 年北京市本专科在校学生 56.8 万人，占全国 1885 万在校生的 3%，研究生 18.7 万人，占全国 120 万在读研究生的 16%，北京还拥有 40.8 万人的科研队伍。北京凭借中国文化中心的天然优势，又吸引了大批人才聚集北京，人才流动比率相对较低，与国内其他城市相比，北京在高端人才方面占据了一定的优势，人才结构相对合理、人才质量较高。

二是北京软件园有着很强的技术创新能力，其技术创新能力综合评判值 0.980 507 排名第一，远高于排名第二的深圳 0.244 583 和第三名上海的 0.215 970。北京凭借中国文化及教育中心的天然优势、首都地区智力资源密集优势和较强的科研实力，以自主创新为基础，通过鼓励企业并购、发展企业联盟、拓展新兴业务等途径，支持一批重点企业扩大规模，做大做强，使其成为凝聚和整合创新资源的主体，改变软件生产方式，提高产业化能力，带动北京软件产业向有技术、有品牌、有规模、有实力的方向发展。目前北京在基础软件、IT 咨询、软件出口、数字媒体软件等若干重点领域取得突破，促进北京软件产业向高端移动、整体升级。截至 2007 年年底，北京的软件企业专利申请数为 1266 件，比去年同期增长 82.7%；获批的国内专利数为 865 件，比去年同期增长 46.4%；获批的国际专利达到 54 件；软件著作数 8666 件；上市软件企业 60 家；CMM/CMMI 认证企业数 127 个。北京软件产业总量规模居全国首位，占全国总额的 1/5，确立了北京软件产业以自主创新为主，居于全国软件产业高端发展的地位。

三是北京软件园有着很强的社会贡献能力，其社会贡献能力综合评判值为 0.846 313 排名第二，仅次于排名第一的深圳综合评判值 0.865 369 约 0.01。目前北京凭借各项优势以及"做大做强、高端突破"的北京软件业发展的总体战略，已基本形成软件产业集聚效应，且效果显著。2007 年北京市软件产业销售收入 1263 亿元，居全国首位，占全国总额 1/4，对区域经济的贡献率为 11.426 31%。出口 4.59 亿美元，集聚入园企业数 4335 家，位全国第一，其中全国百强千人以上软件企业数 14 家，园区进驻世界 500 强企业数 201 家，占园区企业总数的 4.6%，园区进驻国外研发机构 350 家，从业人员 22.8 万人，营业收入超过亿元的 128 家企业占到总收入的 60% 以上，说明北京软件产业集中度较高。

除此之外，北京软件园还有着很强的环境支撑力，排名第二。其环境支撑力综合评判值为 0.523 556，仅次于深圳。北京软件园还有着很强的国际竞争力，排名第三。北京软件园的政府作用排名第七。

从企业需求的角度看，北京软件园区的企业运营成本过高，在参与评价的 12 家软件园区中，北京软件园区的企业运营成本综合评判值为 0.984 341。排名第一，高于排名第二的综合评判值为 0.951 845 的上海 0.03 个点，高于排名第三的综合评判值为 0.509 885 的深圳 0.48 个点。

二、深圳软件园

深圳软件园以综合评判值 0.737 923 位居第二，这主要有以下几个方面的原因：

一是深圳软件园有很强的环境支撑力,其环境支撑力综合评判值为 0.776 298,排名第一,高于排名第二的综合评判值为 0.523 556 的北京 0.25 个点。深圳是珠江三角洲地区的中心城市,是我国改革开放与发展的前沿地带。深圳市位于珠江口之东,是珠江三角洲城市群中最重要的城市之一。作为我国最早建立的经济特区,深圳已形成以计算机软件和通信产业为主导,医药生物技术、新材料等新兴行业发展迅猛的产业格局。其所建立的计算机软件运营环境较为完善,尤其表现为计算机软件企业运营的通信网络发达程度最高,为全国之首,其软件园区所处位置的交通系统的便捷、高效与安全性也为全国之首,其为软件园区配套的医疗、保健、商务和健身等设施也为全国第一,其风险投资的支持程度位居 12 个软件城市第二,其所在市的人均 GDP 居 12 个软件城市之首。总之,目前深圳已建立起一整套与软件产业发展相配套的软件产业发展的支撑环境体系,为深圳的软件产业的发展提供了可靠的保证。

二是深圳软件园有着很强的社会贡献能力,其社会贡献能力为综合评判值为 0.865 369,排名第一。深圳与香港地区、澳门地区和东南亚毗邻,得天独厚的区域优势吸引了一大批从事金融服务、软件开发的香港企业。经过长时间的发展积累,深港软件界已经形成了广泛而紧密的联系与合作,共同面向国际市场,开创了香港接单、深圳开发的模式。目前,一大批香港软件企业已加速向深圳转移业务,以期完成企业结构的优化与转型。据香港软件行业协会统计资料显示,香港的 700 多家软件公司中有 200 多家在深圳设立了分支机构。目前深圳凭借深港优势已形成软件产业集聚效应,且产业格局已经形成,成为深圳的主导产业。2007 年深圳市软件产业销售收入 1000 亿元,居全国第二,占全国总额 1/5,对区域经济的贡献率为 12.040 81%,位居全国之首,出口 40 亿美元,居全国第一,占全国总额近 1/2,集聚入园企业数 859 家,其中全国百强千人以上软件企业数 6 家,园区进驻世界 500 强企业数 145 家,占园区企业总数的 16.9%,远高于北京 4.6%,从业人员 10 万人,人均销售收入居全国最高,这说明深圳软件产业的产出能力很强,软件集中度较高,且规模较大。

三是深圳软件园有着很强的国际竞争力。其国际竞争力综合评判值为 0.745 490,排名第一,高于排名第二的综合评判值为 0.515 139 的上海 0.19 个点,深圳凭借深港和经济特区的各项优势,形成强大的国际竞争力,2007 年深圳软件出口达 40 亿美元,占全国软件出口总额的半壁江山,其软件园区出口额占销售收入的比重高达 28%。从深圳市对外出口的国家和地区来看,对香港地区和美国的出口一直占深圳对外出口的 60% 左右,其中美国 20% 左右,香港地区 40% 左右,欧洲占据 12% 左右,日本占据 3% 左右(中国软件行业协会,2008)。这确立了深圳软件产业以具有自主知识产权的与制造业结合的产品为主,广泛开拓国内与国际市场,居于全国软件产业规模生产发展的地位。

四是深圳软件园有着很强的技术创新能力，其技术创新能力综合评判值0.244 583，排名第二。深圳软件产业的技术创新能力有其自己独特的特点，就是深圳企业的自主创新积极性非常高，并且企业研发投入产出效率非常高，位居全国第一，且企业研发能力很强，位于全国 12 个软件园区的第二名，具有知识产权的软件著作权数为 3200 件。统计显示，深圳本土企业占软件企业总数的91%，创造了软件产业 97%的营业收入、99%的利润。全市著名的自主创新企业，80%集中在软件产业。2006 年，深圳软件产业的研发投入 130 亿元，占全市研发投入总额的 65%，研发投入强度为全市工业平均水平的 10 倍，已成为深圳研发投入强度最大的产业，深圳也成为我国软件企业研发投入产出效率最高的地区。深圳在软件产业发展中，有自己独特的定位，深圳软件业走出的是一条与设备制造业融合发展的道路。目前，深圳软件业在企业信息化软件、金融证券软件、通信和网络服务等领域具有显著的优势，分别以金蝶、金证和腾讯为代表。设备相关软件（即嵌入式软件）更是在全国占有绝对优势，深圳软件产业总收入的 80%为嵌入式软件。嵌入式软件引导深圳 500 多家电子信息设备制造企业和机电设备制造企业，走上了以软件为核心的产业结构调整与增长方式转变的道路，形成通信、医疗电子、数字装备、数字电视和汽车电子等经济增长点。

五是深圳软件园的发展有着很强的政府作用，其政府作用综合评判值为0.784 187，排名第二。深圳软件园是目前国内唯一实行政府全额事业单位管理的软件园区，是深圳市政府扶持软件产业发展的重要平台，也是负责园区服务的专门机构。深圳软件园为"一园多区"的布局，包括高新区主园、南山软件园、福田软件园、罗湖软件园和蛇口火炬创业园。深圳政府为行业发展提供了巨大的支持。深圳市政府曾先后出台了一系列支持政策。例如，深圳市政府加大自主创新研究开发支持力度，对企业和科研机构研究开发、研制技术标准规范、软件企业 CMM 认证等提供补助，分担和降低研发成本；加大培育自主创新行业龙头企业支持力度，对通信、数字视听、软件、新型储能材料、生物医药及医疗器械、半导体等六大战略创新产业和其他重点领域处于行业龙头地位的企业，提供 500万元以下的研发支持。经过多年的建设，深圳软件园已成为我国重要的软件技术研发基地、软件企业孵化基地、软件开发产业化基地、软件出口基地、软件人才培养基地以及国际软件技术交流与合作基地，为深圳软件产业的发展提供了巨大的支撑作用。

从企业需求的角度来看，深圳软件园区主要是人力资源匮乏，在参与评价的12 家软件园区中，深圳软件园区的人力资源综合评判值为 0.312 095，排名第九，与排名第一的北京人力资源综合评判值 0.984 341 相比，相差 0.67 个点；另外企业运营成本太高，在参与评价的 12 家软件园区中，深圳软件园区的企业运营成本综合评判值为 0.509 885，排名第三，远高于排名第五的综合评判值为

0.239 207 的天津，以及南京、苏州等城市，更高于大连、西安、济南、成都、武汉等城市。从某种程度来说，这影响了深圳软件园区的发展。

三、上海软件园

上海软件园以综合评判值 0.491 645 位居第三，这主要有以下几个方面的原因：

一是上海软件园有着丰富的人力资源，其人力资源综合评判值 0.867 434，排名第二，与排名第一的北京（0.896 227）仅差 0.03，高于排名第三的综合评判值为 0.633 229 的南京 0.23 个点。上海位于我国南北弧形海岸线中部，长江与东海在此连接，交通便利，地理位置优越，是一个良好的江海港口。上海作为一个现代化的大都市，是我国经济、金融、贸易以及航运中心，上海凭借其雄厚的经济实力、强大的凝聚力和辐射力，吸引了大量的人才。其雄厚的教学和科研实力均居全国第二位，上海拥有包括上海交通大学、复旦大学、同济大学等国际名校在内各类高等院校 60 所，科研机构 118 家。2007 年上海本专科在校学生 40 万人，占全国 1885 万在校生的 2.1%。上海有 4 所示范性软件学院，分别是上海交通大学软件学院、华东师范大学软件学院、同济大学软件学院和复旦大学软件学院，四所学院每年招生人数总计约 700 人，其中研究生约 150 人。此外，上海有 500 多家社会力量办学的计算机应用技术培训机构，所提供的计算机技术培训近 10 万人次。上海凭借中国金融中心的天然优势，又吸引了大批人才聚集上海，人才流动率相对较低，并且通过聚类分析，我们发现，上海与北京在人力资源方面极为相似，同属第一类，均在高端人才方面占据了一定的优势，人才结构相对合理、人才质量较高。与国内其他城市相比，具有很强的人才优势。并且上海的风险投资的支持程度和产学研联系程度均位于全国第一，这些都对软件产业的发展形成强大的环境支撑。

二是上海软件园有着很强的国际竞争力，其国际竞争力综合评判值为 0.515 139，排名第二，高于排名第三的综合评判值为 0.462 048 的北京 0.05 个点。上海凭借现代化大都市、全国经济中心的优势，形成强大的国际竞争力。2007 年上海软件出口达 11.9 亿美元，位居全国第二位，仅次于深圳，其软件园区出口额占销售收入的比重达 14.3%；其园区进驻国外研发机构 215 家，位居全国第二位，仅次于北京；园区进驻世界 500 强企业数为 178 家，也位居全国第二位，仅次于北京，占园区企业总数的 13%，高于北京（4.6%）。从上海市对外出口的国家和地区来看，主要是对日出口，占软件出口的 60% 左右。这些都说明上海软件产业有很强的国际竞争力，确立了上海软件产业以具有自主知识产权的软件高端产品为主，广泛占据国内市场，积极开拓国际市场的发展定位。

三是上海软件园的发展有着很强的政府作用，其政府作用综合评判值为

0.997 539，排名第一，高于排名第二的综合评判值为 0.784 187 的深圳 0.21 个点。上海市政府非常重视成熟、适用的先进科技成果大规模地推广应用于国民经济建设，加大了在区域或行业中的覆盖面，占可推广面比例大；已取得较大的经济效益、社会效益和生态效益；推广机制、方法和措施有大的改进或创新；对行业或产业技术进步及经济和社会发展有大的推动作用的项目和个人有较大的奖励力度。上海为促进科学技术研发工作的开展，设置了多个奖项，扩大了评奖范围，尤其强调自主创新和拥有自主知识产权，自然科学奖强调科学发现并抢占科技制高点，技术发明奖突出原创性和发明专利及应用，科技进步奖既鼓励重大技术创新，同时也强调科技成果产业化及推广应用等。上海逐年提高支持服务外包企业发展的资金比例，对服务外包企业购买或租赁办公用房，给予适当补贴，对软件和服务外包行业中具有突出贡献的中高级人才给予奖励，对取得国际认证的企业给予一定补贴。目前上海取得 CMM/CMMI 认证的企业数 120 个，居全国第二，仅次于北京（127 个）。对纳入政府补贴目录的培训，按有关规定予以补贴，其政府科技成果奖励力度和对知识产权的保护程度居全国之首。

除此之外，上海软件园还有着很强的环境支撑力和技术创新能力，均排名第三。其环境支撑力综合评判值为 0.444 162，仅次于北京和深圳，远高于排名第四的综合评判值为 0.261 473 的天津。其技术创新能力综合评判值为 0.215 970，也仅次于北京和深圳，远高于排名第四的综合评判值为 0.070 125 的杭州。

从企业需求的角度来看，上海软件园区的主要欠缺是企业运营成本太高。在参与评价的 12 家软件园区中，上海软件园区的企业运营成本综合评判值为 0.951 845，排名第二，与排名第一的北京（0.984 341）仅差 0.03 个点，高于排名第三的综合评判值为 0.509 885 的深圳 0.45 个点。并且通过聚类分析，我们发现，上海与北京在企业运营成本方面极为相似，同属第一类，均属于高企业运营成本地区。上海软件产业的另一个欠缺是，上海作为现代化的大都市，其软件产业并未形成主导产业格局，其软件产业对上海经济的贡献率仅为 5.47%，远低于北京和深圳，在 12 个软件城市中排名第 8。

四、南京软件园

南京以综合评判值 0.251 196 位居第四，远低于排名第三的综合评判值为 0.491 645 的上海，比排名第五的成都综合评判值仅高 0.005 个点，但从各园区综合评价的聚类分析可知，虽然两者排名相当，但南京的发展模式与成都发展模式并不相似，南京与杭州、天津、武汉的总体发展模式相似。南京软件产业的发展呈现以下几个方面的特点：

一是南京软件园有着丰富的人力资源，其人力资源综合评判值为 0.633 229，排名第三，仅次于北京、上海。南京位于我国长江下游，东临富饶的长江三角洲，西靠皖南丘陵，南连太湖水网，北接江淮平原，长江穿越其境，交通便利，地理位置优越，也是我国的一座历史名城。近年来，随着改革步伐的加快，南京的人居环境显著改善，综合实力大幅提高。南京具有雄厚的教学和科研实力，拥有各类普通高等院校43所，2007年南京市拥有在校学生50万人，占全国1885万在校生的2.7%，高于上海。南京拥有科研机构105家，国家重点实验室、工程技术研究中心26个，国家大学科技园3家，省级公共服务平台10个，跨国公司研发机构30多家，各类科技企业孵化器25家，每年申报重大科研成果近千项，申请专利6000多件。南京高校每年向社会提供IT专业人才超过1万人，其人才技术水平居全国第三位，仅次于北京、上海；其人才观念水平全国第四位，仅次于上海、杭州和深圳；其人才知识水平全国第五，位于北京、武汉、上海和杭州之后；其管理人员经验全国排名第五，位于上海、北京、深圳和苏州之后，与武汉、天津齐名。通过聚类分析，我们发现，南京与杭州、天津、武汉在人力资源方面极为相似，同属第二类，均在人才数量和质量方面占有一定的优势，人才结构相对合理、人才质量较高。南京与国内其他城市大连、成都、济南、西安、深圳、苏州相比，具有很强的人才优势。这些都对南京软件产业的发展形成强大的支撑。

二是南京的软件企业具有很强的生产能力，其对社会的贡献能力的综合评判值为0.459 588，排名第四，在深圳、北京和成都之后，高于上海。目前南京凭借其人才优势，吸引了国内外软件巨头纷纷落户南京，包括国外著名的软件公司甲骨文、IBM、阿尔卡特、菲尼克斯等，以及国内知名的软件企业华为、中兴、东软等，已初步形成软件产业的集聚效应。2007年南京市软件产业销售收入362亿元，居全国第四，占全国总额7.3%，排在深圳、北京和上海之后，对区域经济的贡献率为9.9%，也位居全国第四，排在深圳、北京和成都之后。出口5.1亿美元，居全国第五，占全国软件出口总额的6.1%，集聚入园企业数569家，其中全国百强千人以上软件企业数1家，园区进驻世界500强企业数75家，占园区企业总数的13.2%，远高于北京4.6%，从业人员7万人，人均销售收入在评价的12个软件园区中排名第五，创造的软件著作数全国第五，在北京、深圳、上海和杭州之后。目前南京已经形成了电力自动化及管理软件、电信系统管理软件、企业信息化软件、网络与安全系统软件、嵌入式软件、教育软件六大特色产品群，说明南京的软件产业的产出能力很强，工业化程度很高，软件集中度较高，且规模较大，并且主要面临的是国内市场。

除此之外，南京软件园的环境支撑力、技术创新能力和政府作用均排名第6。其环境支撑力综合评判值为0.208 914。从聚类分析可知，在软件园区的环境支撑力方面，南京、天津、武汉非常相似，同属于一类，处于12个软件园区的中间水平，仅次于深圳、北京和上海，高于同属于第五类的成都、杭州、大连、济南、西安、苏州等地。南京软件园的技术创新能力综合评判值为0.025 519,排名第6。从聚类分析可知,在软件园区的技术创新能力方面,大连、南京、西安非常相似,同属于一类,处于12个软件园区的中间水平,仅次于深圳、北京、上海和杭州,高于同属于第五类的成都、济南、天津、武汉、苏州等地。南京软件园的政府作用综合评判值为0.652 460,排名第6。从聚类分析可知,在软件园区的政府作用能力方面,南京、成都、大连非常相似,同属于一类,处于12个软件园区的中等偏下水平,弱于上海、深圳、杭州、天津、武汉等地。

从企业需求的角度来看,南京软件园区的主要缺欠有两个方面:一是国际竞争力相对较弱;二是企业运营成本相对较高,没有成本优势。在参与评价的12家软件园区中,南京软件园区的国际竞争力综合评判值为0.061 012,排名第7,与排名第一的深圳(0.745 490)相差0.68,与排名第五的大连(0.153 526)还相差0.09个点。通过聚类分析,我们发现,南京与成都、杭州、济南、西安、武汉、苏州在国际竞争力方面极为相似,同属一类,均属于国际竞争力较低的地区。南京软件产业的另一个缺欠是没有成本优势,在参与评价的12家软件园区中,南京软件园区的企业运营成本综合评判值0.228 708,排名第6,处于中间水平。通过聚类分析,我们发现,南京与苏州在企业运营成本方面极为相似,同属一类,均属于中等企业运营成本地区,没有大连、成都、济南、武汉、西安等地具有成本优势。

综上所述,南京软件产业的定位是面向国内市场的应用软件,主要围绕电力自动化及管理软件、电信系统管理软件、企业信息化软件、网络与安全系统软件、嵌入式软件、教育软件6大特色产品群,并利用既有优势向国外市场拓展。

五、成都软件园

成都以综合评判值0.246 560位居第五,远低于排名第三的综合评判值为0.491 645的上海,与排名第四的南京综合评判值仅差0.005,但从各园区综合评价的聚类分析可知,虽然两者排名相当,但成都的发展模式与南京发展模式并不相似,成都与大连、济南、西安、苏州的总体发展模式相似。成都软件产业的发展呈现以下几个方面的特点:

一是成都软件园有着很强的社会贡献能力,其社会贡献能力的综合评判值为0.566 771,排名第三,仅次于深圳、北京,高于排名第四的南京(0.459 588)0.11个点。成都市位于四川省中部,是四川省省会,是中国西南地区的科技、商贸、金融中心和交通、通信枢纽,成都具有丰富的物产和得天独厚的旅游资源,是国家批准的对外开放城市。目前,成都凭借其成本优势,吸引了国内外软件大企业纷纷落户成都,截至2007年年底,入园企业数达503家,有32家世界

500 强 IT 跨国公司进驻，目前已初步形成软件产业的集聚效应。2007 年成都市软件产业销售收入 310 亿元，居全国第五，占全国总额 6.3％，排在北京、深圳、上海和南京之后；对区域经济的贡献率为 11.3％，位居全国第三，排在深圳、北京之后；出口 1.6 亿美元，排名第 7；从业人员 10 万人，排名第三，在北京、上海之后，与深圳齐名；创造的软件著作数在评价的 12 个软件园区中排名第 10。成都软件产业的一个显著特点是，其软件产业的 83.4％的收入总量，是由软件企业 50 强中，排名靠前的 5.3％的企业实现的。这说明成都软件产业的大企业产出能力很强，软件集中度较高，并且主要面临的是国内市场。目前，成都已经在应用软件、信息服务外包、信息安全、数字娱乐、IC 设计、嵌入式系统等 6 大重点发展领域实现了整体性推进、集群化发展。

二是成都软件园有着低廉的企业运营成本优势，其企业运营成本的综合评判值为 0.109 923，排名第 11 位，与排名第 12 位的武汉（0.108 362）只差 0.001个点，成为中国软件企业运营成本最低的城市，具体表现在成都的员工平均工资和办公场地租赁费均位于 12 个软件园区中的第 11 位，仅高于武汉。成都交通、生活费位于 12 个软件园区中的第 9 位，仅高于济南、西安和武汉。也正是由于成都的低企业运营成本优势，英特尔、中芯国际在这里设立了芯片基地，华为、中兴通信等国内知名 IT 企业相继在成都设立了研发机构，IBM 全球服务执行中心、EMC 中国解决方案中心、赛门铁克和华为联合组建的新公司也在成都落户，从而促进了成都软件和信息服务业的发展。从各园区企业运营成本的聚类分析可知，成都与大连、济南、武汉、西安都属于我国软件和服务外包企业运营成本较低廉的地区。

除此之外，成都软件园的人力资源排名第 8。其人力资源综合评判值为 0.321 505，高于深圳、济南、苏州、西安。从聚类分析可知，在软件园区的人力资源方面，成都、济南、西安非常相似，同属于一类，处于 12 个软件园区的中下水平，仅高于深圳和苏州。成都软件园的政府作用综合评判值为 0.222 256，排名第九，高于大连、济南和西安。从聚类分析可知，在软件园区的政府作用能力方面，南京、成都、大连非常相似，同属于一类，处于 12 个软件园区的中等偏下水平，高于济南和西安等地。成都软件园的环境竞争力综合评判值为 0.198 328，排名第 10，仅高于西安和济南，从聚类分析看，成都、杭州、大连、济南、西安、苏州软件园区的环境竞争力相似。

从企业需求的角度来看，成都软件园区的主要缺欠有两个方面：一是技术创新能力较差，二是国际竞争力相对较弱。在参与评价的 12 家软件园区中，成都软件园区的技术创新能力综合评判值为 0.004 187，排名第 12 位。通过聚类分析，我们发现，成都与济南、天津、武汉、苏州在技术创新能力方面极为相似，同属一类，均属于技术创新能力较低的地区。成都软件产业的另一个缺欠是国际竞争力较差，其国际竞争力综合评判值为 0.003 846，排名第 11。通过聚类分析，我们发现，成都与南京、成都、杭州、济南、西安、武汉、苏州在国际竞争力方面极为相似，同属一类，均属于国际竞争力较低的地区。

综上所述，成都软件产业的定位应以低成本优势，积极开展软件中端产品的服务外包业务，并利用既有优势向国外市场拓展，同时提高其技术创新能力，以利于软件产业的长久持续发展。

六、大连软件园

大连以综合评判值 0.161 308 位居第 6，远低于排名第 5 的综合评判值为 0.246 560 的成都，比排名第 7 的天津综合评判值（0.143 237）高 0.018 个点，比排名第 8 的武汉综合评判值（0.135 231）高 0.026 点，但从各园区综合评价的聚类分析可知，虽然三者排名很接近，但大连的发展模式与天津和武汉的发展模式并不相似，大连与成都、济南、西安、苏州的总体发展模式相似。大连软件产业的发展呈现以下几个方面的特点：

一是大连软件园有着很强的国际竞争力，其国际竞争力综合评判值为 0.153 526，排名第 5，仅次于深圳、上海、北京、天津，远高于排名第 6 的综合评判值为 0.064 502 的苏州。大连市位于辽东半岛最南端，东濒黄海，西临渤海，处于环渤海地区的圈首，是京津的门户，北依中国东北的辽宁省、吉林省、黑龙江省和内蒙古自治区广大腹地，南与中国山东半岛隔海相望，与日本、韩国、朝鲜和俄罗斯远东地区相邻，是东北、华北、海上门户，是重要的港口、贸易、工业、旅游城市，具有得天独厚的地缘优势。大连气候宜人、物产丰富、风光秀丽、交通便捷，海陆空交通四通八达，已形成具有较强运输能力的现代化立体交通运输网络，是我国著名的工业港口城市和海滨旅游城市，大连是集旅游、金融、会展、物流诸功能为一体的现代化都市，目前大连已形成以高新技术和新兴产业为先导，大型石化工业、电子信息产业和软件、先进装备制造业和船舶制造 4 大基地为支撑，新型材料、服装、家具、饮料和农产品深加工等优势产业快速发展的新型工业体系。大连软件产业凭借其优势，形成强大的国际竞争力。2007 年大连软件出口达 7.2 亿美元，位居全国第 4 位，仅次于深圳、上海和天津，其软件园区出口额占销售收入的比重达 23.4%，居全国第 3，仅次于深圳和天津，大连软件出口增长率达 50% 以上。可见大连软件产业的出口能力是很强的：其园区进驻国外研发机构 10 家，位居全国第 6 位；园区进驻世界 500 强企业数 38 家，占园区企业总数的 11.875%，高于北京（4.6%）；企业 CMM5/CMM5I 国际认证数位居全国第 3 位，仅次于北京和上海。从大连市对外出口的国家和地区来看，大连由于历史原因和地理原因形成的日韩语言文化背景，懂日语和韩语的软件人才很多，是大连对日韩外包业务的基础，目前已形成日本企业

在当地的企业集群，对韩业务不断增加，随着 INTEL 进驻大连，对欧美的业务
也不断增加。不过目前大连主要是对日出口，占软件出口的 85％左右，欧美等
其他占 15％左右。这些都说明大连软件产业有很强的国际竞争力。

　　二是大连软件园有着低廉的企业运营成本优势，其企业运营成本的综合评判
值为 0.209 032，排名第 8，与排名第 9 的西安（0.194 015）只差 0.015 个点，
大连软件企业的运营成本远低于北京、上海、深圳和杭州，也低于天津、南京和
苏州，仅高于西安、济南、成都、武汉。从各园区企业运营成本的聚类分析可
知，大连与成都、济南、武汉、西安在运营成本上属于同一类（第 5 类）都属于
我国软件和服务外包企业运营成本较低廉的地区。同是企业运营低成本的 5 个地
区大连、成都、济南、武汉、西安相比较，大连人力资源排在第 6 位，武汉排在
第 4 位，成都排在第 8 位，济南排在第 10 位，西安排在第 12 位。就大连与武汉
的人才相比，武汉的人才知识水平和人才观念水平高于大连，而大连的人才技术
水平排名第 4，仅次于北京、上海和南京。从中可以看出大连是中国软件企业运
营成本最低的城市中人力资源水平较高的地区，非常适宜软件产业的发展，具体
表现在大连的员工平均工资、办公场地租赁费和当地交通、生活费均位于 12 个
软件园区中的第 8 位，高于成都、济南、武汉、西安。也正是由于大连软件产业
的低企业运营成本、较高的国际化水平、适宜的环境等优势，英特尔在大连设立
了芯片基地，Genpact、IBM、HP、松下、索尼、SAP、埃森哲等 32 家世界 500
强企业建立了其在中国和东北亚的软件研发中心、呼叫中心或业务流程外包处理
中心，欧姆龙、CSK、阿尔派、古野电器、FTS、日中技研等众多日资软件企业
设立了其在中国或亚洲地区的研发中心，东软、中软、信雅达等一批国内知名软
件企业在这里设立了面向日韩等北亚地区市场的出口基地，从而促进了大连软件
和信息服务业的发展。

　　三是大连软件园有着较强的技术创新能力，其技术创新能力综合评判值为
0.028 692，排名第 5，仅次于北京、深圳、上海和杭州，高于南京、西安，远高
于成都、济南、天津、武汉和苏州。通过技术创新能力聚类分析可知，在软件园
区的技术创新能力方面，大连、南京、西安非常相似，同属于一类。因此可以看
出，大连是 5 个低企业运营成本的软件园区中技术创新能力最强的。大连在软件
产业和软件技术的发展中，坚持走自主创新之路，实施人才战略，从应用主导型
向服务主导型转变，加强知识产权保护，保持整个软件产业高效、持续、健康发
展。随着大连软件产业发展环境的不断改善，大连软件企业研发创新能力的不断
提高，拥有自主知识产权的软件产品已在多个行业发挥着重要作用。大连企业创
造的在国内多个领域领先的产品，如机床的数控软件、船用导航系统、移动通信
核心软件、港口物流监控软件、中文编程语言等，形成了一批"大连研发"的软
件产品。大连现代高技术发展有限公司生产的城市交通—卡通软硬件产品在国内

近 10 个城市得到推广；大连华畅电子通信技术优先公司开发的 WCDMA 第三代
手机 3GPP 协议栈软件已经达到世界先进水平，成为目前世界上较好掌握此项技
术的 3 家企业之一；大连海大航运科技有限公司的"船舶电子海图导航系统"，
填补了我国在该领域的空白，装备了中远集团、中海集团的上百条大中型商船；
大连锦达数据技术发展有限公司开发的船用"黑匣子"，技术已经达到国际先进
水平，成为我国军方唯一使用的产品；大连大有吴涛易语言软件有限公司开发的
汉语编程环境使中国人使用中文编程成为可能。总之，大连具有较强的技术创新
能力，大连是 5 个低企业运营成本的软件园区（大连、成都、济南、武汉、西
安）中技术创新能力最强的、也是国际竞争力最强的。

　　除此之外，大连软件园的社会贡献能力排名第 6，仅次于深圳、北京、成
都、南京、上海，在 5 个低企业运营成本的软件园区（大连、成都、济南、武
汉、西安）中社会贡献能力排名第二。从聚类分析可知，在软件园区的社会贡献
方面，南京、成都、杭州、大连、济南、西安、武汉非常相似。

　　大连软件园的人力资源排名第 6。其人力资源综合评判值为 0.407 118，仅
次于北京、上海、南京、武汉和杭州，高于天津、成都、深圳、济南、苏州、西
安，居于中间水平，在 5 个低企业运营成本的软件园区（大连、成都、济南、武
汉、西安）中，大连在人力资源方面排名第二。从聚类分析可知，在软件园区的
人力资源方面，大连独属一类，大连具有自己独特的特点，由于历史和地缘原
因，大连拥有较多的日语、韩语人才，是中国培养日语、韩语人才最为集中的城
市，这是其他城市所不具备的。

　　从企业需求的角度来看，大连软件园区的主要缺欠是环境竞争力较弱：大连
软件园的环境竞争力排名第 9，仅高于成都、西安、济南，具体表现在企业上市
融资、在风险投资的支持程度、产学研联系程度、政府科技成果奖励力度和知识
产权的保护等方面弱于上海、深圳、杭州、天津、武汉、苏州、北京、南京，仅
高于成都、济南和西安等地。但在 5 个低企业运营成本的软件园区（大连、成
都、济南、武汉、西安）中，大连在环境竞争力方面排名第二。

　　综上所述，大连软件产业的定位应以低成本优势、国际竞争力优势和技术创
新优势，积极开展对日韩服务外包业务，并利用既有优势向欧美市场拓展，以利
于大连形成软件产业的主导产业格局地位。

七、天津软件园

　　天津以综合评判值 0.143 237 位居第 7，与排名第 6 的大连综合评判值
（0.161 308）差 0.018 个点，比排名第 8 的武汉综合评判值（0.135 231）高
0.008 点，但从各园区综合评价的聚类分析可知，虽然三者排名很接近，但大连
的发展模式与天津和武汉并不相似，天津和武汉的总体发展模式相似。天津软件

产业的发展呈现以下几个方面的特点：

一是天津软件园有着很强的环境支撑力，其环境支撑力综合评判值为 0.261 473，排名第四，仅次于深圳、北京和上海。从各园区环境支撑力的聚类分析可知，南京、天津、武汉三个软件园区在环境支撑力方面具有相似之处，同属于一类。天津市位于环渤海经济圈的中心，是中国北方最大的沿海开放城市，是中国北方的经济中心，也是我国北方的海运与工业中心，属国际港口城市，是中国近代最早对外开放的沿海城市，天津市中心距北京 137 公里，是首都北京的门户。天津软件园区作为我国较新建立的园区，天津软件园软件园在园区电力系统供应设施方面较完善，在 12 个软件园区中排名第一，其计算机软件企业运营的通信网络发达程度在 12 个软件园区中排名第五，其地区文化教育水平排名第五，其风险投资的支持程度排名第二，弱于上海，与北京、深圳、苏州齐名，其产学研联系程度排名第二，弱于上海，与武汉、南京齐名。因此，天津软件园有着很强的环境支撑力，这为天津的软件产业的发展提供了可靠的保证。

二是天津软件园有着很强的国际竞争力，其国际竞争力综合评判值为 0.264 400，排名第四，仅次于深圳、上海、北京，高于排名第五的综合评判值为 0.153 526 的大连。天津市凭借其环渤海经济圈的中心、中国北方最大的沿海开放城市、首都北京的门户等优势，目前已形成了以电子、汽车、冶金、医药、纺织、化工、机械等行业为主，150 多个工业门类蓬勃发展的现代化工业群落，是我国北方重要的综合性工业基地，工业配套能力强，具有可持续快速发展的基础和后劲。天津软件产业凭借其优势，形成强大的国际竞争力。2007 年天津软件出口达 8.2 亿美元，位居全国第三位，仅次于深圳、上海，其软件园区出口额占销售收入的比重达 37.8%，居全国第一，高于国际竞争力最强的深圳，可见天津软件产业的出口能力是很强的；其园区进驻国外研发机构 10 家，位居全国第 6 位，与大连齐名；园区进驻世界 500 强企业数 127 家，占园区企业总数的 46.3%，排名第二，远高于北京（4.6%）。从天津市对外出口的国家和地区来看，天津目前主要是对日本和欧美出口，在从事软件出口外包或服务外包的 60 余家软件企业中，对日有 31 家，占 50% 左右，对欧美 22 家，占 37% 左右。这些都说明天津软件产业有很强的国际竞争力。

三是天津软件园的发展有着很强的政府作用，其政府作用综合评判值为 0.765 486，排名第三，仅次于上海和深圳。天津市政府非常重视服务外包产业的发展，制定了相关土地、税收、人才引进等方面的优惠政策，在产业扶植、财税优惠、培训支持、人才奖励、创新支持等方面对软件和服务外包企业给予大力扶持。天津在财政预算中设立了 1 亿元的泰达服务外包产业发展基金，用于专项支持服务外包产业的发展；对获得国家、天津市服务外包产业支持资金的项目，给予 50% 的配套扶持；经认定的软件服务外包企业，将享受国家和开发区对软件企业的税收扶持政策；研发、设计、创意等服务外包企业可认定为高新技术企业，享受国家和开发区对高新技术企业的税收扶持政策；金融后台、客户服务中心、行政管理及人力资源服务、财务管理等服务外包企业，享受"开发区促进现代服务业发展的暂行规定"中的相关税收扶持政策。他们还将服务外包企业项目列入泰达小企业贷款担保中心的重点服务目标，根据项目要求提供融资贷款的担保服务。对于获得相关国际认证的企业，天津开发区将给予一定的补贴。

除此之外，天津软件园的人力资源排名第7，排在北京、上海、南京、武汉、杭州、大连之后，通过聚类分析，南京、杭州、天津、武汉在人力资源方面属于同一类型，具有相似之处，都属于大学、科研院所及培训机构的数量和在校大学生数量较多的类型，而大连与之不同，大连的软件人力资源有其语言文化背景。天津软件园的企业运营成本较高，排名第五，仅次于北京、上海、深圳、杭州，因此，天津与大连、天津与南京相比在人力资源和企业运营成本两个方面均不占优势，而大连与南京相比则更占低成本优势。

从企业需求的角度来看，天津软件园区的主要缺欠是技术创新能力较弱：天津软件园的技术创新能力排名第11，仅高于成都，具体表现在企业研发投入产出效率较低、企业通过 CMM 认证的数量较少、反映技术创新成果的软件著作数较少，在这些方面天津要弱于北京、上海、深圳、杭州、大连、南京、西安、苏州、济南、武汉，仅高于成都。天津软件园区的另一个缺欠是社会贡献能力较小：天津软件园的社会贡献能力排名第11，仅高于武汉，其软件产业对区域经济的贡献率仅为 2.6%，其软件从业人员较少，仅 3 万人左右，企业规模较小，无全国百强千人以上软件企业。由此可见，天津的软件产业尚未形成大的产业格局。

综上所述，天津软件产业的定位应以较强的国际竞争力优势、政府政策优势和环境支撑力优势，吸引更多企业入园，扩大产业规模，并利用既有工业优势向工业化应用软件发展，以利于提高天津软件产业的生产效率。

八、武汉软件园

武汉以综合评判值 0.135 231 位居第 8，与排名第 7 的天津综合评判值（0.143 237）仅差 0.008 个点。从各园区综合评价的聚类分析可知，武汉软件的发展模式与天津软件的发展模式非常相似，都是政府作用较强，技术创新能力和社会贡献能力较差，但武汉企业运营成本较低、人力资源较高，因此，从企业需求的角度，武汉要优于天津。武汉软件产业的发展呈现以下几方面的特点：

一是武汉软件园有着非常低廉的企业运营成本优势，其企业运营成本的综合评判值为 0.108 362，排名第 12，属于 12 个软件园区中成本最低的一个地区。从各园区企业运营成本的聚类分析可知，武汉与成都、济南、大连、西安在运营成本上属于同一类（第5类）都属于我国软件和服务外包企业运营成本较低廉的地区，具体表现在武汉的员工平均工资、办公场地租赁费和当地交通、生活费均位于12个软件园区中的第12位，最低，低于成都、济南、大连、西安。也正是武汉软件产业的低企业运营成本、较高的人力资源等优势，奠定了武汉作为服务外包交付地的基础，从而促进武汉软件和信息服务业的发展。

二是武汉软件园有着非常高的人力资源水平，其人力资源的综合评判值为0.572 921，排名第四位，仅次于北京、上海和南京。同是企业运营低成本的五个地区大连、成都、济南、武汉、西安相比较，武汉排在第四位，大连人力资源排在第6位，成都排在第8位，济南排在第10位，西安排在第12位，武汉的人才知识水平和人才观念水平均较高。从中可以看出，武汉是中国软件企业运营成本最低的城市中人力资源水平最高的地区，非常适宜软件服务外包业务的发展。

三是武汉软件园的发展有着较强的政府作用，其政府作用综合评判值为0.696 956，排名第四，仅次于上海、深圳和天津。武汉市政府非常重视服务外包产业的发展，对软件产业给予了大力扶持，除每年1亿元专项扶持资金外，还有一系列优惠政策，其中包括对服务外包产业各类人才培训和高级人才引进费用给予补贴；对符合条件的服务外包企业给予税收优惠；优先将服务外包产业用地项目列入年度土地供应计划；放宽市场准入条件，主动为服务外包企业提供前置审批和工商登记便利。对作出突出贡献的中高级人才给予奖励，其知识产权行政管理体系较为完善，知识产权保护措施得当。总之，武汉软件园的发展，政府的支撑作用较强。

除此之外，武汉软件园的国际竞争力排名第8，其国际竞争力综合评判值为0.020 374，仅强于西安、杭州、成都、济南；武汉软件园的环境支撑力排名第8，其环境支撑力综合评判值为0.203 288，仅强于大连、成都、西安、济南。

从企业需求的角度来看，武汉软件园区的主要缺欠是技术创新能力较弱，武汉软件园的技术创新能力排名第10，仅高于天津和成都，具体表现在企业研发投入产出效率较低、企业通过CMM认证的数量较少、反映技术创新成果的软件著作数较少。在技术创新方面，武汉要弱于北京、上海、深圳、杭州、大连、南京、西安、苏州、济南、武汉，仅高于天津、成都。武汉软件园区的另一个缺欠是社会贡献能力较小，武汉软件园的社会贡献能力排在第12位，其软件产业的销售收入仅125亿元，排在第11位，仅高于苏州，对区域经济的贡献率仅为3.9%，出口仅1.2亿美元，其软件从业人员较少，约3万人，企业规模较小，无全国百强千人以上软件企业。由此可见，武汉的软件产业仍然处于较低水平，并未形成产业格局。

综上所述，武汉软件产业的定位应以最低的企业运营成本优势和较强的人力资源水平优势，在政府政策大力支持下，大力发展服务外包产业，争做我国二线城市软件和服务外包交付中心。

九、西安软件园

西安软件园以综合评判值 0.102 383 位居第 9，与排名第 8 的武汉综合评判值（0.135 231）仅差 0.033 个点。从各园区综合评价的聚类分析可知，西安软件产业的发展模式与大连、成都、济南、苏州软件的发展模式有相似之处，这些城市在软件园区评价的 7 个指标中至少有三个指标是属于同一类的。例如，大连与西安是 12 个软件园区中具有较低的企业运营成本的 5 个园区中具有较强的技术创新能力和社会贡献能力的地区。西安软件产业的发展呈现以下几个方面的特点：

一是西安软件园有着非常低廉的企业运营成本优势，其企业运营成本的综合评判值为 0.194 015，排名第 9 位，仅高于济南、成都、武汉，远低于北京、上海、深圳、杭州，也低于天津、南京、苏州和大连，仅比排名第 12 的武汉低 0.09 个点，具体表现在西安的员工平均工资和办公场地租赁费均位于 12 个软件园区中的第九位，仅高于济南、成都和武汉，西安的当地交通、生活费位于 12 个软件园区中的第 11 位，仅高于武汉。从各园区企业运营成本的聚类分析可知，西安与成都、济南、大连、武汉在企业运营成本上属于同一类（第 5 类）都属于我国软件和服务外包企业运营成本较低廉的地区。也正是西安软件产业的低企业运营成本等优势，促进了西安软件产业的发展。

二是西安软件园有着较强的技术创新能力，其技术创新能力综合评判值为 0.020 763，排名第 7，低于北京、深圳、上海、杭州、大连和南京，远高于苏州、济南、武汉、天津和成都。通过技术创新能力聚类分析可知，在软件园区的技术创新能力方面，大连、南京、西安非常相似，同属于一类。因此可以看出，西安是 5 个低企业运营成本的软件园区中技术创新能力第二强的地区。西安在软件产业和软件技术的发展中，坚持走自主创新之路，实施建设具有核心竞争力创新型城市战略。西安市政府设立了 10 亿元的创新基金，出台 22 项鼓励技术创新的优惠政策，启动了"百名院士创新创业计划"、"留学人员创业计划"、"高端人才引进计划"、"创新型科技企业培育计划"、"515"龙头企业扶持计划、"瞪羚企业培育计划"等 6 大创新工程，从各个层面构建最适合创新活动发生的创新链条，从各个方面对自主创新活动给予引导扶持。西安反映技术创新成果的软件著作数在 12 个软件园区中排名第六，仅少于北京、深圳、上海、杭州和南京。总之，西安具有较强的技术创新能力，西安是 5 个低企业运营成本的软件园区（大连、成都、济南、武汉、西安）中技术创新能力第二强的地区。

除此之外，西安软件园的社会贡献能力排名第8，其社会贡献能力综合评判值为0.227 169，仅强于济南、苏州、天津、武汉；西安软件园的国际竞争力排名第9，其国际竞争力综合评判值为0.014 288，仅强于杭州、成都、济南；西安软件园的环境支撑力排名第11，其环境支撑力综合评判值为0.139 979，仅强于济南。

从企业需求的角度来看，西安软件园区的主要缺欠是人力资源较弱，西安软件园的人力资源排名第12。从各园区人力资源的聚类分析可知，在软件园区的人力资源方面，成都、济南、西安非常相似，同属于一类，具体表现在，虽然西安的大学、科研院所及培训机构的数量排名第7，在校大学生数量排全国第二，与武汉齐名，仅低于北京，但西安的人才流动率也是12个软件园区中最高的，其现有人才技术水平、人才观念水平都是12个软件园区中最低的，其人才知识水平和管理人员经验都在12个软件园区中排在第11位。西安软件园区的另一个缺欠是政府作用较小，西安软件园的政府作用排名第12，西安只有扶持资金8000万元，对应届生所支付的15%的培训费用，被本市企业聘用的，予以返还，无租金减免的政策、无一次性资金补助的政策项目、无出口奖励政策、无个人奖励方面的政策。

综上所述，西安软件产业的定位应以较低的企业运营成本优势和较强的技术创新能力优势，大力发展服务外包产业，争做我国西部城市软件和服务外包中心。

十、济南软件园

济南软件园以综合评判值0.094 775位居第10，与排名第9的西安综合评判值（0.102 383）仅差0.008个点。从各园区综合评价的聚类分析可知，济南软件产业的发展模式与大连、成都、西安、苏州软件的发展模式有相似之处，这些城市在软件园区评价的7个指标中至少有3个指标是属于同一类的，例如，济南与西安是12个软件园区中具有相似的企业运营成本、相似的人力资源、相似的国际竞争力、相似的政府作用、相似的社会贡献能力、相似的环境竞争力的两个园区，西安的技术创新能力比济南强一些。济南软件产业的发展呈现以下几方面的特点：

一是济南软件园有着非常低廉的企业运营成本优势，其企业运营成本的综合评判值为0.155 042，排名第十位，仅高于成都和武汉，远低于北京、上海、深圳、杭州，也低于天津、南京、苏州、大连和西安，具体表现在济南的员工平均工资和办公场地租赁费均位于12个软件园区中的第10位，仅高于成都和武汉；济南的当地交通、生活费也位于12个软件园区中的第10位，仅高于西安和武汉。从各园区企业运营成本的聚类分析可知，济南与大连、西安、成都、武汉在企业运营成本上属于同一类，都属于我国软件和服务外包企业运营成本较低廉的地区，并且济南在 5 个低企业运营成本地区中处于第三位。

　　二是济南软件园有着相对较强的技术创新能力，其技术创新能力综合评判值为 0.008 874，排名第九，低于北京、深圳、上海、杭州、大连、南京、西安和苏州，仅高于武汉、天津和成都。通过技术创新能力聚类分析可知，在软件园区的技术创新能力方面，成都、济南、天津、武汉、苏州非常相似，同属于一类。因此可以看出，济南是 5 个低企业运营成本的软件园区中技术创新能力第三强的地区。作为"国家软件出口创新基地"的济南在软件产业和软件技术的发展中，坚持走自主创新之路，实施"名企名品创新战略"和"创新升级计划"的创新型城市战略，并取得初步进展，浪潮通软 ERP 软件、中创 Infor 系列中间件产品、得安 PKI 网络安全平台、神思二代身份证识别终端系统等一批软件产品国内市场占有率位居前列。浪潮 ERP 产品多次在全国"软博会"上获大奖，中创中间件产品 InforEAI 荣获"2006 年中国十大创新软件产品"。目前，济南已初步构建起软件技术创新支撑服务体系，自主知识产权产品达 90%。总之，济南具有相对较强的技术创新能力，济南是 5 个低企业运营成本的软件园区（大连、成都、济南、武汉、西安）中技术创新能力第三强的地区。

　　除此之外，济南软件园的社会贡献能力排名第九，其社会贡献能力综合评判值为 0.151 965，仅强于苏州、天津、武汉；济南软件园的人力资源排名第 10，其人力资源综合评判值为 0.244 501，仅强于苏州、西安；济南软件园的政府作用排名第 11 位，其政府作用综合评判值为 0.011 570，仅强于西安，并且从聚类分析，济南与西安的政府作用非常相似。

　　从企业需求的角度来看，济南软件园区的主要缺欠是国际竞争力较弱，济南软件园的国际竞争力排名第 12，具体表现在，2007 年济南软件出口额仅为 0.5 亿美元，软件出口额占销售收入的比重仅为 2.2%，在 12 个软件园区中最低，其园区进驻国外研发机构数和园区进驻世界 500 强企业数均最少。从各园区国际竞争力的聚类分析可知，在软件园区的国际竞争力方面，南京、成都、杭州、济南、西安、武汉、苏州非常相似，同属于一类，都属于国际竞争力较弱的地区。济南软件园区的另一个缺欠是环境支撑力较小，济南软件园的环境支撑力排名第 12 位，济南在园区电力系统供应设施完善程度、通信网络发达程度、环境优美舒适程度和医疗、保健、商务和健身等配套设施方面均不占优势。

　　综上所述，济南软件产业的定位应以较低的企业运营成本优势和相对较强的技术创新能力优势为依托，重点发展行业应用软件、中间件、嵌入式软件、集成电路设计、信息安全、数字娱乐、软件外包 7 大领域，并以制造业为依托，扩大嵌入式软件产业规模，并利用其自主创新能力，拓展国际市场。

十一、杭州软件园

杭州软件园以综合评判值 0.091 424，居第 11 位，与排名第 10 位的济南综合评判值（0.094 775）仅差 0.003 个点。从各园区综合评价的聚类分析可知，杭州软件产业的发展模式与南京、天津、武汉软件的发展模式有相似之处，杭州软件产业的发展呈现以下几方面的特点：

一是杭州软件园有着很强的技术创新能力，其技术创新能力综合评判值为 0.070 125，排名第四，仅次于北京、深圳、上海。杭州位于中国东南沿海，是浙江省省会，副省级城市，长江三角洲的副中心城市。杭州是浙江省政治、经济、文化中心，也是中国东南重要交通枢纽。杭州经济发达，经济总量居全国省会城市第二位，经济综合实力跻身全国大中城市前十位。其文化教育水平排在第三位，仅次于北京、上海。杭州在软件产业和软件技术的发展中，坚持走自主创新之路，实施建设具有核心竞争力创新型城市战略，杭州在行业应用软件上具有独特的优势，如金融证券、纺织服装、工业自动化、安防监控、电子商务、医疗卫生等行业应用软件一直走在全国前列，并逐渐向高端新产品市场发展。杭州反映技术创新成果的软件著作数在 12 个软件园区中排名第四，仅少于北京、深圳、上海。总之，杭州具有较强的技术创新能力。

二是杭州软件园有着非常高的人力资源水平，其人力资源的综合评判值为 0.420 293，排名第 5 位，仅次于北京、上海、南京和武汉。与排名第四的武汉（0.572 921）相差 0.15。从人力资源的聚类分析，我们可以看出，南京、杭州、天津、武汉属于同一类，人力资源非常相似，都属于人力资源非常高的地区。同一人力资源水平的四个地区南京、杭州、天津、武汉相比较，武汉企业运营低成本排在第 12 位，是成本最低的地区，杭州企业运营低成本排在第四位，是成本非常高的地区，天津企业运营低成本排在第 5 位（人力资源排在第 7 位），南京企业运营低成本排在第 6 位，从中可以看出，杭州在人力资源和企业成本两方面综合考虑，还不如南京，相对于武汉相更差远，天津与杭州情况相似，没有这方面的优势。

除此之外，杭州软件园的社会贡献能力排名第 7，其社会贡献能力综合评判值为 0.234 605，仅高于西安、济南、苏州、天津、武汉；杭州软件园的环境支撑力排名第 5，其环境支撑力综合评判值为 0.255 231，低于深圳、北京、上海和天津，但从环境支撑力的聚类分析可知，在软件园的环境支撑力方面，杭州与成都、大连、济南、西安、苏州属于同一类，并没有过强的环境支撑力优势；杭州软件园的政府作用排名第 5，其政府作用综合评判值为 0.679 771，仅次于上海、深圳、天津和武汉，并且从聚类分析，杭州与深圳、天津、武汉、苏州的政府作用非常相似。

从企业需求的角度来看，杭州软件园区的主要缺欠是国际竞争力较弱，杭州软件园的国际竞争力排名第 10，仅强于成都、济南，具体表现在，2007 年杭州软件出口额仅为 1 亿美元，软件出口额占销售收入的比重仅为 2.3%，为 12 个软件园区中第二低，其园区进驻国外研发机构数较少，园区进驻世界 500 强企业数排第 7，其 CMM 认证的企业数很多，但 CMM5/CMM5I 国际认证数较少。从各园区国际竞争力的聚类分析可知，在软件园区的国际竞争力方面，南京、成都、杭州、济南、西安、武汉、苏州非常相似，属于同一类，都属于国际竞争力较弱的地区。杭州软件园区的另一个缺欠是企业运营成本非常高，杭州软件园的企业运营成本排名第四，仅低于北京、上海和深圳。杭州在员工平均工资、办公场地租赁费和当地交通、生活费等方面均不占优势。

综上所述，杭州软件产业应以非常高的人力资源优势和很强的技术创新能力优势为依托，并利用杭州在行业应用软件上已具有的独特优势，如一直走在全国前列的金融证券、纺织服装、工业自动化、安防监控、电子商务、医疗卫生等行业应用软件的优势，定位在软件产业的中高端产品上，并逐渐向高端新产品市场发展，改善企业规模，拓展国际市场。

十二、苏州软件园

苏州软件园以综合评判值 0.078 188，位居第 12 位，与排名第 11 位的杭州综合评判值（0.091 424）差 0.013 个点。从各园区综合评价的聚类分析可知，苏州软件产业的发展模式与大连、成都、济南、西安软件的发展模式有相似之处，苏州与大连在软件园区的环境竞争力方面相似，苏州与成都、济南在环境竞争力、技术创新能力、国际竞争力方面相似，苏州与西安在环境竞争力、国际竞争力方面相似，但苏州的企业运营成本远高于这些地区，而人力资源又低于这些地区。苏州软件产业的发展呈现以下几个方面的特点：

一是苏州软件园有着相对较高的环境竞争力，其环境竞争力的综合评判值为 0.204 759，排名第 7 位，仅次于深圳、北京、上海、天津、杭州、南京，具体表现在，苏州的环境优美舒适程度排名第三，仅次于杭州、大连；苏州的风险投资的支持程度也排名第三，仅次于北京和上海，其通信网络发达程度、园区所处位置交通系统的便捷、高效与安全性和医疗、保健、商务和健身等配套设施均排名第九。从环境竞争力的聚类分析可知，在软件园区的环境竞争力方面，苏州与成都、杭州、大连、济南、西安非常相似，属于同一类，都属于环境竞争力较弱的地区。

二是苏州软件园有着相对较高的国际竞争力，其国际竞争力的综合评判值为 0.064 502，排名第 6 位，仅次于深圳、上海、北京、天津和大连。与排名第 5 的大连（0.153 526）相差 0.09，与排名第七的南京（0.061 012）差 0.003，具体表现在，2007 年苏州软件出口额仅为 1 亿美元，软件出口额占销售收入的比重为 7.2％，是 12 个软件园区中出口较低的地区，其园区进驻国外研发机构数排第四位，仅次于北京、上海和西安，园区进驻世界 500 强企业数排第 5，说明其国际竞争力较强，但其 CMM 认证的企业数较少，CMM5/CMM5I 国际认证数更少。从各园区国际竞争力的聚类分析可知，在软件园区的国际竞争力方面，苏州与南京、成都、杭州、济南、西安、武汉非常相似，属于同一类，都属于国际竞争力较弱的地区。

除此之外，苏州软件园的政府作用排名第 8，其政府作用综合评判值为 0.327 829，仅强于成都、大连、济南、西安，但从政府作用的聚类分析，苏州与深圳、杭州、天津、武汉的政府作用非常相似，属于同一类，具有一定的政府作用优势。苏州软件园的技术创新能力也排名第八，其技术创新能力综合评判值为 0.013 856，仅强于济南、武汉、天津、成都。从技术创新能力的聚类分析可知，在软件园的技术创新能力方面，苏州与成都、济南、天津、武汉属于同一类，并没有技术创新能力优势。

从企业需求的角度来看，苏州软件园区的主要缺欠是人力资源方面较弱，苏州软件园的人力资源排名第 11，仅强于西安，具体表现在：苏州人才知识水平和人才观念水平均排名第 10，仅强于深圳和西安，大学、科研院所及培训机构的数量和在校大学生数量排名第 11，仅强于深圳；并且其人才流动率较大，排名第四，这就更减弱了苏州的人力资源能力，不过苏州管理人员经验和人才技术水平较高，分别排第四和第五。从各园区人力资源的聚类分析可知，在软件园区的人力资源方面，深圳与苏州非常相似，属于同一类，都属于人力资源指标较弱的地区。苏州软件园区的另一个缺欠是企业运营成本较高，苏州软件园的企业运营成本排名第 7，仅低于北京、上海、深圳、杭州、天津和南京。从各园区企业运营成本的聚类分析可知，在软件园区的企业运营成本方面，南京与苏州非常相似，属于同一类，都属于企业运营成本相对较高的地区，企业运营成本要高于大连、成都、济南、武汉、西安等地。与这些地方相比，苏州在员工平均工资、办公场地租赁费和当地交通、生活费等方面均不占优势。苏州软件园区的另一个缺欠是社会贡献能力较小，苏州软件园的社会贡献能力排名第十位，仅高于天津和武汉。从各园区社会贡献能力的聚类分析可知，在软件园区的社会贡献能力方面，天津与苏州非常相似，属于同一类，都属于社会贡献能力较小，没有形成大的产业规模的地区。

综上所述，苏州软件产业的定位应以相对较高的国际竞争力优势和相对较高的环境竞争力优势为依托，大力发展服务外包业务，并利用国外研发中心较多的优势，重点拓展欧美外包，重点打造对欧美市场的竞争力。这可能更符合苏州的现实。

第八章　软件园区成功运营模式的对策建议

软件园区从其产生的形式来看，一种是政府驱动的软件园区，另一种是自发产生的软件园区。但不管其产生形式如何，软件园区的功能与目的是利用高科技软件产业带动国民经济的发展，形成软件产业格局，改善产业结构，推动经济增长，培育与发展出大量的软件科技型企业。如果一个软件园区建立后，不能实现这些目的，反而对政府高度依赖，不能自我发展，缺乏活力，则这种软件园区就需要采取相应的对策措施加以改进。目前有些软件园区虽然建立起来了，但是园区内并未形成有竞争力的产业与企业，并未形成一种自我发展的动力与机制，而是依靠政府力量、政府拨款进行维持，这样的软件园区已经成为政府的负担。那么，为什么有些软件园区具有发展的活力，而有些没有呢？实际上，软件园区的建设与发展是有条件的，这些条件包括软件园区的内外环境，其中，既包括自然方面的环境，也包括社会方面的环境。例如，优越的地理位置和自然条件，完善的基础设施和投资环境，邻近大学和科研机构，有促进高技术产业化的"产学研"联合优势，有适于发展的政策环境，包括人才政策、资金政策、基建房地产政策、进出口政策、税收政策等，有配套的金融体系和足够的资金保证，有良好的服务体系和信息网络，有一批观念新、敢于承担风险、富有创业精神与创造性的科技型企业家和科技人才以及充足的有熟练劳动技能的劳动力资源，有适于软件产业发展的灵活的运行机制和管理体制，这些都是一个软件园区处于良性循环的要素。

根据前面的分析结果，我们知道软件园评估的七个因素是：软件园区的环境支撑能力、软件园的技术创新能力、软件园的社会贡献能力、软件园的地方政府政策支持力度、软件园区的国际竞争力、软件园区的人力资源水平、软件园区的企业运营成本。实际上，软件园提供给技术公司的技术增值服务要比传统的商业模式支持更多，特别是一些基础设施和技术创新服务等商业性支持，根据前面的分析结果，我们认为，软件园的运营应该着重注意下面几方面的问题：软件园提供的技术环境、软件园的文化氛围、软件园的地区吸引力、软件园的地方政府政策支持、软件园的资金环境和软件园的市场对接因素等。

一、软件园区的运营需首先处理好的两个问题

1. 追求土地经营利益与提升产业化水平的矛盾

我国目前许多软件园区是在市场经济的大潮中起步和发展，前期开发资金储

备不足，又由于它们所依托的城市国际化强度不高，运输、通信和教育等设施所构筑的支持平台不足，因此，"筑巢引凤"成了很多软件园区的开发建设思路，即以获取土地经营利益来完善园区基础设施。其结果弊端有二：一是大规模房地产开发侵占产业用地，使软件园区的性质遭受损害，功能得到削弱；二是一批投机性商业开发的低技术企业圈地挖地，破坏了软件园区的发展以及创新功能的发挥。这种开发建设思路在软件园区起步阶段适度采用本无可厚非，但由于对眼前土地经营利益的过度追求，致使真正进行风险投资的高技术企业面对匮乏的设施和不菲的地价望而却步，其结果是追求土地经营利益与提升产业化水平的矛盾，至使软件园区名不符实，违背了其创建的初衷。因此，软件园区企业的进驻要有一定的条件限制。企业进驻园区需从科技和经济两个方面进行论证和评估，主要包括：①项目要具有创新性；②与园区的发展战略一致；③能够与区内的企业进行协作，在国际国内有广阔的发展、合作前景；④经济上能自立，能够为技术人才创造就业机会；⑤以市场为导向；⑥能创造新的生产活动，并且能提升当地生产技术水平。

2. 选取起步政策与坚持长远战略的矛盾

实践表明，软件园区的产业政策应视其不同的发展阶段而有所不同，一般来讲，软件园区的起步期的产业选择应高于目前本地区的发展水平，并至少趋前一个阶段，应有利于本地区产业结构的调整，对于提高软件园区的地区发展水平有益处。大多软件园区都以外来软件产业分支机构为发展基础，从国外的进口技术开始，从而提升当地的人才技术水平，这是一个软件园区发展的必由之路。之后，随着软件园区内的企业的不断发展壮大和地区人才技术水平的提高，逐步提高其自主创新能力，以备长期持续发展动力。因此，政府在建立软件园区时，应适时选取起步政策与坚持长远发展战略的政策，才能有利于软件园区的长久持续发展。

二、建立并规范软件产业聚集机制

软件园区的发展不仅能促进区域经济增长，加快社会发展，而且使区域具备持续创新能力，成为区域创新的源泉和区域经济发展的增长极，而增长极作用的发挥有赖于产业聚集机制的建立。一方面，政府要制定引导和鼓励产业聚集的政策。政府在重点扶植部分软件园区时，应该将优惠政策由原来的向区域倾斜转向技术倾斜和产业倾斜。在构建产业聚集总体思路下设计外资的目标吸引政策时，有目标地吸引那些具备产业带动优势和有产业关联效应或配套协作职能的项目进入软件园区，尽量减少产业群形成过程中因低层次企业盲目进入以致和在位厂商过度竞争所造成的拥挤效应。另一方面，政府要引导园区建立相互依存的产业体系。对于新建区的产业布局要坚持以分工协作、本地结网形成产业聚集来安排项目，对于新进区的企业的区位决策也应该明确以产业聚集为导向。对于软件园区已有的产业发展要重视相关产业的网络体系的建立，要努力形成大中小企业紧密配合、专业分工与协作完善的网络体系。针对现在软件园区内产业配套能力弱的现状，可以以大中型软件企业或企业集团为龙头，通过产业环节的分解，衍生出一批具有分工与协作关系的关联企业。尤其是要积极为进入园区的跨国企业提供配套产品与相关服务，以增加这些企业的当地植根性，促使其能够在当地发展下去。这种以产业环节分解为契机的模式既可以大量地增加软件园区的新增企业数，而且将更加强企业的植根性和竞争优势。当然，各软件园区应该根据自己的区位优势和现在已有的产业特色与优势，通过产业聚集的发展，形成各具特色的软件产业聚集。而不应该不顾实际情况都采取相同的发展战略，最终导致产业结构的趋同。

三、健全软件园的技术环境，提升软件园区的服务功能

软件园区实际上相当于一个企业的群落，其间存在着某种产业链关系的企业群落，任何单个企业都处于产业链中的某个环节，对其上游与下游及周围的环境都有着一定的要求。环境是软件园区内的生产要素与企业生存与发展的条件，对于软件园区运营的其他因素都有着十分重要的影响。环境要素是否充分、条件是否优良，对于软件园区内企业的集聚和人才的聚集影响关系巨大。不同的环境条件对各类企业资源、要素产生不同的吸引力，同时在不同的环境条件下，同样的要素会形成不同的企业生存状况。所以环境的意义非常重要，这也正是现有理论中十分强调环境要素的原因。

目前，我国建立软件园的重要任务是作为促进公司、地区技术发展的催化剂，带动当地的技术发展和创新，因此软件园的技术环境应该是企业和政府关注的首要因素。政府和相关管理机构在建立软件园时应该首先考虑软件园的技术功能定位，为实现这种技术功能软件园区需要为企业提供以下服务：①软件园区帮助企业建立与技术合作机构之间的联系；②软件园对园内公司自主创新成果进行奖励和宣传；③通过软件园管理人员的协调和沟通，有效促进园内外相关企业间的技术合作。

四、完善软件园的文化氛围

与软件园有关的相关利益群体之间的信息是不对称的，软件园区内部需要建立一种创新文化氛围，这样软件园对旧工业格局的改造和对新工业的促进作用才能得到体现，所以文化氛围也是一个软件园健康运营的重要因素。政府和相关管理机构可以通过以下途径改善软件园的文化氛围：①宣传软件园，提升软件园区当地居民对软件园的认同度；②建立图书馆、文化交流中心等文化服务设施；

③对软件园区服务人员进行定期培训，提高服务意识和改善服务态度；④挖掘软件园区内部的龙头企业，树立自主创新榜样，培养软件园内踏实进取的作风。

实践证明，在软件园区营造有利于创新的思想文化氛围与园区的硬环境建设、软环境建设同样重要，构建软件园区的文化氛围，形成鼓励创新，重视交流、敢于冒险、容忍失败的开放的思想文化氛围，培育园区的投资理性，吸引风险投资的进入，推进软件园区的创新与科技成果的产业化，这是一个软件园区持续发展的文化建设基础。

五、增强软件园的地区吸引力

软件园区是否具备资源汇集优势、软件园的资源共享状况、软件园的网络优势、是否具备集群效应以及地理优势等是非常重要的，即软件园地区吸引力因素。通过前面 12 个软件园区的比较研究发现：由于软件园所在地域不同，软件园招商引资工作的难易程度有较大差异，位于内陆和沿海发达地区的软件园比西部欠发达地区软件园的招商工作更顺利。因此，不同地区软件园的建立需要发挥当地的资源优势和特色，使软件园有明确的功能定位和发展目标。除此之外，我国在海外建立软件园也应该充分考虑当地的资源特色，这样才能帮助进驻企业真正获得当地的资源支持，海外软件园才有发展的机会。

六、加强软件园的地方政府政策支持

通过前面 12 个软件园区的比较研究发现，软件园的地方政府为公司提供的培育环境和政策支持促进了公司的成长，证明了软件园地区政府相关政策的有效性，也充分证明了软件园的地区经济发展和科技进步的催化剂作用。因此，地区政府需要把软件园区的发展纳入当地科技创新进步的战略发展规划中，而地方政府需要为当地软件园内企业提供信息服务政策、金融优惠政策、政府采购的倾斜政策，最后为当地软件园内企业提供市场的准入政策。从企业需求的角度，这些都是软件园区的企业发展最为关键的、也是企业最为关心的政策要素。

从前面软件园评价的研究发现，在软件园区的发展过程中，充分说明了政府政策干预的重要性。在影响软件园区发展的政策中，较为重要的有税收政策、投资政策、产业政策和人才政策等。

1. 税收政策

在软件园区的政策环境中，税收政策是最重要的宏观调控手段，对完善投资环境起着重要的促进作用。适度的税收政策可以吸引、培育高科技公司在园区落户。这是税收政策起积极的作用的结果。如个人所得税的减免，可以增加高科技人员的吸引力。市政府对高科技公司采用的低税政策，可以吸引大量的高科技企业和人才。目前我国对软件园区采取倾斜的税收政策，对企业所得税税率、税收减免期限等均作出了明确规定。各地软件园区宜根据自身特点，制定相应的配套政策体系，对软件产业应采取进一步的倾斜政策，利用这些政策来促进城市产业结构的调整和经济的振兴。

2. 投资政策

成熟的软件园区对城市乃至区域经济发展贡献重大，政府应对软件园区基础设施的建设予以投资上的支持。其具体做法可以是：将软件园区的建设纳入国家财政的基本建设支出计划，每年划出一定数额的资金用于软件园区的基础设施建设。用提供低息或无息的财政周转金的财政信贷方式扶持某些基础设施项目的建设。提供财政贴息资金，缓解贷款压力。除了基础设施外，政府的投资政策还应向教育和科研倾斜。政府通过兴办不同层次的优越的教育设施，一则提高地区人才供给能力，二则提高中小学教育水平，打消那些担心孩子能否接受良好教育的高级研究人才进驻园区的后顾之忧。并通过科研投入，吸引部分科研人员进入园区从事研究与开发。

3. 产业政策

为了实现软件园区产业结构的合理配置和优化并最终实现协同创新，政府必须制订相应的产业政策，同时处理好重点发展软件产业和一般发展产业之间的关系，以促进经济长期稳定的发展。由于软件园区有不同的发展阶段，在不同发展阶段也有不同的重点产业，因而在不同时期制定的产业政策亦会有所差别。在软件园区发展的初期，产业政策宜相对宽松，以吸引较多的软件企业进驻。在发展到一定阶段后，产业政策的制定应相对严格，提高企业进驻门槛，对不符合进驻条件的企业一律不得进园。

4. 人才政策

高科技人才是软件园区的灵魂。只有充分调动科技人员的积极性，才能使软件园区的发展充满活力。因此，应采取切实有效的措施和相应的政策，对有贡献的科技人员予以重奖，并在人事、分配、工资、住房、保险制度等方面配套改革，真正使软件园区成为科技人员大展宏图的场所，成为让一部分科技人员先富起来的改革示范区。

5. 土地管理政策

土地有偿使用制度的实施为软件园区筹集开发资金，实现滚动开发提供了最直接有效的途径，因此完善我国软件园区的土地管理政策十分重要。一方面要严格控制土地批租规模，根据各城市财力、科研能力等实际情况，合理确定软件园区用地规模。另一方面要在转让土地使用权时，应尽量争取高新企业、项目的引进与使用权转让同步进行，以防止炒卖地皮现象发生，使土地使用权转让后，投资项目迟迟不能进区。

七、改善软件园的资金环境

资金是软件园区建设的基本保证。只有通过资金支持，才能完成科技开发和科研成果商品化的过程。西方发达国家崇尚市场经济调节和自由竞争的原则，政府一般不对软件园区直接投资或只作有限的投资，而着重发挥私人企业的投资导向作用。但在新兴的工业化地区一般对软件园区要进行大量投资，以弥补市场经济不发达的缺陷。但就我国目前的情形而言，资金不足仍将是今后一段时间内软件园区建设的重要制约因素。

软件园管理涉及地方政府、大学研究机构、公司、地方商业协会和银行等利益关系，很多公司尤其是创业型小公司，需要获得更多的资金渠道或者更多的投资机会，银行也希望建立与创业型公司之间优良的信贷关系，在许多创业型软件园内提供创业种子基金和创新基金奖励机制，所以软件园区如何协调这种关系就显得非常重要，一个软件园区的资金环境会受到入园企业的关注。笔者在调查过程中了解到，许多中小企业发展的最大困难就是资金的缺乏，而国内中小企业尤其是创业型小企业的贷款渠道不畅通，限制了企业的发展。政府和软件园区相关机构应协调银行等金融机构为中小企业提供信用评级，建立中小企业信用评估和资历评价标准，使其顺利获得贷款，走出发展瓶颈。

八、建立并规范风险投资机制，建立多元化融资渠道

目前，我国各软件园区资金普遍短缺，其主要原因之一是缺乏完善合理的风险投资机制。因此，政府的当务之急是建立多元化的风险投资机制。多元化风险投资体系的建设是发展软件园区的唯一选择，没有风险投资的发展，就不可能有软件技术的迅速产业化，作为我国软件产业基地的软件园区，应该把风险投资体系的建设当做一项极为紧迫的任务来抓，早日在园区形成多元化投资主体，即在园区内构建包括国外专业风险投资公司、跨国公司、国内投资公司、国内上市公司、非银行金融机构和民间投资机构在内的多元投资主体，定期组织企业参加各种人才洽谈会、产品展示会、展览会等，实现多元投资主体与多元创业主体，多对多的选择，并逐渐形成制度化，优先推荐技术先进项目获得金融机构的资金支持。建立风险资金退出渠道，待项目成熟后，可以通过企业购并、股权回购、证券市场上市以及其他方式回收投资，解决风险资金退出软件企业问题，排除风险投资家的过分忧虑。鼓励企业和其他市场主体在软件园区依法设立信用担保机构，为中小企业提供以融资担保为主的信用担保，这将对推进软件园区与国际接轨，迈上发展的新台阶起着至关重要的作用。

政府应努力从政策与资金两个方面入手着手培育风险投资机制，制定软件园区内部特殊的行政法规，旨在促进风险投资发展的制度创新尝试，重点支持创业

投资机构、创新组织形式和扩大经营自由。同时以支持成立由政府出资引导，社会广泛参与的风险投资公司指导各银行加大园区风险投资力度，为风险投资提供担保等手段壮大园区风险投资机构的群体，强化风险投资的私募性，增加园区资金供给总量。风险投资并不是政府的主要职能，也不是政府的强项。因此，在园区的风险投资体系建设中，应尽量避免政府的直接投资与直接管理，而应强化其宏观调控与服务功能。

要大力发展资本市场，鼓励民间风险投资。学习国外的风险资本的运作方式，创建二板市场，为中小企业提供一个直接融资的新渠道和风险投资的退出渠道。研究和推行企业的股票期权制度和员工持股方案，优化企业的股权结构。改变传统的保守观念、鼓励创新、用于实践，建立风险投资运作机制。软件园区的发展有赖于适应软件产业特点的市场投入机制的建立，这种机制就是风险投资机制特别是非政府风险投资。而这个机制恰恰是我们最为缺乏的。为此，我们必须积极发展民间风险投资公司、二板市场和产权交易市场，发展和规范各类非政府风险投资基金和投资银行，形成灵活多样的进入和退出机制，为软件企业的创业和发展创造良好条件。尽量减少政府行为对技术转化和创业资本的运作，基本上按照市场的规则来配置资金和资源。

九、政府应提供技术创新的激励措施和优惠政策，建立并规范奖罚均衡的利益机制

许多实证研究表明，任何人类的创新活动都需要激励，只有当人们的创新活动能获得巨额收益，才能充分发挥其创新潜能。美国哈佛大学詹姆斯教授研究发现：如何没有激励，一个人的能力发挥只不过 20%～30%，如果施以恰当的激励，一个人的能力发挥则可达到 80%～90%。在市场经济条件下，激励机制最为核心的是产权激励机制和合法收益的保护。美国硅谷就建立起了一套促进高新技术企业技术创新活动的激励机制——股票期权的激励机制。实践表明，股票期权的激励机制的效应明显强于年薪制的激励效应。美国著名经济学家斯蒂格利茨发现，如果企业管理者拥有 5%～20%的企业股权，企业的经营管理要好于企业管理者拥有不足 5%的企业股权的企业。建立在经理和员工对公司贡献的基础上的公司持股制度，使经理、员工和公司的利益更为一致，更利于激励人的创造能力。

对于有前景的应用研究和技术开发项目，应提供一些优惠政策，如可以提供多达项目成本 70%的低息贷款；还可以提供一部分研究费用（也可达 70%），将来按比例从成果收益中返还。对于中小企业技术创新项目，可以设立中小企业技术创新基金，每年支付一定额度的总研究费用，最高可支付 50%的研究费用。对于在园区内聘用的有特殊贡献的高素质人才和技术工人，可以设立人才奖励基

金。对于在成果转化和产业化、技术先进的项目，政府可以提供一部分的开办费用（最高40％）。对于引进高新技术并将高新技术成果转化为产品的企业，银行应提供特别优惠贷款。贷款利率应分别视企业规模不同而不同：一般小型企业最低，中型企业居中，大型企业稍高一些。

总之，软件园区的利益激励机制要充分体现多劳多得的原则。不仅奖励有功人员，而且对作出重大贡献的人员要重奖。同时，要制定规范的惩罚制度，严格按制度办事，并且利益机制应体现出奖与惩的均衡性。软件园区的优惠政策要充分体现鼓励创新的原则。

十、增强软件园的市场对接服务

实际上，对软件园区的运营管理应该基于软件园区目前的发展状况而提出具体的运营模式：如果是发展初期的软件园区，应建立基于公司的前期发展的战略支持计划；如果是快速发展的软件园区，应建立基于公司今后长期发展战略的支持计划，长期发展战略支持包括园内公司技术与市场的对接服务和产品推广服务，可见软件园所提供的市场对接服务也是重要的。根据调查分析结果，不同规模和性质的企业对市场对接服务的要求是有差异的，因此政府和相关管理机构可以对园内企业进行分类管理。软件园可以针对不同的企业，提供多样化的产品评估、市场分析、专利申请和保护以及渠道拓展等服务。

十一、软件园区企业管理模式与战略选择

在我国软件园区企业规模结构中，中小企业占大多数，而且资金、技术和人才实力等相对薄弱，由于软件企业不同于传统企业，知识资本不同于物质资本，软件企业对知识资本的管理实际上就是对知识型员工的管理和协调，再加上软件人才所具有的专业知识的复杂性、创造性劳动不可测量性，使得协调、监督各类专业人员的费用极大，这种内部协调费用在软件类中小企业中尤为明显，因此，中小企业要保持持续的创新能力，在激烈的市场竞争中占有一席之地，必须采用与之相适应的发展管理战略。按照传统的企业理论，当企业资产具有专用性和互补性时，应该实施纵向一体化方式使企业向大型化方向发展，企业的规模应该不断扩大。大企业已成为我国软件园区高技术产业发展的主导力量和技术创新的中坚力量。因此，优化现有的大企业，促使现有的大企业迅速成长，已成为我国软件园区企业主体能力建设的重要支撑点。企业成长发展战略的选择应从我国软件园区企业的实际情况出发，而不能一味地求大、求高和求全。企业规模总有大小之分，小企业不可能在一夜之间成为大企业。对软件园区众多的中小企业而言，选择何种运作方式、何种发展策略是一个十分重要的问题。

1. 企业兼并

企业成长发展有多种方式，按照国际惯例，现代市场经济的企业兼并是企

变更和终止的一种重要方式。企业兼并有横向兼并与纵向兼并两种形式，但比较而言，对于软件行业，横向兼并的效果较为明显，它可以实现规模经济和提高行业集中度。横向兼并对市场权力的影响主要是通过行业集中度进行的，通过行业集中，企业市场权力得到扩大。企业兼并减少了竞争者的数量，使行业结构得到改善，同时解决了行业整体生产能力扩大速度和市场扩大速度不一致的矛盾，并降低了行业的退出壁垒。企业市场权力的扩大，可以使企业获得某种形式的垄断，这种适度的垄断既能带来垄断利润，又能保持一定的竞争优势。

2. 资产重组

资产重组是盘活资产存量，提高企业资产整体运行效益的突破口，其本质是优化资源配置，从而为园区企业的技术创新提供活力。在资产重组过程中，不仅可以体现企业资产的真实价值，挖掘企业资产的潜在价值，而且可以通过资产重组，增强企业资产运营能力，实现从产品经营到资产经营的战略性过渡，提高企业资产的增值速度。资产重组不是简单的组合，而是以资产为纽带的整体运行，不仅包括企业之间的资产重组，而且包含企业内部资产的重组，通过重组可提高企业的创新能力。

3. 战略联盟

软件企业存在着市场风险和投资风险，因而一个企业要开拓市场，靠自身的力量往往难以实现，需要通过企业间结成战略联盟共同拥有资源和承担风险，才能在激烈的市场竞争中生存和发展。园区企业形成战略联盟有三种方式：一是生产联盟，通过协作，以增强生产能力和降低投资风险；二是技术联盟，与其他单位，尤其是大学和研究机构在技术开发、产品开发等方面合作；三是资本联盟，在高技术、高风险和高投入的大型项目的开发上，通过资本联盟使相关成员发挥各自优势，形成互补。对于软件园区的中小企业尤为适合。

十二、建立并规范人才的培养教育机制

人力资源是软件园区发展的关键。软件产业的发展靠的是人才，软件园区的发展必须建立并规范有利于人才成长和使用的教育机制，这种教育机制为软件园区的构建提供人才保障。

首先，要建立吸引和培养人才、激励企业创业创新的机制。要进一步改革人事制度、制定吸引国内外科技专家、企业家等参与科研、生产和创业的优惠政策，形成开放、流动、竞争、协作的用人机制，为优秀的人才脱颖而出创造机会和环境；要协调有关部门的相关政策，保证技术拥有者、企业经营者和高层企管人员的智力投入能够获得相应的报酬和权益。

其次，要实施风险分担、收益共享的激励机制。软件园区是精英人才的汇集地，它在技术、资金、人才等方面都具有超流动性的特征。软件园区以及高新技

术企业要留住人才、发挥人才的创新潜能，其最有效方式就是将员工的利益与企业的发展前景紧紧地在联系在一起。风险共担、受益共享的新型机制的建立，不仅让员工有充分的自主权和发展空间，而且还为员工发挥其创新潜能提供了制度保障。

最后，必须完善人才市场的服务体系，为软件园区人才合理的流动提供保障。建立完善的人才市场服务体系，鼓励软件园区企业科技人才的流动，有助于高技术企业自然繁育机制的形成和园区的不断扩大和发展。

十三、加强软件园区的法制、法规建设

以知识为基础的市场经济需要更为公平和透明的法制环境。政府部门应研究制定促进软件产业发展的基本法制、法规，强化依法行事，规范市场秩序，完善竞争规则，并为投资者提供可靠的法律保证，特别是要完善知识产权与专利技术保护方面的法律、法规，强化知识产权保护意识，提高知识管理水平。因为软件园区的成败在于软件产业在国际市场上的占有程度，软件产品的市场占有又与产品的研究与开发及科技创新紧密关联。鼓励科研活动和科技成果的商品化、产业化，只有通过知识产权与专利技术的保护才能做到。为了推动企业的技术升级，提高产品和服务的水平，增强其核心竞争能力，我国不仅要制定与国际接轨的知识产权保护规则，而且要注意学习运用知识产权作为参与国际竞争的有力工具，要积极参与国际规则的制定为我国企业参与国际竞争创造良好的条件，从而保证软件产业健康、快速发展。

十四、进一步完善产学研合作机制

我国的软件园区应与国内一流的高校和科研院所进行紧密合作，加大集结国内一流的技术成果和人才的力度，形成优势互补，利益共享的紧密关系，既能在园区内形成技术和人才的高地，又能促进国内一流的科技成果的开发和转化。软件园区要通过一定的方式使园区内的企业同当地大学、科研机构之间建立定向联系。具体而言，应从以下三个方面加强产学研的合作：

第一，加强企业与大学之间的合作，充分发挥高校人才培养的作用。鼓励大学为当地软件企业的工程技术人员设立或接受继续教育的课程计划，为了增加这种课程计划的有效性，大学可以聘请当地企业中有实力的专家到大学担任兼职教师。而大学和科研机构则应鼓励他们的员工及学生到相关的企业去考察以熟悉企业的情况，也可以到当地的软件园区去兼职或担当技术顾问。

第二，加强企业与科研机构之间的合作，促使企业与公共科研研究机构进行紧密的联系。要适时组织、并策划社会多方面参与能带动经济跨越式发展及对技术创新起重要知识支撑的战略性科技活动，而且政府要提高相应的政策条件，使

企业可以分享到这类科技成果，打破不利于产学研结合的障碍，引导并促使企业与科研机构之间依靠双方的利益驱动。

第三，加强软件企业间的合作，提高企业总体创新水平。企业势单力薄，开展合作技术创新是发展软件产业的现实选择。这既可以加快技术创新进程，又可以分担创新风险，强化与大企业的竞争优势。企业进行技术合作和创新，在合作中学技术，有利于提高合作企业双方的技术水平和管理经验。

十五、培育和发展中介服务体系，构建软件园区中介服务平台

软件企业的创业与创新迫切需要中介服务机构的支持和服务。经济越发展，分工越细，企业对专业化的要求就越高。企业的发展若全靠自身的力量是难以为继的，迫切需要其他企业与中介组织的分工和协作。软件园区只有好的基础设施是不够的，只有建立起完善的服务体系并不断满足企业发展的需求，才能吸引企业不断集聚，才能增强园区的竞争优势，才能真正促进软件园区和软件产业的跨越式发展。因此，政府必须制定相应政策并构建软件园区中介服务平台，在软件园区内大力培育和规范各种咨询和中介服务机构，如市场调查公司、技术咨询公司、科技成果交易中心、知识产权事务中心、律师事务所、会计师事务所等，从而为区内软件企业的发展提供服务支撑。

十六、软件园区运营的原则——软件园区中的各要素的平衡、稳定与发展原则

软件园区中的各要素也存在着平衡、稳定与发展的问题。若各要素的每个环节都与其他环节相协调，就会促使园区各要素的平衡，进而会促进软件园区健康、稳定的发展。一般来说，软件园区是一个开放的系统，而不是封闭的系统，因此只要能够实现园区内外部的综合平衡就可以保证软件园区的正常运营，而不一定必须是内部的平衡。一个软件园区要想获得自我驱动的内涵式发展，就必须建立有序、平衡的企业产业群落；若是不能建立有序而平衡的产业链，则软件园区就不能获得自我发展的活力。当然，一个园区的继续发展需要外部力量的干预，促进其平衡、稳定与发展。在软件园区的企业产业链的平衡、稳定与发展的关系上，我们认为平衡与稳定是条件，发展是最高目标。建立平衡与稳定的企业产业链关系，目的是为了实现软件园区持续而稳定的发展。

总之，把营造符合市场经济规律并有利于创新创业的制度环境及基础设施建设等，作为园区的基本工作任务，通过建立高层决策、协调机构具体负责园区发展建设中的调研、策划、协调、督办，为项目的良好运行提供有利的组织保障，简化和规划政府办事程序，降低企业的经营成本，缩短信息收集与交流的成本，提高对企业的服务质量，促进企业技术进步，提高企业竞争力，培育企业创新能

力。推进园区内的各项交流活动，负责展览和会议组织。促进园区内企业和单位与外部企业和研究机构的联系与合作。向园区内的企业提供法律、财经、行政和会计等方面的咨询和服务。统筹规划全局，制订长远、统一的总体规划，协调园区各类主体的行为和利益，实现资源的有效整合，弥补市场机制自发调节造成的资源浪费缺陷。

参 考 文 献

安虎森.1997.增长极理论评述.南开经济研究,(1):31-37.

安宇宏.2011.增长极.宏观经济管理,(2):67.

包广平,张威.2005.大连市地方财政收入与GDP相关性分析.地方财政研究,2005 (2):19-23.

卞祖武,吴翔,唐奕.2000.上海市各产业间技术经济联系的分析.上海财经大学学报,(5):37-42.

蔡坚学,邱菀华.2004.基于信息熵理论的实物期权定价模型及其应用.中国管理科学,(2):23-27.

曹方,冷伟.2004.软件企业人才需求与软件人才教育培养.中国科技论坛,(3):117-119.

曹俊文,徐莉.2004.科技园区技术创新能力评价研究.江西师范大学学报,37 (3):19-23.

曹泽华,黄世贤,陈根木.2002.民营科技园——区域经济发展的新模式.中央社会主义学院学报,(4):
  86-90.

陈兵.2005.高科技园区创新平台构建中的政府职能研究.华中科技大学硕士学位论文.

陈菲.2005.服务外包动因机制分析及发展趋势预测——美国服务外包的验证.中国工业经济,(6):67-73.

陈华杰.2007.簇群结构对大学科技园创业力提升的影响.研究与发展管理,(5):111-115.

陈剑锋,唐振鹏.2002.国外产业集群研究综述.外国经济与管理,(8):22-27.

陈晓亮,陈建成,侯建国.2006.高新区发展潜力统计指标体系的构建.安徽科技,(5):10-12.

陈益力,欧阳资力.1996.国家高新区考核评价指标体系设计.科研管理,(6):1-7.

陈觎,刘国萍.2005.面向IT产业需求培养高职软件技术人才.湖北广播电视大学学报,(4):38-40.

陈钰.2004.论我国促进就业目标下的技术发展原则.人口与经济,(2):71-74.

陈政高.2000.关于辽宁高新技术产业园区发展的几个问题.中国软科学,(4):26-28.

程大中.2008.中国生产性服务业的水平、结构及影响——基于投入-产出法的国际比较研究.经济研究,
  (1):76-88.

初永泽,罗晓光.2007.大连软件产业发展对策研究.管理研究,(1):50-51.

戴玉林.2005.探索中国特色的软件产业发展道路—大连发展软件产业的实践与思考.求是杂志,(11):
  46-47.

邓景毅,罗伟其,郑欣.2002.广东省信息产业投入产出初步分析.暨南大学学报(自然科学版),(5):
  29-34.

邓聚龙.2002.灰理论基础.武汉:华中科技大学出版社.

董逢谷.2001.上海市投入产出表支柱产业选择实证分析.上海统计,(4):9-14.

董慧,蒋灵珊,王龙国.2007.从软件产业看产业集群的竞争优势.市场周刊·理论研究,(5):38-40.

窦江涛,綦良群.2001.高新技术产业开发区可持续发展评价指标体系的研究.科技与管理,(1):9-11.

段险峰,田莉.2001.我国科技园区规划建设中的政府干预.城市规划,(1):43-45,71.

范柏乃.2003.国家高新区技术创新能力的评价研究.科学学研究,(6):667-674.

范柏乃,房定坚.2004.国家高新区投资软环境评价指标的理论遴选与实证遴选.自然辩证法通讯,(5):
  57-64.

方玉梅.2005.大连产业结构调整与发展会展业的对策思考.经济师,(8):267-268.

高进田.2007.聚集经济与区域经济发展.经济问题探索,(8):27-30.

高赛.2005-08-25.大连最优条件吸引软件人才.光明日报,第010版.

高铁梅.2006.计量经济分析方法与建模.北京:清华大学出版社.

古继宝，梁樑．2001．科技园区的生物链模型．科学学与科学技术管理，(8)：22-25.

顾朝林，赵令勋．1998．中国高技术产业与园区．北京：中信出版社．

管尹华．2006．我国信息产业人才流动与激励体系研究．南京航空航天大学硕士学位论文．

郭丽华．2004．试论依托软件园发展我国软件产业的战略意义．北京交通大学学报（社会科学版），(3)：36-39.

国家科技部．1999．中国高新技术产业发展报告．北京：科学技术出版社．

国家统计局．2008．国民经济行业分类（GB/T4754-2002）．http：//www.csj.sh.gov.cn/wsbs/download/fujian_8.htm# [2002-10-01]．

国家统计局．2008．中国统计年鉴 2008．北京：中国统计出版社．

国家统计局国民经济核算司．2006．2002 年中国投入产出表．北京：中国统计出版社．

何伟军，等．2002．高新技术产业开发区经济实力的综合评价．科技进步与对策，(8)：66-68.

侯继勇．2007-06-27．大连下一步：软件外包中国门户．21 世纪经济报道，第 1-2 版．

胡华杰．2005．中国产业关联效果的实证分析与理性思考．河南社会科学，(12)：57-60.

胡山．2003-09-01．中国软件产业发展现状与人才需求．中国计算机报，第 1-2 版．

胡召音．2003．灰色理论及其应用研究．武汉理工大学学报，(3)：123-125，129.

环圆．2006．班加罗尔：印度的硅谷．环球博览，(1)：57-59.

黄宁燕，梁战平．1999．我国高新技术产业开发区的发展状况及趋势——聚类分析评价研究．科学学研究，(2)：79-88.

吉昱华，蔡跃洲，杨克泉．2004．中国城市集聚效益实证分析．管理世界，(3)：67-74.

季平．2005．印度的硅谷——班加罗尔．当代世界，(1)：42-43.

江小涓．2004．理解科技全球化．管理世界，(6)：4-13.

江小涓．2008．服务全球化的发展趋势和理论分析．经济研究，(2)：4-18.

江小涓．2008．服务外包：合约形态变革及其理论蕴意——人力资本市场配置与劳务活动企业配置的统一．经济研究，(7)：4-10.

姜启源．1987．数学模型．第二版．北京：高等教育出版社．

姜云飞，阎红，张轶．2007-6-21．大连要做全球软件和服务外包新领军城市．大连日报，第 1-1 版．

姜云飞．2006-05-31．大连软件外包向高端挺进．大连日报，第 1-1 版．

蒋言斌，勾瑞波，吴爱祥．2003．国家大学科技园创新体系建构．现代大学教育，(2)：94-97.

李峰．2007．产业关联测度及其应用研究．山西财经大学学报，(11)：39-44.

李怀，高良谋．2001．新经济的冲击与竞争性垄断市场结构的出现．经济研究，(10)：29-37.

李金华．2000．高新技术开发区发展评价系统研究．统计与预测，(6)：14-16.

李军．2002．中国高新技术产业园区评价理论分析与指标体系．数量经济技术经济研究，(5)：68-73.

李科，徐龙炳．2009．资本结构、行业竞争与外部治理环境．经济研究，(6)：116-128.

李林．2006-08-21．我国软件外包走过 8 年历程成为班加罗尔尚存差距．中国计算机报，第 A26 版．

李琳，陈晓红．2005．基于高新技术产业集群的高新区竞争力评价指标体系研究．社会科学家，(3)：57-61.

李梦玲，赵希男．1995．高新技术产业开发区系统评价与分析．科研管理，16 (1)：49-53.

李闽榕，黄茂兴，李军军．2009．省域经济综合竞争力预测模型的构建与精确度验证．管理世界，(2)：1-11.

李明武，肖晓章．2007．产业集群对区域经济发展的综合效应分析．江苏商论，(7)：132-134.

李平．2007．企业网络组织理论研究述评．科技与管理，(2)：19-21.

李新春．1998．企业战略联盟的生成发展与市场转型．经济研究，(4)：70-78.

李新家．2004．网络经济研究．北京：中国经济出版社．

李因果．2007．聚集经济、就业结构对我国区域城市生产率的影响．开放导报，(2)：60-63.

李永俊.2009.基于制造过程6M要素提升构架企业核心竞争力的探讨.计算机学报,(1):1-2.

李永友,沈坤荣.2008.辖区间竞争、策略性财政政策与FDI增长绩效的区域特征.经济研究,(5):58-69.

李永周,辜胜阻.2000.国外科技园区的发展与风险投资.外国经济与管理,(11):43-47.

李云杰.2005-8-22.大连能成为"班加罗尔"吗?计算机世界,第1-3版.

李志群,朱晓明.2008.中国服务外包发展报告2007.上海:上海交通大学出版社.

李志群,朱晓明.2009.中国服务外包发展报告2008.上海:上海交通大学出版社.

廖敏.2006.基于投入产出的江苏省第三产业内部结构关联分析.科技情报开发与经济,16(17):118-119.

林润辉,李维安.2000.网络组织:更具环境适应能力的新型组织模式.南开管理评论,(3):77-79.

林筱文,陈静.1995.工业聚集经济效果的计量与分析.福州大学学报,(2):43-48.

刘春宇,陈彤.2007.新疆石油产业与区内其他产业的关联分析.新疆农业大学学报,(1):89-92.

刘丽.2005.基于集聚经济的网络产业经济的动态竞争分析研究.市场周刊·研究版,(1):22-25.

刘容增.2002.我国高新技术产业区开发态势评价.科技进步与对策,(11):27-29.

刘绍坚.2008.承接国际软件外包的技术外溢效应研究.经济研究,(5):105-115.

刘双云.2006.印度班加罗尔科技园的发展特点与经验借鉴.理工高教研究,(6):34-35.

刘希宋,等.2003.高新区竞争力评价模型.哈尔滨工程大学学报,24(1):114-118.

刘一冰.2007-07-02.打造中国软件外包与服务整体形象.电脑商报,第1-2版.

刘助仁.2001.国外促进科技园区发展的政策法规及其借鉴.高新技术企业,(5):42-47.

隆国强.2009.合约理论视角下的服务外包.管理世界,(4):162-164.

卢锋.2007.当代服务外包的经济学观察:产品内分工的分析视角.世界经济,(8):22-35.

卢锋.2007.服务外包的经济学分析:产品内分工视角.北京:北京大学出版社.

卢锋.2009.探求服务外包与服务全球化真谛——读江小涓等著《服务全球化与服务外包:现状、趋势及理论分析》.经济研究,(12):151-154.

卢艳秋,靖继鹏,曲久龙.1998.信息产业与传统产业的关联机理初探.中国软科学,(7):56-59.

陆履平,杨建梅.2005.硅谷、班加罗尔IT产业成功之启示.科技管理研究,(1):102-107.

栾庆伟.2007-02-14.把大连建设成为全国软件人才高地.大连日报,第1-3版.

马卉,杨晨.2006.高校科技园孵化器功能发挥的影响要素.河海大学学报(哲学社会科学版),(9):40-43.

马晓君,姜子龙.2007.大连市软件产业发展现状研究.大连干部学刊,(7):20-22.

马歇尔.1997.经济学原理.北京:商务印书馆.

梅姝,等.2004."二次创业",阶段我国高新区发展水平评价指标体系研究.科技与经济,(4):15-20.

倪鹏飞.2008.2008年中国城市竞争力报告.北京:社会科学文献出版社.

欧坤,柴华奇.2007.基于TCI的中美软件业资源优势比较研究.科技管理研究,(8):85-87.

彭纪生.2000.中国技术协同创新论.北京:中国经济出版社.

皮建才.2008.中国地方政府间竞争下的区域市场整合.经济研究,(3):115-124.

钱颂迪.1990.运筹学.修订版.北京:清华大学出版社.

秦国文,李斌.2007.经济增长极实现条件分析.求索,(5):30-32.

秦海,李红升,丁振寰.2006.信息通信技术与经济增长.北京:中国人民大学出版社.

曲世民,刘立.2006.注重推进大连产业结构优化升级.宏观经济管理,(1):70-71.

尚红云.2007.产业关联测度系数及计算方法的改进.统计教育,(8):11-13.

邵学清,卢博文.2007.对我国高新区评价的现状与要解决的问题.科学学研究,(4):671-675.

施熙灿,等.1998.用模糊多因素、多层次综合评价法优选城市防洪标准.水利科技与经济,(1):27-29.

宋保强.2006-08-20.寻找中国的班加罗尔——来自大连软件产业的报告.IT时代周刊ITTimeWeekly.

宋东林 . 2000 . 江苏高新技术产业开发园区的现状评价与发展思路 . 科技进步与对策，(5)：57-58.

宋歌 . 2006 . 中印软件外包服务发展模式对比分析 . 对外经济贸易大学硕士学位论文 .

宋化民，胡实秋，李杨 . 2000 . 关于高新技术开发区的评价指标与方法研究 . 科技管理研究，(6)：32-35

宋杰，刘国华 . 2002-11-04 . 大连经济实现大提速 . 辽宁日报，第 A01 版 .

宋瑞华 . 2006 . 科技园区员工工作满意度研究——以昌平高科技园区为例 . 北京交通大学硕士学位论文 .

宋增文 . 2007 . 基于投入产出模型的中国旅游业产业关联度研究 . 旅游科学，(2)：11-16，82.

宋卓平 . 2006 . 推动大连软件和信息服务外包产业的思考 . 企业研究，(6)：71-72.

苏惠香 . 2008 . 网络经济技术创新与扩散效应 . 大连：东北财经大学出版社 .

苏惠香 . 2010 . 中国信息技术发展路径及对就业的影响 . 东北财经大学学报，(3)：66-69.

孙波，吴振刚 . 2002 . 意大利科技园区的管理、创新及案例 . 全球科技经济瞭望，(2)：50-51.

孙鹏程，金宇澄 . 2006 . 绿色技术发展的外部经济性及其补偿研究 . 科学管理研究，(3)：32-36.

孙艳，薛澜 . 2002 . 软件产业的人力资源特点及中国的发展现状 . 科学学与科学技术管理，(2)：27-30.

孙扬，柳宏志 . 2005 . 高新技术企业经济效益评价的实证分析 . 技术经济与管理研究，(3)：48-49.

唐海燕，张会清 . 2009 . 产品内国际分工与发展中国家的价值链提升 . 经济研究，(9)：81-93.

唐志鹏，王培宏，熊世峰 . 2007 . 灰色关联度分析在投入产出关联度中的应用 . 运筹与管理，(5)：100-
　　103，120.

田新豹，李玉梅 . 2006 . 我国高新区集聚功能评价研究 . 首都经济贸易大学学报，(1)：81-84.

涂山峰，曹休宁 . 2005 . 基于产业集群的区域品牌与区域经济增长 . 中国软科学，(12)：111-115.

吐然克孜·热合曼 . 2002 . 基于模糊算法实现多因素综合决策 . 新疆师范大学学报（自然科学版），(2)：12-15.

万广华，伏润民 . 2008 . 中国和印度的贸易扩张：威胁还是机遇？经济研究，(4)：66-77.

汪婷，向隔 . 2005 . 我国高新技术产业开发区发展状况比较评价 . 技术经济与管理研究，(4)：25-27.

王佳林 . 2004 . 我国软件产业国际竞争力研究 . 哈尔滨工程大学硕士学位论文：1-76.

王丽，石培基 . 2007 . 甘肃省旅游产业关联及产业波及分析 . 地理与地理信息科学，(1)：72-76.

王林雪，张丽娜 . 2005 . 我国高新区国际竞争力评价指标体系初探 . 科技进步与对策，(7)：23-26.

王少青 . 2006-11-13 . 搭好平台打造中国班加罗尔 . 中国计算机报，第 1-1 版 .

王世安 . 2007-03-19 . 大连软件企业 8 年增长 10 倍 . 中国企业报，第 1-1 版 .

王有捐 . 2009 . 中国城市统计年鉴 2008 . 北京：中国统计出版社 .

王悦 . 2004 . 以软件产业促进大连产业结构优化和城市经济发展 . 东北财经大学硕士学位论文：1-54.

王政安 . 2006 . 抢占先机迅速做大动漫产业　促进大连产业结构优化升级 . 辽宁省交通高等专科学校学报，
　　(4)：68-70.

魏江，朱海燕 . 2006 . 高技术产业集群创新过程模式演化及发展研究，研究与发展管理，(6)：116-121，138.

文东伟，冼国明，马静 . 2009 . FDI、产业结构变迁与中国的出口竞争力 . 管理世界，(4)：96-107.

邬滋 . 2004 . 产业关联效应分析及产业结构调整的政策建议 . 经济论坛，(20)：43-44.

吴成茂，樊相宇 . 2002 . 基于模糊熵的人力资源结构优化配置 . 中国管理科学，(4)：44-48.

吴承春，唐仁华，胡紫玲 . 2006 . 大学科技园建设是推动区域经济发展源动力 . 科技管理研究，(10)：66-68.

吴林海，彭纪生 . 2001 . 提高中国科技园区企业主体能力的对策建议 . 科技进步与对策，(1)：17-18.

吴林海 . 1998 . 中国高新区导论 . 南京：河海大学出版社 .

吴林海 . 2000 . 论中国高新区的增长极作用 . 江苏社会科学，(1)：24-27.

吴林海 . 2000 . 中国科技园区域创新能力论 . 北京：中国经济出版社 .

吴神赋 . 2004 . 科技工业园的基础理论及其意义探讨 . 中国科技产业，(5)：39-42.

吴晓伟 . 2005-12-05 . 软件企业探讨人才需求与培养 . 计算机世界 .

夏海钧 . 2001 . 中国高新区发展之路 . 北京：中信出版社 .

夏祖军，朱啸波 . 2000-07-22. 大连：十年实现现代化 . 中国财经报，第 1-2 版 .

肖淼 . 2005. 区域产业竞争力生成机制研究 . 复旦大学博士论文 .

谢富纪，彭元栋，孙文广 . 1995. 高新技术开发区比较研究 . 济南：山东大学出版社 .

谢国忠，杨松华 . 2000. 软件园区发展理论探讨 . 中外企业文化：清华管理评论，(8)：56-60.

谢伊 O. 2002. 网络产业经济学 . 张磊，等译 . 上海：上海财经大学出版社 .

邢斐，张建华 . 2009. 外商技术转移对我国自主研发的影响 . 经济研究，(6)：94-104.

徐爱华 . 2010. 中国服务业产业波及效应分析以及支柱产业的选择——基于投入产出模型的研究 . http：//www. paper. edu. cn〔2010-05-05〕.

徐小钦，黄蕾 . 2006. 产业积聚、持续创新与区域经济增长内在关联性分析 . 科技管理研究，(1)：73-75.

徐毅，张二震 . 2008. 外包与生产率：基于工业行业数据的经验研究 . 经济研究，(1)：103-113.

许玉静 . 2005-09-01. 大连启动 IT 人才工程 . 中国贸易报，第 1-2 版 .

薛剑虹 . 2006. 大连软件产业发展研究 . 辽宁师范大学学报，(6)：50-52.

杨斌斌 . 2002. 我国产业结构的投入产出分析 . 统计与信息论坛，(9)：24-28.

杨灿 . 2005. 产业关联测度方法及其应用问题探析 . 统计研究，(9)：72-75.

杨大海，肖瑜 . 2002. 大连市软件产业政策法规环境研究 . 地方科技，(5)：47-49.

杨青，王湛，刘晓明 . 2006. 基于灰色理论的武汉市产业关联度研究 . 理论与实践理论月刊，(7)：87-90.

杨水旸 . 2004. 科技园区的社区要素分析 . 科技进步与对策，(9)：84-86.

杨晓林 . 2006. 从产业关联度看我国主导产业的选择 . 中国集体经济，(5)：15-17.

杨震宁，吕萍，王以华 . 2007. 中国科技园绩效评估：基于企业需求的视角 . 科学学研究，(5)：864-870.

姚广义 . 1999. 信息产业对传统产业影响的剖析 . 现代情报，(1)：13-15.

姚敏著 . 1999. 计算机模糊信息处理技术 . 上海：上海科学技术文献出版社 .

姚先国，张海峰 . 2008. 教育、人力资本与地区经济差异 . 经济研究，(5)：47-57.

尹利军，吴兴南，邓启明 . 2003. 高新技术产业化的人力资本运行机制研究 . 闽江学院学报，(5)：130-133.

于秀林，任雪松 . 1999. 多元统计分析 . 北京：中国统计出版社 .

瑜文 . 2007-07-02. 软件外包：特色经济更需特色人才 . 中国电脑教育报，第 1-2 版 .

喻春娇 . 2009. 武汉市吸引服务外包的竞争力分析 . 湖北经济学院学报，(3)：67-72.

原小能，石奇 . 2008. 服务外包与产业结构升级研讨会综述 . 经济研究，(2)：158-162.

曾婷 . 2005-12-07. 软件业成为大连特色产业 . 财会信报，第 1-1 版 .

詹玉萍，于淑艳 . 2007. 大连产业结构转换能力与转换速度分析 . 科技管理研究，(1)：84-87.

张彩波，等 . 2005. 熵权法优属度矢量模型与我国高新区发展研究 . 北京理工大学学报，(4)：40-43.

张超，刘丽 . 2007. 印度班加罗尔产业集群对鞍山集群经济发展的启示 . 商场现代化，(5)：35-36.

张大为，张鹏 . 2007. 保持大连软件产业发展动力的战略思考 . 科技情报开发与经济，(2)：96-97.

张铭洪 . 2002. 网络经济学教程 . 北京：科学出版社 .

张目，王伟强 . 2005. 科技园区开发与建设策略 . 统计与决策，(5)：136-137.

张其仔 . 2003. 开放条件下我国制造业的国际竞争力 . 管理世界，(8)：74-80.

张蕊 . 2000. 网络经济运行规律初探 . 福建论坛经济社会版，(8)：19-20.

张伟，等 . 1998. 中国高新技术区的综合评价 . 地理研究，(3)：10-18.

张文彤 . 2002. SPSS11 统计分析教程（高级篇）. 北京：北京希望电子出版社 .

张霞，王林雪 . 2006. 高新区人力资源综合竞争力评价指标体系及模糊综合评价 . 科学学与科学技术管理，(3)：123-127.

张新年，达庆利 . 2006. 产业集群与软件产业发展战略选择研究 . 东南大学学报（哲学社会科学版），(4)：62-65.

张莹. 2002. 高科技园区风险投资体系建设研究. 福州大学硕士学位论文.

张勇, 王玺, 古明明. 2009. 中印发展潜力的比较分析. 经济研究, (5): 21-30.

张志英. 2000. 产业关联分析法与我国主导产业的选择分析. 上海统计, (3): 22-24.

赵大哲, 张宏刚. 2004. 美国软件人才培养模式简析. 资源, (5): 51-53.

赵德海, 张永山. 2008. 服务业发展与创新国际研讨会综述. 经济研究, (2): 155-157.

赵剑波, 杨震宁, 王以华. 2009. 高新技术园区企业综合绩效影响因素分析. 科学学研究, (9): 1329-1334.

赵克杰, 刘传哲. 2007. 我国产业关联分析. 烟台职业学院学报, (1): 41-44.

赵卫中, 龚赞中. 2006-12-25. 软件与信息服务业成大连高新区强劲经济增长极. 中国高新技术产业导报.

赵伟, 等. 1998. 从感应度系数和影响力系数看水利的基础产业地位. 水利经济, (3): 50-52, 60.

赵玉林, 汪芳. 2000. 高新技术开发区评价指标体系的构建与应用. 科技进步与对策, 17 (6): 37-39.

中国国际软件和信息服务交易会主委会. 2008. 2008 中国 IT 外包竞争力调查研究报告. 《信息周刊》: 5-10.

中国企业管理全球竞争力评价体系研究与应用课题组. 2004. 基于动态耦合的企业管理国际竞争力 (EMGC) 评价体系. 管理世界, (4): 92-101.

中国软件行业协会. 2008. 2008 中国软件产业发展研究报告. 北京: 中国软件行业协会.

中国投入产出学会课题组. 2006. 我国目前产业关联度分析——2002 年投入产出表系列分析报告之一. 统计研究, (11): 5-10.

中国投入产出学会课题组. 2007. 我国能源部门产业关联分析——2002 年投入产出表系列分析报告之六. 统计研究, (5): 5-8.

钟坚. 2001. 世界硅谷模式的制度分析. 北京: 中国社会科学出版社.

钟书华. 2004. 科技园区未来的发展趋势. 科学学与科学技术管理, (6): 66-69.

仲大军. 2001. 信息不对称理论揭示了什么. 中国经济信息, (22): 56-57.

周元, 王维才. 2003. 我国高新区阶段发展的理论框架——兼论高新区"二次创业"的能力评价. 经济地理, 23 (4): 451-456.

周振华. 2005. 产业关联深化的新变化基础及其结构平衡. 东南学术, (1): 74-79.

朱春奎. 2003. 区域产业竞争力评价指标与方法. 江西行政学院学报, (1): 62-64.

朱洪倩, 耿弘. 2007. 基于产业关联分析的主导产业 (群) 选择研究——以浙江制造业为例. 科研管理, (4): 157-163.

朱昆, 郭婕. 2000. 知识产权制度. 乌鲁木齐: 新疆人民出版社.

朱平芳, 刘弘, 姜国麟. 2002. 上海市高新技术产业投入产出效益分析. 财经研究, (5): 67-73.

朱忠才. 2006-03-08. 信息化带动工业化对软件人才的迫切需求. 中国企业报, 第 1-4 版.

邹淑英, 张一峰. 2006-04-24. 大连软件园 8 年实现跨越式发展. 科学时报, 第 B03 版.

左美云, 黄梯云, 彭瑞玲. 1998. 论信息产业与传统产业的联系. 图书情报工作, (5): 7-9, 26.

左美云, 杨波, 陈禹. 2003. 企业信息技术外包的过程研究. 中国软科学, (7): 84-87.

2007 中国软件自主创新报告课题组. 2007. 2007 中国软件自主创新报告. 中国国际软件和信息服务交易会、21 世纪经济报道.

Amirahmadi H, Saff G. 1993. Science parksa critical assessment. Journal of Planning Literature, 35 (3): 78-96.

Colombo M G, Dalmastro M. 2002. How effective are technology incubators? Evidence from Italy. Research Policy, 31: 1103-1122.

Cooper A C. 1985. The role of incubator organizations in the founding of growth-oriented firms Journal of Business. Venturing, 34 (3): 94-116.

Cox R N. 1985. Lessons from 30 years of science packs in the U S A. Gibb J M. Science Parks and Innovation Centers Their Economic and Social impact Amsterdam. Elsevier Science Publications.

Escorsa P. 1996. A proposal for a typology of science parks. The Science Park Evaluation Handbook European Innovation Monitoring System (EIMS) Publication, (61): 356-389.

European Commission Comparative Study of Science Parks in Europe. 1997. Keys to a Community Innovation Policy, (29): 304-319.

Felsensin D. 1994. University-related science parks dseedbedst or denelavest of innovation? Technovation, 24 (3): 28-35.

Guy K. 1996. Designing a science park evaluation. Science Park Evaluation Handbook European Innovation Monitoring System (EIMS) Publication, (61): 345-317.

Hodgson B. 1996. Amethodical framework to analyse the impact of science and technology parks. Guedes M, e Formica P. The Economics of Science Parks IASP. Riode Janeiro.

Lofsten H, Lindelof P. 2001. Science parks in Sweden-Industrial renewal and development. R&D Management, 21 (1): 45-57.

Luger M I, Goldstein H A. 1991. Technology in the Garden-Research Parks and Regional Economic Development. University of Carolina Press.

Massey D, Quintas Q, Wield D. 1992. High-Tech Fantasies Science Parks in Society and Space. London Routledge.

McDonald S. 1987. British science parks reflection on politics of high technology. R&D Management, 23 (2): 29-37.

Mian S. 1996. Assessing value added contributions of university technology business incubators to tenant firms. Research Policy, 26 (2): 48-59.

Phillmore J. 1999. Beyond the linear view in science park evaluation An analysis of western Australian technology park. Technovation, 27: 23-34.

Richne A, Jacobsson S. 1999. New technology based firms in Sweden-a study of their impact on industrial renewal. Economics of innovation and new technology, 31 (4): 36-47.

Sheman H F. 1999. Assessing the intervention effectiveness of business incubation programs on new business start-up. Journal of Developmental Entrepreneurship, 24 (2): 35-49.

致 谢

软件产业集聚的经济效应和软件园区运营管理与评价理论博大精深，其研究涉及的对象和范围与时俱进，因此对之倾注了大量的时间和精力。本书从选题到最终成稿历时三年，对该问题的研究成果已经体现在书中，但仍有一些问题还处于思考与探索之中。它们将成为我今后继续学习和研究的重要部分。

在此，我要感谢辽宁省博士后中心、大连高新园区博士后工作站、东北财经大学博士后流动站、大连软件园博士后科研基地对本书的资助和支持。

本书是在艾洪德教授的悉心指导和关怀下完成的，这令我倍感荣幸和深怀感激。在本书的写作过程中，艾老师对本书的总体框架及细节完善提出了许多宝贵的意见和建议，艾老师严谨求实的治学态度、严肃认真的工作作风和质朴和蔼的为人之道也深深感染和激励着我，这些将成为我今后宝贵的精神财富，成为我工作和学习的准则。在此，我要向艾老师表达我最衷心的感谢。还要特别感谢大连软件园股份有限公司总裁高炜对本书的支持；大连软件园股份有限公司副总裁于恒庄、杨冬对本书提出许多宝贵意见、建议；大连软件园股份有限公司李迁经理对本书给予了极大的帮助和支持，从总体研究框架及各部分的研究提纲到各部分的研究细节都提出了许多宝贵的意见和建议，使本书增色不少；东北财经大学信息工程学院研究生郑宇、曲森、谢玉爽和刘婷婷，他们做了大量的资料收集和数据采集工作；大连软件园股份有限公司的许多朋友和东北财经大学许多老师曾经给予我许多关心、支持和帮助。

最后，我还要衷心感谢我的家人，他们的理解、支持和鼓励，给我创造了良好的学习、研究环境，免除了我的后顾之忧，使我能够顺利地完成本书的写作。

尽管笔者作了最大的努力，但是受自身能力和水平的限制，本书无论在观点上还是在行文上，不可避免地会存在这样那样的不足之处，敬请各位专家、学者批评指正。

苏惠香

2011 年 3 月 23 日